大学生"创新创业与就业"课程建设研究

创新创业与就业课程体系和教学实践系统建设研究

高校创新创业教育和众创空间一体化运行模式研究

创新创业与就业导论

魏发辰　编著

北京交通大学出版社

·北京·

内 容 简 介

本书是响应国务院及教育部将创新创业教育纳入本科教育计划的有关文件精神,针对培养创新型人才的需要而撰写的一本用于本科院校对大学生进行创新创业与就业教育的教材。本书以培养大学生的创新意识和创新精神,使他们树立正确的创新观、创业观和就业观,切实提高他们的创新创业与求职就业能力为直接目的。全书从建立创新创业观念开始,以职业规划、求职、就业和履职创新结束,包括创新与发展、创新的一般规律、创新及其成果分型、创意思维、创业及其创新本质、创业类型及其选择、创业流程与创业计划、众创空间、双创与就业等内容。其中第 2 ~ 8 章内容,更是根据创业的一般流程及其各个环节所需要的理论知识和具体操作要求设置并展开的。这样的内容安排,既保证了课程教学的科学性,又保证了学生掌握之后的可操作性,对提升学生创新创业理性和从事课外创新创业活动,乃至求职就业能力很有益处。

本书不仅适用于在校大学生,同时对于不同岗位的读者,特别是热心于创新创业活动的所有人群,都是一本可读、可用的难得读物。

图书在版编目(CIP)数据

创新创业与就业导论/魏发辰编著 . —北京:北京交通大学出版社,2019.8 (2022.1 重印)
ISBN 978-7-5121-4040-0

Ⅰ.① 创… Ⅱ.① 魏… Ⅲ.① 大学生-职业选择-高等学校-教材 Ⅳ.① G647.38

中国版本图书馆 CIP 数据核字(2019)第 182421 号

创新创业与就业导论
CHUANGXIN CHUANGYE YU JIUYE DAOLUN

责任编辑:解　坤
出版发行:北京交通大学出版社　　　　　　电话:010 – 51686414　http://www.bjtup.com.cn
地　　址:北京市海淀区高梁桥斜街 44 号　　邮编:100044
印　刷　者:北京时代华都印刷有限公司
经　　销:全国新华书店
开　　本:185 mm × 230 mm　印张:13.5　字数:302 千字
版　　次:2019 年 8 月第 1 版　2022 年 1 月第 6 次印刷
书　　号:ISBN 978-7-5121-4040-0/G·1897
印　　数:14 501 ~ 16 000 册　　定价:36.00 元

本书如有质量问题,请向北京交通大学出版社质监组反映。对您的意见和批评,我们表示欢迎和感谢。
投诉电话:010 – 51686043,51686008;传真:010 – 62225406;E-mail:press@bjtu.edu.cn。

前 言

　　人类之所以开创了自身的历史，是由于生物进化使得人类在自然竞争中逐渐形成了创新能力。然而，进化与退化同时并存、共同作用，因为社会分工的深入给人们造成了一定的误解，认为只有科学技术精英和企业家才需要创新创造能力，人们的创新能力也逐步开始退化。这种认识反映到教育领域就是不断强化知识教育而淡化创新意识和创新能力培养。

　　30 年前，有幸与麻省理工学院发明创新中心主任李耀滋教授合作研究"中美高等级教育比较"课题，使我认识到了在我国开展创新教育的重要性与迫切性。从那时起至今 30 年坚持研究创新理论与创新教育，希望将自己有限的成果与无限的读者分享，同时为教育更好地适应国家发展对创新型人才的要求贡献微薄力量。

　　长期的坚守，终于让我迎来了世界的创新时代和我国的创新浪潮。国家的自主创新战略和相关"双创"政策，已经成为中华民族的伟大实践。创新创业教育正在进入国家教育体系，纳入各类教育组织，特别是高校的教学体系。在河北省教育厅相关政策和项目引导，特别是北京交通大学海滨学院领导和教务部门的积极支持下，不仅创新创业教育教研室应运而生，而且作为其一项重要成果《创新创业与就业导论》即将出版。

　　本书是为大学生"创新创业教育"主干课程而写的教材。在写作中不仅坚持理论和方法的先进性以及逻辑结构的完整性，同时还坚持理论与实践相结合的原则。全书从建立创新创业观念开始，以职业规划、求职、就业和履职创新结束，包括创新与发展、创新的一般规律、创新及其成果分型、创意思维、创业及其创新本质、创业类型及其选择、创业流程与创业计划、众创空间、双创与就业等内容。其中第 2～8 章内容，更是根据创业的一般流程及其各个环节所需要的理论知识和具体操作要求设置并展开的。这样的内容安排，既保证了课程教学的科学性，又保证了学生掌握之后的可操作性，对提升学生创新创业理性和从事课外创新创业活动能力乃至求职就业能力很有益处。当然，本书不仅适用于在校大学生，同时对于不同岗位的读者，特别是热心于创新创业活动的所有人群，都是一本可读、可用的难得读物。

魏发辰

2019 年 6 月 16 日于北京

目 录

第1章 创新与发展

"发展"在任何时候都是一个炙手可热的词汇。这是因为"发展"一词之中充满着希望，预示着更加美好的未来。我们今天所享有的一切都是发展的成果，我们所向往的一切更加美好的明天，都将依靠今天的人们立足于前人创造的成果和经验去创造和创新。这就是说，"发展"一词只是形式，其内容则是人们一代又一代持续不断的创造与创新活动及其成果。所以，我们要想真正理解创新，就必须借助于对各个方面发展历史进行剖析；要想切实学会创新，就需要对历史上和现实中的众多创新案例进行研究。只有在积累前人创新范式的同时进行理论提炼，才能够形成一般性的理论和方法。当真正掌握了创新理论和方法的时候，我们才可以自信地说："我们理解发展的内涵，我们有能力通过创新实践驱动人类文明的发展。"

1.1 创新与人类文明发展

"文明"的反义词是"野蛮"，当人们使用"文明"一词的时候，必然隐含着与"野蛮"状态的比较和区分。在现代汉语中，文明是对人类社会进步状态的一种概括，其中既包括人自身的发展状态，还包括人的社会存在方式、生产方式和生活方式的发展状态。换言之，我们只要从人类的进化、技术的发展、社会的进步和文化的演变等方面透视历史，就能够非常轻松地得出结论：没有创新就没有人类文明的今天和明天。

1.1.1 人类的进化形成了创新能力

正如文明可以相对于野蛮来理解，而野蛮又可以相对于动物世界来理解。动物的行为多半是出于本能，具体表现为条件反射或刺激反应。动物世界的生存法则是弱肉强食。达尔文的《物种起源》一书所揭示的生物进化规律至今没有人能够推翻。其中所揭示的生物进化机制可以概括为：物竞天择，适者生存。正是在漫长的生存竞争之中，自然界形成了相对有序的生物链。其中每一个物种都是这个生物链上的一个环节。这个生物链又可以表述为食物链，即每一种动植物都是其上一个环节物种生存的条件，构成上一个环节物种的食谱。同时，它们又是以其下一个环节的物种的存在为条件而得以获得生存和发展的。在这个生物链条之中，唯独产生了一个特殊的物种，这就是人类。

当然，人类之所以能够跳出生物链，或者说是居于生物链的最顶端，同样也是物种进化的产物。人类的祖先本是猿类。从猿到人的转变不能不说是自然界演化的一大奇迹，当然也是我们每一个现代人的幸运。现代的人们经常会想到这样一堆问题，即我是谁，我从哪里来，我将到哪里去？恩格斯也曾关注这些问题，不过他所关注的是"我们"，即人类的起源。

恩格斯研究达尔文的《物种起源》，在研究了人类的进化史之后写了一篇重量级论文，即《劳动在从猿到人转变过程中的作用》。这篇论文的核心观点是"劳动创造了人本身"。① 马克思针对恩格斯的观点指出"劳动是从制造和使用工具开始的"。至于到底是先有劳动还是先有劳动工具的制造和使用，这似乎同人们常常纠结的"鸡和蛋"的关系类似。我们只要基于进化规律就可以解决先有鸡还是先有蛋的问题。即第一只鸡一定不是鸡蛋生出来的，它是其他物种所生蛋的变异的产物。今天所谓的鸡就是由此变异而产生的一个新的物种。同样，第一个劳动工具的制造者和使用者或许就是猿人。它们在制造和使用工具中形成了劳动普遍化的同时也改变了自身，即使得大脑获得发育。随着脑容量的提高及其结构的不断完善，人们具备了创新创造的能力。正是这种超越一般动物的能力，使得人类开始了在自然界生物链中跃升的历史，最终达到生物链的最顶端，成为"主宰"整个自然界的主人，人类进化进程如图1-1所示。

图1-1　人类进化进程

由于工具的首次制造和使用都属于创新范畴，所以在我们面前立刻就

---

① 恩格斯. 自然辩证法. 北京：人民出版社，1971：149.

会出现一个似乎是显而易见的逻辑结论，这就是创新能力的进化是人与动物的根本区别。作为现代人的一员，只要你的大脑健全，你的遗传基因中所蕴含着的创新创造能力就具有得到开发的可能，适者生存的进化机制同样要求我们只有不断开发自己的创新创造能力，才能够在应对各种各样的竞争中立于不败之地。正是这种创新创造能力的应用，才创造了今天的人类文明。

1.1.2　技术的创新是人类文明的主要标志

技术是什么？技术是人们在认识、改造和适应自然的社会活动中，有计划、有目的地运用科学知识创造出来的各种物质资料、劳动手段及物品、方法的总和。技术的创新，是指人们针对自身或市场的需要，基于已有的科学技术知识对现有技术形态的改进或创造新的技术形态的社会活动。

技术是生产力构成中的重要因素，它决定了一定时期社会生产力的水平。而生产力水平又决定生产关系的性质，进而决定了社会生产方式的状态。生产方式又是社会生活方式的决定因素。正因如此，技术的发展状态和水平常常被用来标志人类社会历史的发展阶段和文明程度，如石器时代、铜器时代、铁器时代、机械化时代、电气化时代、自动化时代，以及当前正在实现的智能化时代。每一次时代的更替，不过是技术创新成果的量的积累和质的突变，归根结底都是技术创新的结果。

石器时代又可以分为旧石器时期和新石器时期。旧石器时代是人类刚刚从动物界脱颖而出的时代。当时的人类祖先已经学会利用自然界现成的石块作为取食和防身的工具，并且开始了有目的地利用石块制作简单工具（即石器）。这也是人类创新、创造能力的初步展现。这种创新能力的初步展现，为人类在弱肉强食的自然界能够得以生存和发展提供了可能与保证。大约至今 10 000 年之后，随着人们对岩石属性认识知识的积累，进而利用石块制作器具技术的成熟和普及，使得人类社会进入到了新石器时代。

在新石器时期，人类的主要技术创新成果包括弓箭的发明、用火技术、制陶技术、植物栽培和动物驯化技术。弓箭的发明是为了满足狩猎活动的需要，基于石器制作技术以及树枝、藤条之类自然物的认识所发明的。弓箭的发明不仅直接提高了狩猎效率导致了动物驯化乃至畜牧业的产生，还为钻木取火技术的发明与创新提供了可能。当然，在普遍性的石器打制活动中同样会出现火星甚至也会偶然由此点燃旁边的柴草等易燃物，这就使得当时的人们在多次重复这种偶然事件中发现了产生火的规律，进而创造了人工取火的另一种方式。今天偶尔还能见到的火镰或许就是这种取火方式的延续。陶器制作技术的创新不外乎是人们将火的作用、用火技术与泥土的属性方面的经验知识相结合，为满足储存水或植物种子等的需要而发明的。

随着用火技术的不断创新以及对矿石知识的积累，人们开始借鉴石器制作和制陶技术对于熔点较低的铜矿石（950℃左右）进行加工，因而铜器技术逐渐得到发明和应用，使得一个新的时代（即铜器时代）不期而至。铜器技术代表着奴隶制时期人类的技术乃至社会生产力的最高水平。随着用火技术的进一步创新和发展，当能够将火炉温度提升到800℃的时候，人们就发明了铁器的锻造技术，达到 1 000～1 539℃的时候铁器铸造技术得到发明。铁器技术的广泛应用，使得人们发明了各种各样的工具、兵器和日用品。由此，铁器技术就成为封建社会生产力水平的标志。我国的指南针、造纸术、火药、印刷术就是这一时期发明的。

思想领域的解放为科技创新敞开了大门。发端于意大利的欧洲文艺复兴运动，为黑暗的欧洲中世纪打开了一扇创新思想之窗。随着 1543 年哥白尼太阳中心说的发表，近代自然科学第一次革命拉开了序幕。天文学、力学和数学率先系统化为现代意义上的科学。1687 年牛顿正式发表了他的鸿篇巨著《自然哲学的数学原理》，在伽利略和开普勒关于宏观物体运动规律和天体运动规律的基础上提出了万有引力理论，并由此被认为是经典力学创立的标志。力学的成熟为机械技术的发明及应用提供了知识和理论基础。一场机械技术创新浪潮即将掀起。

1733 年英国人约翰·凯伊发明飞梭，通过运用杠杆原理设计的机构打击梭子，使其高速飞行，织机生产率得以成倍提高。1765 年瓦特成功发明实用性蒸汽机，并于 1769 年获得发明专利权。1769 年英国人 R. 阿克赖特制造水力纺纱机（其实中国在春秋战国时期已经使用手摇纺车纺纱，到了宋代已经发明了 30 多个锭子的水力大纺车），1779 年英国人 S. 克朗普顿发明走锭纺纱机。1785 年英国人 E. 卡特赖特将蒸汽机与织布机结合成为一种新的功能系统，这就是蒸汽动力织机的发明。同年，英国建成世界上第一个用蒸汽机为动力的棉纺织厂，就此拉开了英国纺织工业由工厂手工业向大工业生产过渡的序幕。人们将蒸汽机与纺纱机、织布机、手工钻床、铣床、车床、镗床、磨床等生产加工技术结合，逐渐发明了蒸汽纺纱机、蒸汽织布机、蒸汽钻床、蒸汽铣床、蒸汽车床、蒸汽镗床、蒸汽磨床等新技术核心装备。随着 1814 年斯蒂文森在前人基础上进行改进创新，发明实用化蒸汽列车（即今天的火车），一个完整的机械技术体系形成了。与此同时，人类第一次工业革命在英国首先完成，开创了人类机械化的新时代。

技术的创新一般是以科学领域的创新为条件的。1820 年奥斯特发现了电流的磁效应，1831 年法拉第发现磁场的电效应及感应电流原理。这是一项即将开辟新世代的伟大发现。1832 年，法国人皮克希根据这一原理发明了利用永磁铁制作的发电机；1866 年，德国人西门子发明了自馈式发电机，使得发电机的实用化成为可能；1880 年，美国发明家爱迪生改进并完善了西门子发电机，并从此开始广泛用于通信和工业动力。电的应用创新浪潮也由此开始了。

　　法国人克拉德·恰培兄弟于 1794 年发明了通讯机；1833 年德国科学家高斯与韦伯发明了电报；1835 年美国发明家莫尔斯发明了以他的名字命名的莫尔斯电报机，1837 年他编制了莫尔斯密码。1847 年，西门子公司成立，其主营业务就是电报机与电信设备的生产及推广应用。1876 年，美国著名发明家贝尔发明了电话并建立了至今仍然享誉世界的贝尔电话公司。到此，电的应用创新浪潮热度不减。美国发明家爱迪生于 1879 年发明了白炽灯并创立了爱迪生电器照明公司，开始建立发电厂和电网，开启了人类电照明技术的新时代。1888 年赫兹发现电波。随着电动机、电通信和电照明技术的发明和应用，以此为主营业务的公司和研究机构如雨后春笋般创立，并开始向全世界迅速扩散。人类由此进入了电气化时代。

　　19 世纪末、20 世纪初掀起了第三次科学创新浪潮，即第三次科学革命，人类科学知识开始爆炸性增长。英国物理学家汤姆逊发现电子，卢瑟福发现质子，查德威克发现中子，德国物理学家奥托·哈恩用中子轰击铀原子核发现了核裂变现象，特别是普朗克量子论和爱因斯坦的相对论的建立，为第三次技术革命奠定了科学基础。

　　1942 年 12 月 2 日美国芝加哥大学成功启动了世界上第一座核反应堆。1945 年 8 月 6 日和 9 日，美国将两颗原子弹先后投在了日本的广岛和长崎。1954 年苏联建成了世界上第一座核电站——奥布灵斯克核电站。实现核发电，是原子能技术发展的又一个的里程碑。1954 年，苏联和美国建造了实验性核电站，揭开了核电应用的序幕。1957 年 10 月 4 日，苏联成功发射了世界上第一颗人造地球卫星，标志着人类跨入了航天时代。1958 年，美国的肖洛和汤斯以及苏联的巴索夫和普罗赫洛夫等人都提出激光基本原理性方案。1960 年 7 月 8 日，美国科学家梅曼发明了世界上第一台红宝石激光器，它的出现，标志着激光技术的诞生。1953 年，沃森和克里克提出了 DNA 双螺旋结构；1972 年，美国斯坦福大学构建了第一个重组 DNA 分子；1977 年，在美国旧金山建立了世界上第一家遗传工程公司。现代生物技术由此登上历史舞台。从 1946 年人类历史上真正意义的第一台电子计算机问世至今半个多世纪以来，计算机技术更是普及到了千家万户，甚至成为每一个成年人的必需品，改变了人类社会的生产和生活方式。21 世纪伊始，以电子计算机和通信技术的结合为基础的互联网技术的形成与发展，更是将人与人、物与物、人与物实现了广泛的互联互通，又使得人类社会进入了网络时代。

　　随着核能技术、激光技术、生物技术、新材料技术、空间技术、海洋技术、电子计算机技术以及互联网技术等庞大的技术群的形成，使人类社会进入了一个新的文明时代。人们常用信息社会、知识社会、信息化时代作为这个时代的标志，其实使用任何一种技术名词都很难完整、准确地表达这个新的时代文明。好在这个精彩纷呈的时代正在被一个更加精彩的时代所替代，这就是今天以智能技术为基础的智能化时代的到来。

　　由此可见，技术的创新不仅是人类社会文明的标志，更是撬动人类文明进步的有力杠杆。根据生产力决定生产关系，生产关系一定要适应生产力水平的原理，技术作为生产力水平的重要标志，它的每一次哪怕是量的变化，都会引起生产关系的适应性改变。而生产力与生产关系的关系构成人类社会的生产方式，并进一步改变人们的生活方式。因此，社会的各种制度与文化形式，归根结底都依赖于技术的创新与发展。

1.1.3　社会制度的创新是人类进步的阶梯

社会制度是人类文明进步的又一个重要标志。马克思在其鸿篇巨著《资本论》中，将社会制度视为特定统治阶级的政治工具，并认为制度既是特定时期生产关系的社会结构性框架，也是特定生产力水平下人们经济行为的基本规则，而推动制度演化的根本动力来自于生产力的发展。制度演化过程的主体则是阶级，而制度演化的主要手段则是阶级斗争。

诚然，社会制度又是多层面的，最高层面便是政治制度。在特定政治制度之下就会有特定的国家管理制度、经济制度、教育制度、科技制度、文化管理制度、外交制度、国防安全制度、医疗保健制度等。每一个层面都会有一个制度体系。整个国家就是一个由多层面、多方面制度构成的复杂的制度体系。正是各种各样的制度使得一个国家或地区、部门形成一种有序的结构。由结构与功能的关系可知，各种各样的制度体系形成一个国家、地区或其部门发展能力及发展水平的基础。反过来，一个国家或地区、部门发展能力和水平则与其制度建设和创新直接相关。这也是社会制度作为生产关系的总和对社会生产力乃至技术创新与发展的反作用。

原始社会是人类第一种社会制度形式，是一种自然形成的具有明显氏族特征的制度形式。这种社会制度形式是同旧石器时期人们运用自身肢体功能，以及自然物（如石块、木棍等）作为工具实现生产目的的状况相适应的。奴隶制社会是一部分人占有另一部分人及其劳动的社会制度形式。奴隶制社会相对于原始社会而言是一种质的变化。在奴隶制社会中，一部分人的劳动除了满足自身生存需要之外，还必须满足其主人的需要。这种双重压迫促使他们不仅要付出更多的体力，还必须开动脑筋想办法提高劳动效率。这就使得劳动工具不断得到创新，由旧石器时代迅速发展到了新石器时代。火的利用、制陶技术、铜器技术，以及由此产生的各种工具、兵器、生活器皿、装饰品等，都是这种新的社会制度下催生的技术创新成果。反过来，这些技术创新成果变成了这一时期生产力发展水平的标志。

公元前 475 年，中国率先进入封建社会，告别春秋时代开启了战国时代。西方世界建立封建制度则是以公元 476 年罗马帝国灭亡为标志的。不难看出，中国进入封建时代比西方早了 951 年。正是由于这领先于世界的社会制度创新，使得中国成为世界文明古国之一。由于在封建制度之下，人不再属于奴隶主，人的自由度大大提升，不仅具有了行动自由，同时也有了"思想的自由"。摆脱了人身依附获得个性解放的人们释放出了巨大的创新潜能。科学技术、文化乃至整个社会经济的大发展拉开了序幕。思想上的诸子百家开始形成，数学、天文学、化学等开始萌发，改变世界的四大发明等技术成果由此产生。经济繁荣，文化兴盛，伴随古丝绸之路的出现，对世界科技、经济、文化乃至人类文明的发展做出了历史贡献。在世界文明的历史上，中国在战国时期率先进入了铁器时代。

1649 年，英国在西方世界经历了封建和宗教双重统治的千年黑暗年代之后率先实现了社会制度的创新，建立了以君主立宪为特征的资本主义制度，揭开了工业文明的历史画卷。如果说封建制度只是使人们摆脱了对奴隶主的人身依附，那么资本主义制度则使得人们进一步摆脱了思想和行为的禁锢。尽管资本主义社会所宣扬的"自由、平等、博爱"不乏其虚伪的本质，但是，仅仅这个"自由"就足以使得人们的创新、创造潜能得到激发。再有资本本身贪婪的逐利本质，使得人们的创新、创造能力空前爆发。近代自然科学诞生了，三次科学革命依次展开，三次技术革命蓬勃上演，紧接其后的就是工业革命和产业革命，以及人们生活方式的革命。人类社会也由此摆脱农业文明进入工业文明时代。

社会主义制度是相对于资本主义制度的创新形式。尽管资本主义制度的建立以其相对封建制度具有极大优越性，是人类文明发展的一个里程碑。但是，资本主义制度并没有解决社会的不平等问题，人压迫人的现象依然存在，特别是无产阶级的生存状况并不比曾经的奴隶阶层好多少。马克思、恩格斯针对资本主义制度下存在的不平等现象，特别是无产阶级的生存状况，针对生产力发展的未来要求，在空想社会主义思想的基础上，进行了系统创新，建立了科学的社会主义理论。

列宁运用马克思、恩格斯科学社会主义理论，并根据当时俄国国情进行理论和实践创新，创立了列宁主义理论的同时建立了世界上第一个社会主义国家。发生在 20 世纪上半叶的第二次世界大战，以无可辩驳的事实证明了社会主义制度的无比优越性。苏联以一个仅仅建立 20 年的社会主义国家，与以英国为代表的老牌资本主义国家在打击德国法西斯的战场上同场竞技。不仅如此，还在战后又与美国为首的整个资本主义世界分庭抗礼。这不能不说是社会主义制度的无比优越性的有力证据。当然也是社会制度创新对于人类文明发展的有力证明。

如今，曾经的世界超级大国苏联因抛弃马克思主义和社会主义制度而已经不复存在，但同样坚持马克思主义和社会主义制度的中国共产党领导的中国人民却从此站起来了。社会主义制度下的中国在中国共产党的领导下，不仅推翻了压在人民头上的三座大山，消灭了贫穷，实现了小康，在可以预见的 21 世纪中叶即新中国成立 100 年之际，一个现代化的世界强国又将屹立于世界东方。100 年的时间超过英国 400 年的发展水平，这个丰功伟绩只能归功于中国共产党领导全国人民进行的制度创新，归功于一代又一代中国共产党人坚持马克思主义的同时不断进行理论和实践创新，也即马克思主义中国化的伟大成果。

宏观层面的社会制度创新不仅是人类文明进步的标志，更是人类文明发展的阶梯。随着以中国为代表的社会主义制度的发展，特别是在中国发展的示范效应之下，世界其他国家将会悄悄地发生变化，最终随着生产力的极大发展而不得不选择与其相适应的生产关系。看似神话的共产主义社会，将会在一次次的制度创新中不断逼近现实，无产阶级和全人类的自由解放，将会在社会制度的不断创新之中悄然实现。

1.1.4 文化创新是人类文明的表现

文化一词由"文"和"化"联立而成。其中"文"有规律、习俗、规范之义，如天文、人文。天文是指天体及其运行规律，人文则指人及人类社会存在和发展的规律；"化"则指变化，同汉语中的"易"同义。因此，文化一词的创造所表达的是事物存在与变化的规律性。根据本书对创新的定义，仅从字面上讲，文化本身就包含着创新之义，只不过文化表达的是事物的变化，而创新所表达的是"变好"的过程及其成果。

如果将人类文明分为物质文明和精神文明两大部分，那么文化就属于精神文明的范畴。理论上讲，文化包括三个层次内容，即观念、制度和器物。日常生活中人们所谓的文化往往多指观念层面，即思想层面。观念、思想属于主观层面，制度、器物则属于物质层面。主观性的观念或思想是客观性的制度和器物在人们头脑中的反映，反过来，主观的观念和思想在一定条件下支配着人们的行动即实践活动，即主观的东西可以在一定条件下转化为物质的东西，二者统一于同一个事物的发展变化过程之中。

狭义的文化，是可以用语言文字和图像符号所表达的。不同民族的人在不同历史时期认识和遵循的关于自然和社会存在与发展的规律是不同的。如哲学、文学（包括谚语、成语、诗词、歌赋等）、礼仪、民俗及价值观和行为规范等。文化的发展既是不同民族在不同历史时期政治经济和物质生活的反映，同时又在一定意义上具有促进或抑制其发展的作用。因此，研究文化创新不仅使我们能够更加深入地理解创新对于文明发展的正向意义，还可以避免文化发展的倒退（糟粕文化）对现代社会文明发展的负面影响。

人类浩瀚的历史，丰富而多元的文化，不允许我们在这里进行详尽的考证和阐述。其实，我们只需顺手撷取几朵小花展示给读者，便可使其窥斑见豹，对文化创新与人类文明发展的关系一目了然。不妨先看一看被誉为中国古代文化"大道之源"的《周易》。据史书记载，该书是周文王姬昌在被商纣王囚禁于今河南安阳汤阴县期间所著。后经儒家和道家等尊崇和发展形成了一个深奥复杂而又万能的思想和方法论体系。

孔子的代表作是《易传·系辞》，老子的代表作是《道德经》。孔子对周易形成的创新历程加以探究，曰："古者包牺氏（伏羲氏）王天下也，仰则观象于天、俯则观法于地，观鸟兽之文与地之宜，近取诸身，远取诸物，于是始作八卦，以通神明之德，以类万物之情"。这就是说，周文王受到自然界万事万物相互依存又相互作用、千变万化现象的启发，思考天地万物变化的奥秘。其具体方法是先将自然事物归结为八大类，并将其抽象为八卦（乾，坤，震，巽，坎，离，艮，兑），再用这八卦的相互作用来阐明世界万物的形成之理。孔子将周易的八卦学说和阴阳、五行之说相联系，使其逻辑体系更加完善。如孔子认为太极生两仪，两仪生四象，四象生八卦，八卦生万物。老子则用"道"作为事物变化的起点，如"道生一，一生二，二生三，三生万物"。[①] 同时又告诫人们，一切行为应当顺应自然规律，如"人法地，地法天，天法道，道法自然。"[②] 老子所谓的"天之道"和"圣人之道"学说，对于今天的宇宙学和社会学研究都有其借鉴意义。

历经千年发展，一方面，易经作为中国古代思想文化的经典不仅直接影响着近现代文化的发展，甚至影响着人们的生活。另一方面其深奥的体系及其演绎吸引着国内外无数学者醉心于其中，并从不同专业背景出发进行解读，甚至给出新的表达方式。这些都说明了其所具有的强大的生命力。当然，我们只要从易经思辨体系中抓住其"思变"本质就够用了。这就是树立万物皆变、万变皆有道（即规律）的观念。我们只需根据所学的各种理论去不断地"思变"，就能够在科学技术乃至社会生活各个领域不断地获得创新、创造成果。

孔子是儒家学派创始人。他的最伟大的贡献不在于教育而是政治与社会治理思想和方法的创新。他先是将周以前的古籍文献做了系统的整理，编写删定出六经，即《诗》《书》《礼》《乐》《易》《春秋》。后是在前期工作基础上著述其代表作《论语》。可见孔子的成功与成名的过程，向我们展现的是一种至今难以改变的创新之道，即先继承、后发展。

孔子的政治思想主体是仁礼学说，仁与礼是孔子政治思想的核心范畴。所谓"仁政"学说，即要求统治者体察民情，爱惜民力，"为政以德"，反对苛政和任意刑杀。所谓"克己复礼"，就是说要克制自己，使自己符合"礼"的要求。这里的"礼"是指西周的等级名分制度。孔子的政治和社会治理思想可以概括为"三纲五常"。"三纲"是指君为臣纲，父为子纲，夫为妻纲；"五常"是指礼、仪、仁、智、信。"三纲"可以保证社会政治系统、家族系统乃至家庭内部的纵向有序性，"五常"则可以保证社会政治系统的每一个层面人与人之间的和谐共处。孔子这一治国理政新思想在汉武帝时代得到广泛应用，并且被历朝历代所继承，使得中国封建制度成为一种超稳态结构，以至于时长超过西方封建时期的两倍。这种超稳结构是使中国成为世界文明古国的政治与社会基础。

源于战国时期的另一大文化创新形成了法家学派。法家是中国历史上研究国家治理方式的学派，提出了富国强兵、以法治国的思想。它是诸子百家中提倡以法制为核心思想的

---

① 王弼. 老子道德经注. 北京：中华书局，2011：120.

② 同①：66.

重要学派。其思想源头可上溯于春秋时的管仲、子产。战国时期经李悝、吴起、商鞅等人大力发展，直到战国末期韩非对他们的学说加以总结、综合，集法家之大成。他们都是一批主张"变法"的政治改革家和思想家。法家的政治口号是"缘法而治""不别亲疏，不殊贵贱，一断于法""君臣上下贵贱皆从法""法不阿贵，绳不挠曲""刑过不避大臣，赏善不遗匹夫"。他们顺应了历史发展的潮流，极力辅佐一些国君进行社会政治、经济改革，并从某些方面为维护地主阶级统治提供了理论、原则和方法。但是，法家的思想内容与儒家礼制思想不仅不能相容甚至有些针锋相对。如商鞅指责"儒学"为"虱"，他说："礼乐""诗书""仁义""修善""孝悌"等都是祸国殃民的东西，如果用这些复古主义的教条来治理国家，就会"敌至必削，不至必贫"（敌人一来，国土就必被侵削，敌人不来，国家也必定贫穷）。

秦始皇扫平六国实现中国统一，建立了真正意义上的封建帝制。遗憾的是，他过分依赖法家学说而排斥儒家思想，甚至到了"焚书坑儒"的地步。统一法律，统一车轨，统一文字，统一度量衡，正是秦始皇这些创新之举使得统一的中国实现表里如一，为中华民族的永续发展奠定了制度基础。也正是由于秦始皇强调法制而忽视社会伦理道德方面的建设，最终导致秦朝的短命（只有17年）。汉朝在继承秦朝法制体系的同时有所创新，即同时挖掘并宣扬孔子的儒家思想，使得法制和礼制相结合，造就了长达400年的大汉帝国。

中国超长的封建制度到了晚清时期，经历了两次鸦片战争的"洗礼"之后，一场以"师夷制夷""中体西用"为指导思想的洋务运动蓬勃展开。尽管这场洋务运动进行了30多年却并没有使中华民族真正富强起来，但由于期间引进了西方先进的科学技术，使中国出现了第一批近代企业，在客观上为中国民族资本主义的产生和发展起到了促进作用。"旧瓶装新酒"式的洋务运动尽管具有文化创新的意味，但却因为未能触及落后的社会制度这一根本问题，也就不可能真正解决中国"自强""求富"的发展问题。面对中西方的社会发展落差，以光绪皇帝为核心，以康有为、梁启超等为代表的社会改良主义者，于1898年6月11日至9月21日发动了戊戌变法（百日维新）运动。这次历时103天的变法运动最终以康有为、梁启超分别逃往法国和日本，谭嗣同、康广仁、林旭、杨深秀、杨锐、刘光第六君子被杀，而告失败。尽管如此，戊戌变法仍然是中国近代史上一次重要的政治改革，也是一次思想启蒙运动，他们倡导学习西方、民主政治、发展工业的主张起到了解放思想的作用，对思想文化的发展乃至中国近代社会的进步起了重要的推动作用。

近代以来改变中国政治与社会发展方向的一次文化创新，当属发生于1915年的新文化运动。这是一场针对封建宗法专制制度及其与之相适应的儒家伦理制度的一次注定要改写中国历史的思想文化创新运动。新文化运动的代表人物包括胡适、陈独秀、鲁迅、钱玄同、李大钊、蔡元培等知识界精英人物。他们大多受过西方教育，是一群不仅忧国忧民而且勇于跟旧制度说不的人。新文化运动的口号是：提倡民主，反对专制；提倡科学，反对迷信；提倡新道德，反对旧道德；提倡新文学，反对旧文学。这些口号反映了他们的文化创新勇气和创新的方向。尽管他们尚没有明确的政治目的，在创新思维方法上又是简单的逆向思维，但却毫无疑问地开启了中华民族思想解放的大门，在政治上和思想上给专制主义以空前沉重的打击，动摇了传统礼教的思想统治地位，为马克思主义在中国的传播开辟了道路。

作为新文化的关键内容即马克思主义理论被引入中国，加上 1917 年苏联社会主义革命的成功经验证明了马克思主义理论用于解决中华民族摆脱封建桎梏、走上振兴之路的可能性。一场宣传马克思主义，以及用马克思主义理论改造旧中国的五四运动于 1919 年 5 月 4 日蓬勃展开。一个乘着五四运动的东风建立起来的中国共产党开始登上历史舞台。中国共产党将马克思主义作为自己的指导思想，开始了自己创造中国新的历史时代的伟大实践，并在社会革命实践中不断创新马克思主义理论，这就形成了中国化的马克思主义，即毛泽东思想和中国特色社会主义理论体系。

从起源于春秋战国时期的中华民族文化创新浪潮，及由其发展起来的丰富而灿烂的古代文化，以及由此形成的超长的中国封建制度，到五四运动将马克思主义用于改变中国的伟大实践，再到马克思主义中国化的伟大创新成果（毛泽东思想）和中国特色社会主义理论体系指导下新中国的成立、建设和发展，最终成为引领世界政治经济发展的现代化强国。透过中国的发展历史，可以看到人类文化创新对于社会政治经济乃至科技发展的作用。没有文化创新就没有一个民族的未来。同样，没有文化的人也不会有光明灿烂的明天。

1.2　创新与国家发展

国家的形成本身就是人类社会发展中的一大创新成果。恩格斯指出：国家是社会在一定发展阶段上的产物；国家是承认这个社会陷入了不可解决的自我矛盾，分裂为不可调和的对立面而又无力摆脱这些对立面。而为了使这些对立面，这些经济利益互相冲突的阶级，不致在无谓的斗争中把自己和社会消灭，就需要一种表面上凌驾于社会之上的力量，这些力量应当缓和冲突，把冲突保持在"秩序"的范围以内：这种从社会中产生但又自居于社会之上并且日益同社会相异化的力量，就是国家。① 国家的形成是创新，国家的发展更需要创新。近代以来相继产生的几个主要强国的发展之道都印证了这一铁律。

---

① 中共中央组织部．马列主义经典著作选编：党员干部读本．北京：党建读物出版社，2011：139.

1.2.1 英国：日不落帝国的诞生

古代的欧洲，英国由于岛国的地理环境使其相对封闭而落后于整个欧洲大陆。15 世纪末发生于意大利的文艺复兴运动虽然催生了近代自然科学，却没能使意大利及其欧洲大陆各国的经济社会有多大的进步。只有落后的英国率先完成了资产阶级革命，实现了社会政治制度的创新，建立了世界上第一个资本主义制度。尽管其君主立宪制度保留了封建君主制度的明显痕迹，但却在本质上适应了新的生产力发展的要求，为资本主义市场经济开辟了道路。这种先进的政治制度，为科学技术的发展提供了良好的社会环境。政治制度的创新必然伴随着思想解放运动，与封建专制相对应的必然是倡导民主，发展资本主义必然要发展生产力，这就形成了尊重科学、尊重人才的社会氛围。世界上第一个科学家组织即英国皇家学会成立，世界上第一份科学杂志即"哲学论坛"由此诞生。新的历史环境使得大批医生、牧师、商人等有识之士纷纷转向科学研究和技术创新。到 1650 年，英国就成了世界科学技术活动中心。社会制度创新驱动了科学技术创新，进而促进了社会生产力的发展，彻底改变了社会生产方式。这就是发生于英国的工业革命和产业革命。日不落帝国就是在这一系列的创新链条中形成的。

1.2.2 法国的强盛

社会革命、科技革命、工业革命、产业革命到国家强盛，这一由英国开创的富强之路，不仅为欧洲也为世界各国的发展提供了范式。18 世纪英国科学技术和产业革命的发展对德国和法国产生了很大的影响。

研究法国的强盛不能不追溯到著名的法国启蒙运动。孟德斯鸠、伏尔泰和卢梭是当时法国启蒙运动的代表人物。他们各自以自己的方式对封建专制制度，以及主导社会思想的宗教教条进行批判，并在哲学层面宣扬自然神论，在社会制度层面宣扬自然人权、三权分立、自由和平等思想。他们的创新思想不仅直接导致了法国大革命的到来，甚至还影响了法国、德国和美国等后来的资本主义国家宪法的制定和国家制度建设。

法国大革命，从 1789 年 7 月 14 日巴黎人民攻占巴士底狱，到 1830 年 7 月革命，历时41 年，道路漫长而曲折，但是却也最为彻底。它结束了法国一千多年的君主专制统治，在法国初步确立了共和的政治体制。社会制度的创新，为法国科学技术和工业革命创造了条件。真正使得法国走向强盛的当属拿破仑·波拿巴执政时期所创立的"集权制资本主义制度"。他不仅开创了依法治国的典范，还先于罗斯福建立了自由贸易与国家干预相结合的经济运行模式，以及一系列发展经济的政策。他特别重视科学研究与技术创新。他不仅亲自关注科技教育体制和制度创新，建立了国家主导的科技教育体系，还亲自过问科学院的研究工作，自己也曾被授予法兰西科学院院士头衔。从观念到体制、制度等一系列社会政治、经济、科技、教育方面的创新，有力推动了法国科学技术的发展，使得法国很快取代英国成为世界科技活动中心。这一时期的著名科学家包括拉普拉斯、拉格朗日、蒙日、萨迪·卡诺、傅立叶、盖·吕萨克、拉马克、居维叶等一大批耀眼的科学明星。科学技术方面的创新成果又反过来作用于社会经济，促进了法国的工农业迅速发展，以至法国很快就成了欧洲强国亦即世界强国。拿破仑的帝国梦使他实施了扩张版图的战争行动。除了英国之外的几乎所有欧洲国家都成了法国殖民地。然而最终在战场上的失败，导致拿破仑时代的终结，同时也终结了拿破仑帝国。

1.2.3　德国的振兴

1871 年，德国历经 30 年内战、普法战争等最终实现统一，建立了德意志帝国，完成了社会政治制度的创新，形成了具有中央集权性质的资本主义国家。这就为科学技术在德国的发展创造了社会政治条件。反过来，科学技术领域的创新与发展必将极大地驱动社会胜利的进步，进而推动社会经济政治的强盛。

作为欧洲的后发展国家，德国在汲取英国和法国的经验，通过创新科技、教育体制及管理模式，不仅大力培养和吸引高层次创新人才，还为科学家们创造了更有力的创新环境和条件。德国于 1810 年创办了柏林大学之后，又将一批技术学校改造为大学，形成了德国特有的科学技术教育体系。在科技体制方面，德国于 1873 年建立国立物理研究所，1877 年建立国立化工研究所，1879 年建立国立机械研究所，这是世界上最早建立的研究组织，是科学技术研究建制化的开端。同时也是德国成为世界科学活动中心的一个特点。

有了人才的培养体系，有了人才，又有了科学技术研究的组织保证，加上根据经济发展需要选择科学技术发展战略的创新决策，优先发展化工和电气技术，这就使得德国在 40 年的时间内（1860—1900）完成了英国 100 年的事业。比如到 1873 年，德国生产的合成染料达到了 1 000 吨，而英国此时只有 435 吨。仅 1886—1900 年这 14 年中德国 6 家公司在染料技术上的专利就有 918 项，而英国同期只有 86 项。到 1909 年，英国有 90% 的染料需要从德国进口。1895 年，德国各行各业的产量就已经超过了英国，成为世界魁首。

在世界科学活动中心转移到德国不久，到 1895 年，世界经济中心也随之转移到了德国。科学研究走在生产的前面，从此成了近现代国家经济发展的规律。然而，国家实力的增强助长了政治野心家的扩张思想。不仅挑起第一次世界大战，希特勒当政时期的扩张野心又使他挑起了第二次世界大战。最终的失败，破坏了德国科学活动的必要条件，世界科学活动中心的转移也就成了必然。世界强国的地位也不得不转移他国了。

1.2.4　美国的世界霸主地位

美国自 1776 年 7 月 4 日建国，到第二次世界大战结束不到 200 年的时间就成为世界科学活动中心，同时赢得世界霸主地位，一个更加显著的特点就是创新。

美国汲取了意大利科学民主和思想解放的经验、英国创办学会和产业革命的经验、法国办教育的经验、德国创立国立研究所和发展应用技术的经验，可谓海纳百川，必然唯我独尊。美国的"国家科学技术与教育综合体制"，既有国家研究院，又有州立研究所及企业研究所；既有国立大学，也有州立大学，还有社区学院；各种研究学会、协会更是应有尽有；既自己培养人才，又大量引进国外优秀人才；还建立了尊重知识、尊重人才、依靠科学技术发展经济的政策体系等。创新的土壤必然结出创新果实。20 世纪，世界顶尖的科学家几乎都集中在美国，在重大发明和尖端技术方面美国占据着世界领先地位。例如，1945 年曼哈顿工程计划的成功，不仅用 2 颗原子弹结束了二战，还揭开了人类核能时代的序幕；第一台电子计算机的研制成功，拉开了信息时代的帷幕；1969 年阿波罗登月计划的成功开启了空间开发的时代；1981 年 4 月 12 日，哥伦比亚号航天飞机首航成功，等等。美国在各个领域各个层面的不断创新，使得其科技水平独占世界鳌头，经济、军事实力更是一枝独秀。

1.2.5　中国梦

中国梦不是"梦"，她是习近平主席对于国家富强、民族振兴、人民幸福等中国发展愿景的一种创新表述。中国是一个曾经的文明古国，古代丝绸之路的发祥地。近代以来由于封建制度的桎梏使得整个民族创新无望，以至于饱受西方列强的凌辱，甚至至今都得不到应有的平等待遇。然而，后发国家的发展优势在于既有前车之鉴又有海纳百川集成创新的条件。中国人民选择了中国共产党，选择了社会主义道路，毛泽东创立中国特色社会主义革命理论，邓小平提出中国特色社会主义建设理论，习近平提出新时代中国特色社会主义思想，中国特色社会主义国家制度牢不可破，这一系列的创新历史，表明中国人民必将沿着创新之路奔向国富民强的明天。

如果说英国的世界强国地位，得益于其先进的政治制度、社会稳定、倡导民主、思想解放、崇尚科学、经济拉动、皇家学会等一系列创新举措；法国的强盛在于汲取英国发展经验的基础上构建了国家综合教育体制以及政策导向（粮食与火炮）等体制机制创新；德国则是在英法经验基础上进行制度和体制、政策创新，构建了国家科技体制（国立研究所）并实施政策导向（化工、电气）掀起创新浪潮；美国的世界霸主地位则是将英法德经验与本国实际相结合，建立了国家创新体系、国家创造创新教育体系、创新文化底蕴等。那么，中国的发展优势更加显著，这就是英法德美的强国经验，中国特色社会主义制度的优越性，全球化和国际互联网、智能化新时代，国家创新体系建设和民族创新文化传统，强大的人力资源，特别是万众一心实现中国梦的创新热潮，中国的创新优势条件已经具备，强国之路已在脚下。

1.3　创新与企业发展

企业的创立属于创新范畴，企业的发展更离不开创新。创新是企业生存之本，是企业竞争之要，是企业发展的不竭动力。企业创新包括经营理念创新、治理结构创新、经营模式创新、管理机制创新、产品规划与设计创新、营销模式与方法创新、企业文化创新等。企业的创新是一种系统性创新，任何一个创新短板都可能导致企业竞争力的萎缩，乃至整个企业的破产。

1.3.1　创新是企业生存之本

企业是随着生产力的不断发展导致社会分工而产生的一种以营利为目的，运用各种生产要素（土地、劳动力、资本和技术等），通过生产与交换向市场提供商品或服务，实行自主经营、自负盈亏、独立核算，具有法人资格的社会经济组织。企业的产生本身就是一种改变人们生活，甚至改变人类历史的一项重大创新。它使得人类告别自给自足以及以物易物的小农经济时代，进入了商品经济时代。

企业的生产不再是为了自己的需要，而是为了交换所进行的商品生产。市场是进行商品交换的特定场所，任何企业要想在市场上通过商品交换获得生存与发展，都必须遵循市场经济规律。价值规律和供求关系是市场经济的基本规律。企业家针对市场需求状况和供求关系制订创业计划，决定投资规模和融资方式，以及生产模式和盈利模式。企业家还要根据价值规律控制成本争取更高利润。从企业的创立开始，到企业的运营管理，到形成稳定的发展模式，其中每一个环节都不能东施效颦般照抄照搬其他企业的方式方法，必须基于自身状况有所改变才能争取到自己生存发展的权利，从而在千变万化的市场之中立于不败之地。这种为了生存与发展所进行的不论是主动还是被动，也不论是对企业整体还是局部，是硬件还是软件的改变都属于创新范畴。

每一个国家都有其企业发展历史，每一个企业又有自身发展的历史。不论在哪个国家，也不论是世界上哪家公司，只要是当前存在的，都是市场竞争的强者，都是曾经的赢家。不论我们研究人类的企业发展史，还是研究哪个国家的企业发展史、哪家企业自身的发展史，都会看到，有创新就有生存，就有发展，离开创新必然被淘汰、破产。仅就中国而言，有数据显示，2015年中国平均每天新登记注册的企业达到1.16万户，平均每分钟诞生8家公司。同样有数据显示，中国每年约有100万家企业倒闭，平均每分钟就有2家企业倒闭。中国4 000多万中小企业，存活5年以上的不到7%，10年以上的不到2%。创业是企业创新的第一步，殊不知步步都需要创新，一步不慎可能就会导致企业破产。

再看看那些世界上著名的百年老店，像西门子公司、贝尔公司、爱迪生电照明公司、福特汽车公司等，它们大都是以单一产品的发明开始，创立公司，开拓市场，引领消费，根据市场反馈信息创新产品，开发新产品，在建立起市场信誉的同时不断创新公司的治理结构和管理模式，成长为长久不衰的现代化跨国企业集团。它们的不二法宝就是持续性创新能力的形成及其持续性的企业创新。

近期屡屡见诸报端、见诸荧屏的所谓"晋江经验"，几乎都是受到习近平主席在考察晋江时鼓励企业家要坚持创新，进而实践创新发展的经验。如利郎集团和盼盼集团的发展经验，就是产品创新和市场创新的经验。利郎集团主要靠的是品牌创新，而盼盼集团则主要依靠产品和销售模式创新，不但双双走出因电商崛起所带来的冲击而濒临破产的困境，反而做得更大更强，成为世界知名的集团公司。

"共享"，是近几年来由共享单车的出现所引起的一股"共享"类企业创新浪潮所遵循的创新理念。共享单车、共享汽车、共享家电、共享课本、共享电脑等共享性公司如雨后春笋般诞生了。时隔不久的今天，一个个共享公司倒闭了，破产了，目前能够看到的几家共享单车公司和共享汽车公司在勉强维持着。这种跟风式的"企业创新"其实不能称为创新，只能叫作模仿，甚至有抄袭之嫌。共享性企业的一一破产，从反面告诉我们，只有真正理解创新的本质，在变中求好，才是企业生存之本和发展之道。

1.3.2　创新是企业竞争之要

市场就是各式各样的企业为了自身的生存与发展进行竞争与博弈的地方。任何一家企业若想在市场竞争和博弈中成为赢家，并由此获得生存与发展的权利和地位，都要练就创新的本领，致力于创新才能够实现。

企业间的竞争和博弈，主要是其产品在市场的占有率和利润率的竞争和博弈。围绕市场占有率的竞争，不仅是生产规模和销售量的扩大问题，更重要的是生产效率和营销策略的创新问题。围绕利润率的竞争和博弈，也不仅是生产和营销成本控制问题，更重要的是生产技术创新与新产品开发问题。除此之外，企业间的竞争与博弈，还存在品牌竞争、信誉竞争，甚至企业文化的竞争问题。不论什么方面的竞争，也不论什么层级的博弈，最终都将归结为企业创新问题。同质的产品竞争，不可避免地表现为价格的竞争，最终的赢家只能是生产技术创新使得生产规模大、效率高、成本更低的企业。不同质产品间的竞争，最终的赢家则必然是及时进行产品创新、能够适应市场需求变化的企业。

戴尔电脑的竞争力不在于其企业有多高的技术实力，而主要在于其企业的集成创新战略和低成本生产以及与众不同的营销方式。海尔电器之所以在国内外白色家电市场异军突起且经久不衰，在于海尔集团的生产技术创新战略。华为手机的世界市场竞争力，不仅在于其产品更新周期能够适应用户对产品性能升级的要求，还在于其拥有自主知识产权的关键技术如芯片技术创新。吉利汽车能够获得引领国内自主品牌汽车产业发展地位，主要得益于其不断的品牌创新和生产技术创新，如充分利用沃尔沃和奔驰汽车的品牌辐射效应，特别是借鉴沃尔沃的制造标准提升吉利汽车的内在品质。阿里巴巴能够成为世界互联网企业巨头，不在于马云拥有多少通信及互联网技术储备，而是由于他的创新思维，能够优先且充分利用互联网平台不断进行新产品开发，打造了一个看不见的商业帝国。

有市场就有竞争，就有博弈。企业作为市场竞争、博弈的主体，不论其起点有多高，家底有多厚，任何企图逃避竞争，企图守成的经营战略和策略都必将事与愿违。创新是企业的生存方式。坚持创新发展战略，以市场之外的创新应对市场上的竞争，以企业自身的创新能力为基础构建企业的竞争力，弱小企业会发展为大企业，大企业就会发展为强企业、名企业，甚至成为百年企业、千年企业都将不再是梦想。

1.3.3 创新是企业发展的不竭动力

任何一种经济形式都不过是生产关系的表现，都是同当时的生产力发展水平相适应的。小农经济是任何一个国家都曾经历过的经济形式。随着农业生产力的发展，自给自足的小农经济成为阻碍人类社会发展的桎梏，改变这种古老的生产关系，就是人类第一次大分工的出现，一种新的生产关系登上历史舞台，这就是手工业的出现以及伴随而来的商品生产关系的形成。

最早的手工作坊和小商小贩形成了后来的家族式企业。家族式企业往往也是家长式企业。家族式企业的所有权和经营权都控制在家庭成员手中，其决策权往往控制在家长手中。这种最初级的企业形式，在创业之初具有很大的发展动力，家长的权威性和家庭成员之间共同的致富欲望，使得他们为达目标能够"共苦"，能够发挥出超常的执行力和拼搏精神，直至企业在市场上获得利润，获得名望，取得创业的成功。然而，家族式企业又往往是短命的，很难逃得过"富不过三代"的宿命。

家族式企业普遍存在"创业不易，守成更难"的问题，为了解决其可持续发展难题，制度层面的创新使得股份制逐渐取代家长制成为20世纪中国乃至世界各国企业管理制度的普遍形式。在中国至今存在大量民营企业在形式上进行了股份制改造，但却仍然保留着家长式的管理机制和决策机制。随着管理科学化和专业化的要求，企业管理制度的进一步创新，使得股东代表大会与职业经理人制度成为企业管理现代化的标志。董事会是股东代表大会闭会期间的最高决策机构，董事长是最高领导人。董事会由股东代表大会选举产生，为股东的利益负责。职业化的总经理由董事会任命，为董事会负责。董事会负责公司的战略规划及重大事项决策以及审议和评价公司运营状况及其效果。这种现代企业管理制度的形成，克服了以往家族式企业的各种弊端，以及介于家族式企业和现代管理制度之间的各式各样的所谓股份制企业所存在的守成难题，特别是可持续发展的难题。制度创新使得企业大大解放了生产力和创新能力，企业集团和跨国公司如雨后春笋般出现在中国大地乃至世界上的任何角落。

企业的经营效率和规模拓展以及业务模式的多样化，还在于企业管理模式的不断创新。随着企业规模的不断扩大，企业的管理层级必然越来越多，这就导致管理人员占比不断提高，同时也会出现最高决策层和管理层的意图逐渐衰减，最终导致企业经营效率的降低。这种情况在系统学中叫作边际效应，即规模达到一定程度之后再继续增长，必然会出现效益不增反降的现象。根据这一原理，并针对企业规模扩张后出现的这种实际状况，企业管理模式实现了由垂直管理到扁平化，即项目经理负责制或分公司经理负责制的重大创新。所谓集团公司就是由此产生的。

开拓新的业务领域是企业创新发展的另一方面。企业的生存与发展依赖于两个基本方向的创新：一是通过产品创新做到同质产品中的最优，从而始终保持其市场竞争优势；二是开拓新的业务领域，创造新的利润增长并同时保障投资安全。这就像是俗话说的那样，"不将所有鸡蛋放在一个篮子里"，"云彩多了总有一片会下雨"，"只有广撒网才能多捕鱼"，等等。互联网企业拓展新能源汽车业务，汽车制造企业拓展电商业务，零售企业拓展房地产业务，房地产企业拓展房屋租赁业务，电子产品企业拓展零部件研发销售业务，能源企业拓展金融业务，金融企业拓展地产业务，以及国内企业拓展海外市场业务，等等。改变现状就有发展的可能，不变，即意味着萎缩，最终必被淘汰。

产品升级创新和开发新产品是企业赖以发展的基本形式。企业的产品是用来交换的，不是为了自用而生产的。一方面，针对客户的需求升级，企业必须对原有产品进行升级；另一方面，则是随着基础技术的发展和竞争对手产品的升级而升级。不论哪一种情况，产品的升级即意味着对原产品的改变，即创新。产品升级创新，从外在表现来看，不外乎三个方面，即功能、性能和外观。如手机产品的升级创新，除了最初的通信功能之外，目前几乎所有品牌都进行了智能化升级创新。其功能的拓展几乎使得原有的电子产品成为多余的了，如录音、录像、摄像、游戏、文字处理等，原来的世界驰名品牌一个个走向破产了。这就是人们常说的"走别人的路，让别人无路可走"。占领了其他产品的市场，就意味着自己的市场的拓展，业务扩展，企业规模的扩大，竞争力的提升，乃至企业盈利模式的改变，整体得到发展。

企业发展的动力来自于创新，不论是企业管理制度、经营模式、业务模式、盈利模式的创新，还是企业业务领域的拓展，以及产品的升级换代，只要创新不止，企业的生命力就会常在，企业的发展就有了不竭动力。

1.4　创新与人的发展

人的发展一般指的是包括其身、心在内以及二者相统一所表现出的对于自然和社会适应能力的发展。如前所述，就一般的人或人类而言，其之所以成为人并居于自然界生物链的顶端，属于自然界生物进化赋予人创新能力的结果。这里所谓人的发展特指现实的人，包括你我他在内的每一位具体人的发展。每一个健全的人在生理上的差别虽然存在，但就先天因素之间的差别以及对于人的社会性发展而言可以忽略不计。对于个体的人的发展目标来说，不外乎追求物质和精神两方面的解放和自由。换言之，人所追求的无非是物质财富、社会地位以及在社会中的话语权。这些目标的实现不是先天的而是后天学习和实践的结果。然而，同样是后天的学习和实践，但成功总是属于那些有所创新的人。

1.4.1　学习创新与发展

个人成长与发展的主要途径是学习。孔子曰：学而时习之不亦说乎。毛泽东曰：好好学习，天天向上。孔子的这一名句告诉我们，学习过程之中包含三个阶段，即学、习和实践。学，即跟着老师学和照着书本学知识；习，即复习，是说任何知识不是仅仅听一遍、看一遍就能够真正掌握的，还需要时常地复读、复听才能够真正领悟，即"闻道，学道，得道"。习的另一层含义是实践，也就是说仅仅掌握知识的含义和要领是不够的，仍需要通过将所学知识用于解决实际问题才能够达到学的目的。毛泽东对青少年的嘱咐，告诉我们只要好好学习各种有用知识就能够得到成长与发展。

至于学习方法，但凡有一定学历者都明白，只要按照"预习—听讲—复习—写作业—预习"的模式学习，不论什么课程都能够取得较好的成绩。当然，这只是指学生在学校的学习，不包括学生的课外学习和人们在校外的学习规律和方法。值得指出的是，如今人类知识在爆炸性增长，传统的学习方式和方法已经难以适应知识增长的速度。解决问题、适应社会发展所需要的知识在深度和广度上同样不能与前辈们同日而语。这就对我们提出了创新学习的现实要求。只有创新学习方式和方法，才能够获得更快、更好的发展。

所谓创新学习，是指为了达到更高的学习效率而对原有学习方式和方法进行改变的过程。当然，创新学习不是要彻底改变以往的学习规律，而是在遵循学习规律的前提下改变具体的学习方式与方法。譬如，以往我们在学习中常常只关注知识点，似乎只要掌握了知识点就掌握了知识的全部。殊不知掌握了知识点只能应对传统的考试，而不一定能够转变成自己的能力和素质，因此也不一定能对未来事业的发展有多大益处。如果将我们确定的知识点按照演绎逻辑规律向上追溯并向下推演，不仅能够掌握一连串（一条线）知识，同时还能体验到知识的产生和发展的规律。我们还可以进而根据相似性规律运用联想和类比方法将知识线拓展为知识面，将知识面拓展至知识体。这样就会在创新学习中不知不觉地不仅提高了学习效率，还学会了创新，增长了创新能力。

当然，创新学习的方式和方法是多种多样的，本书后面章节所讲的关于创新的各种理论和方法都是具有一般性的，既可以用于产品创新、工艺和方法创新、创业和企业经营管理创新，同样也可以用于学习创新。创新学习不仅能够在学习中学会创新，还能够为实践中的创新建立深厚的知识基础。学习创新本身也是一种创新实践。实践出真知，创新实践增长创新能力。有了创新能力就不愁发展目标不能实现。

1.4.2　择业创新与发展

民间有句俗语叫作"女怕嫁错郎，男怕入错行"，其中道出了择业对个人发展的重要性。择业是个人发展的起点。对于大学生而言，择业从高考填报志愿时就已经开始了。可以说高考填报志愿是人生最重要的节点，它甚至直接影响个人一生的发展。目前，多数大学生在填报志愿时都缺少自主性，主要是由家长或中学老师根据考生的高考成绩及其被录取的可能性评估决定的。学生缺乏对未来发展的具体目标和规划，又缺少专业认知及对所择专业的学习兴趣，更谈不上学好并在特定专业领域执着奋进的动机和意志，因此缺少学习动机的大学生活必然会出现迷茫的现象。这也许就是我国高等教育培养出来的大师级人物相对较少的原因之一。

在 2018 年的高考季，有一位来自云南临沧的李一峰同学以 712 分的好成绩赢得了清华、北大的青睐和邀请，然而他却选择了四川大学的口腔医学专业，这使他成为各路媒体竞相报道的热点人物。他的选择对于一般人来说似乎无法理解，但对于李一峰而言则是对于人生第一次择业的一大创新举动。李一峰其实此前已经是中国科技大学环境科学专业的一名大三学生，正是由于当时填报志愿时的动机不正确，没有根据自己的特点和未来发展目标做出选择，入学后难以认同自己所学的专业，而使他越学越感觉迷茫，由班里的优等生逐渐变成了多科挂红灯、面临被劝退的后进生。他最终还是下定决心递交了退学申请，回到临沧重新准备高考。他选择口腔医学专业的动机很明确，即学习该专业将来收入高，可以解决贫困家庭的发展问题，更主要的是自己善于动手、不善于理论思维的特点很适合此专业。虽然不能断言李一峰将来一定能够取得口腔医学方面的骄人业绩，但是可以肯定的是这种大胆改变现状的择业创新将使他更加快乐地去学习和生活，他的人生目标也更容易实现。有这样一种说法，即职业和兴趣的统一意味着快乐和幸福的人生。

大学毕业后的就业是人生择业的第二个机会。如何利用这一择业机会，为自己人生的发展选择一个良好的起点和路径，这对于未来发展目标的实现至关重要。值得注意的是，那些从众心理、跟风心态都是与择业创新背道而驰的。从众、跟风的结局是将遭遇更加激烈的职场竞争，付出更多努力也未必能够如愿以偿地实现自己的发展目标。其实，择业创新与企业产品创新存在异曲同工之处，这就是使自身条件和发展目标尽可能地与职场需要相契合。在自身条件（包括知识结构和能力倾向）与职场需要相适应的情况下，去选择那些更具有挑战性的岗位往往更能够促进自身快速发展。当然，这里的选择不仅是职业和岗位，还包括区域，甚至国际环境。同样的岗位需要在不同的区域或国际环境下就会存在不同的竞争态势。竞争对手少的岗位发挥自己才能的机会就多，反之可能就会被"束之高阁"，永远得不到发挥才能的机会。没有施展才华的机会就不会有成就，当然也就难以得到地位和财富发展的机会。

北京交通大学海滨学院在全国本科院校中常常被看作三流学校。陈鑫华就是这个学校 2008 级自动化专业毕业生。在 2012 年毕业之际，他完全有机会回到自己家乡的沿海城市找到一个专业对口的岗位，但是他却选择了新疆铁路局，而且被分配到了地处青藏高原的一个偏僻的小车站。由于他是那里唯一的一位大学毕业生，在我国铁路跨越式发展的时代，大量技术更新所带来的技术和管理问题自然就落在了他的肩上。经过几年的努力，干中学，学中干，他最终在全国技能大赛中脱颖而出，不仅实现了自己的人生价值，还得到了社会的认可，职位和薪酬都得到了提升。相信该同学会在新的岗位上获得更好的发展。

目标导向是择业创新的一种模式，根据自身条件和优势寻求更能够适合自己个人发展的职业和岗位，是另一种择业创新模式。即便择业不能自主，或者因为某种原因只能够从事某种职业，甚至与高水平的同事同场竞技，只要你牢记"创新"二字，在岗位履职过程中也会做出骄人的业绩，并终究会脱颖而出，实现自己人生价值的同时也会得到社会地位及个人财富的增长。

1.4.3 创业与发展

一般认为，创业就是创立企业或创造家业，是个人创造财富和积累财富最直接的方式。尽管在更广泛的意义上参与团队创业，甚至在任何组织中履职，都属于创业的范畴。在大众创新、万众创业如火如荼的今天，似乎应该着重讨论创新、创业与国家各方面发展之间的关系及其现实意义。不过，这里主要涉及的是创业与人的发展问题。因此只能先在狭义上讨论创业，即创立企业或创造家业与人的发展问题。

创业的主要目的是创富。当然，知识界的人们都懂得经济基础决定上层建筑的哲学命题。当一个人的财富积累到一定程度的时候他的社会地位也就会相应提升，在一定意义上会提高话语权，体现个人价值，这恰恰是人人都在追求的发展目标之一。马云是一位成功的创业者，自1999年创立阿里巴巴至今20年的时间公司市值已经超过千亿元。随着他的身价迅速提升，其社会影响力也在飙升，以至于成为当今最有影响力的世界级企业家之一。如今世界各国首脑争相约见他，世界高层经贸论坛几乎都有他的身影，他的一句漫不经心的话语很可能引起国内外股市的波动，这就是创业成功者的无上荣耀。

俗话说，天上不会掉馅饼。历史上和现实中的每一位名人富贾身后都有着各式各样的创业故事。他们为我们提供了发展的范式，包括他们的创业精神和创业经验，更包括他们成功背后坎坷经历之中透视出来的创业规律。来自各行各业的名人，他们之所以成名，往往是在组织内或者团队创业中，做出了众多且骄人的创新成果而得到了社会的广泛认同。那些大大小小的富贾，则多数是通过个人或者团队创业的成功，为社会创造财富的同时也使自己拥有了大量财富。即使我们不一定将成为名人富贾作为自己的人生目标，在市场经济条件下要想为自己创造必要的生存条件，实现自身价值，创新与创业总是一条亘古不变的捷径。

总之，作为个体的人，要想实现自己的发展目标，至少要关注学习创新、择业创新，特别是不同形式、不同性质的创业知识，培养自己的创新创业素质和能力。既然人类文明在创新中形成，国家的强盛有赖于创新，企业的发展离不开创新，社会各种成功人士背后隐藏着的都是创新、创业的故事，我们还用得着再去怀疑创新创业与发展的正相关理论吗？

小结

作为全书开篇第一章，从人类文明、国家、企业和个人四个维度及其不同层面讨论了

"创新与发展"的相生、相长关系。没有创新,就没有人类;没有创新,就没有人类技术发展的历史,就没有今天的智能化时代;没有创新,就没有人类社会制度从原始社会到奴隶社会、封建社会、资本主义社会和社会主义社会的发展;没有创新,就没有古埃及文化、古希腊文化和中国古代的诸子百家,没有近代欧洲的文艺复兴,没有中国的新文化运动,没有德国的古典哲学,没有马克思列宁主义毛泽东思想;没有创新,就没有今天的文化创意产业,没有网络文化;没有习近平的理论创新,也不会有新时代习近平中国特色社会主义新思想。一句话,没有创新,就不会有人类文明的发展,不会有人类文明的今天和明天。

在国家层面,不仅国家的产生本就是人类历史上的一项重大创新成果,各个国家的历史也都是一部创新史。中国古代文明领先世界在于中国封建制度先于西方世界 951 年。西方世界超越中国同样在于其资本主义制度先于中国 300 年。近代以来英、法、德、美先后成为世界强国得益于创新,今天的中国后来居上开始比肩世界强国同样依靠的是走自主创新之路的发展战略。国家和国家的比较与竞争,甚至博弈、战争,赢家总是属于具有综合创新实力的国家。

企业与创新的关系同样十分密切。不仅一般意义上的企业产生属于社会经济发展中的一大创新成果,每一个具体形式的企业的创立属于企业家的创新成果,企业的生存、竞争与发展目标的实现无不依赖于创新。换言之,从一家企业的创立及创业,到形成企业集团,甚至商业帝国的历史,毫无例外都是一部创新史。其中包含制度创新、文化创新、政策创新、机制创新、管理模式创新、产品设计创新、设备升级创新、营销模式创新、业务模式创新、盈利模式创新、用人机制创新等。没有创新的企业只有死路一条。

创新不仅是生物进化到人的标志,也是人类生存与发展的标配能力。对于每一位具体的、现实的人而言,特别是现代人,不会创新或许尚能生存,但却很难有所发展。在一生之中,每个人都要经历的学习、择业与创业三个重要阶段中的每一阶段都需要创新。在学习阶段,通过创新学习能够提高学习效率,从而减少成才的时间成本,如马克思三年大学就获得博士学位,又如我国的学制之中通过硕博连读可以节省时间成本 2 年。在择业阶段,跟风后患无穷,只有剑走偏锋才有自己更大的发展空间。在创业阶段,不论狭义创业还是广义创业,对于主体而言每一个环节的目标实现都需要创新。

🔆 推荐阅读书目

《物种起源》《大国复兴》《大国崛起》《世界通史》《福布斯排行榜》《创新实践论》《名人传记》等。

? 思 考 题

1. 人类在自然界的物种进化中最终能够居于整个生物链的顶端，依赖的是什么优势？

2. 我国改革开放以来所创造的财富甚至超过了之前所有历史阶段的总和，依靠的是什么？

3. 为什么我国众多民营企业能够在同某些国有企业竞争之中崭露头角？

4. 名人和富贾的成功之路有何异同？

5. 你的人生目标是什么？为实现自身目标还需要在哪些方面多加修炼？

6. 你在学习过程中能否尝试改变以前的学习方式，提高学习效率？

7. 用怎样的学习战略能够较大地节约成长成本？

8. 你对创业与学业之间的关系如何理解？

9. 读一篇名人传记并分析其与众不同的成名之路。

10. 剖析一家企业的发展史并指出其在不同阶段为实现不同目标的创新点。

第 2 章　创新的一般规律

创新不只是美丽的口号，更是多彩的实践。创新不只是抽象的概念，更是具体的行动。创新的本质是"变好"。其中"好"是目的，"变"是过程。创新的对象多种多样，创新的主体也有不同的形式，创新的内容千变万化，但是个别创新案例之中必然蕴含着一般性的创新规律。理论研究的目的之一，就是去发现这种一般规律，使创新活动摆脱随机性和运气性，而成为一种理性的活动。有了本章所论述的 6 种创新规律，也就等于掌握了 6 种创新范式，对于理解创新的本质、提高创新效率具有非常重要的理论意义和实践意义。

2.1　需求导向创新

以需求为导向的创新项目是成功率最高的创新项目之一，正因如此，以需求为导向往往是创新主体的第一选项。这是由创新的一般目的决定的。对于任何创新主体而言，创新本身都不是目的，通过创新提升其市场竞争力，获得最大的市场利润才是创新的最终目的。因此，不论何种创新主体，只有根据市场需求选择和确定具体创新目标，其创新成果才能够被市场所接受，并通过市场交换实现其经济和社会价值。

2.1.1　需求识别与分类

若要以需求为导向选择创新项目，首先应该知道"需求"是什么，弄清楚其概念的内涵与外延。以往常见的那种不求甚解，将论述的起点即概念看作是不言而喻的，甚至作为一种假定认为大家都知道而不去解析，都是不够科学的态度。懂得需求的概念，才能正确识别需求，进而真正理解需求导向创新。

需求，常常表现为用户对某种使用价值的期望，或者获得某种使用价值的欲望。但是，正像任何期许和欲望都不等于现实一样，这种只是一种期许或欲望的需求充其量只能叫作潜在需求而不是现实需求。潜在需求转化为现实需求的条件，是需求者是否同时具备购买力。也就是说，真正现实的需求，是用户对某种使用价值的购买欲望和购买力的统一。那种只有购买欲望而没有购买力的人不是需求者；相反，没有购买欲望而具有购买力的人也不是现实的需求者，但却是潜在的需求者，或者未来的需求者。作为创新主体，应该时刻关注现实的需求者，但同时也要关注潜在的需求者。换言之，就是既要关注当前市场需求，也要关注未来市场需求。

市场需求归根结底还是人的需要。著名心理学家马斯洛针对人的需要提出了他的需要层次理论，即将人的需要分为五个层次：生理需要、安全需要、情感及归属需要、尊重需要和自我实现需要。[①] 需要层次如图 2 - 1 所示。

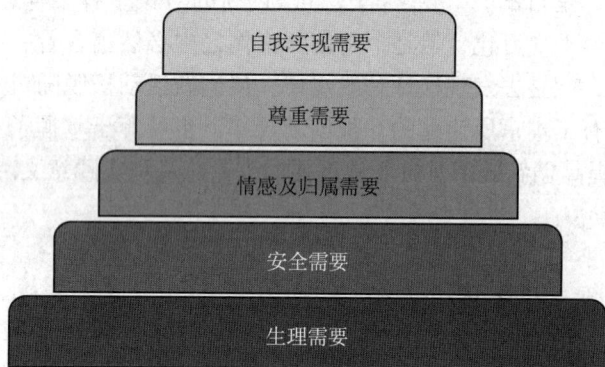

图 2 - 1　需要层次图

生理需要是指人对呼吸、食物、水、性、睡眠、生理平衡、分泌等方面的需求；安全需要是指人对人身安全、健康保障、资源所有性、财产所有性、道德保障、工作职位保障、家庭安全等方面的需求；情感及归属需要是指人对友情、爱情及归属感等方面的需求；尊重需要是指人对自尊、信心、成就感等方面的需求；自我实现需要是指人对道德、创造力、自觉性、问题解决能力、公正度、接受现实能力等方面的需求。其中生理需要是最为基础的需要，依次递进，最高需求为人对自我实现的需要。有学者认为，除了这五个层次之外，还应有一个层次，即自我超越的需要。其实，自我超越也是一种自我实现。

马斯洛的需要层次理论为我们识别需求提供了一张思维引导图。创新创业主体可以根据自己的知识背景和志趣，以及所能够利用的市场或社会资源，从这张图上找到自己创新创业的方向和具体的创新创业对象。例如，为了满足人的生理需要，产生了农、林、牧、渔等行业及其相关产品的生产、加工和销售、服务等各式各样不同性质的企业，其产品包括食品、保健品、服装、医药、家居、房产、卫生、洁具等。为了满足人的安全需要，产生了保险公司、保安公司，以及提供各种人身安全技术、财产安全技术与信息安全技术的公司及其各式各样的产品。猎头公司、职介公司、婚介公司及各种交友网站等，都是为了

①　马斯洛. 性格与人格. 北京：华夏出版社，1987：40 - 53.

满足人的情感及归属需要应运而生的。为了满足人的尊重需要，各种培训公司、文化教育中心、媒体广告、包装公司、化妆品公司、整容中心等日益火爆市场，经久不衰。在自我实现需要方面，如今出现了各种层次的创新创业培训机构、孵化器及众创空间等。不论是低层次还是高层次，也不论是现实需求还是潜在需求，都是需求。只要有人的需求就会有市场，只要有市场需求就会引导人们去创新创业。

　　然而，创新创业主体若要客观地识别需求，就必须换位思考，真正站在用户的坐标系下，去了解用户的期望和购买力，区分国家发展目标与现状之间的差距、企业发展目标与现状之间的差距，特别是个人发展目标与现状之间的差距。作为创新创业者，要想认识市场需求，首先就要坚决杜绝主观想象，通过大数据分析是精准把握市场需求的最好方法。针对目标市场，利用大数据识别需求，将有限范围的大数据分析结果拓展到全国，甚至全球市场。将自己的需求从现有市场，进一步拓展到更大范围的市场之时，也需要通过大数据分析给予可行性论证。

2.1.2　需求导向创新模式

　　需求导向，是指需求对社会创新资源配置的规定性，特别是对不同类型创新主体创新选项和创新行动的引领作用。需求导向创新，是指针对市场需求，选择和确定创新目标，为市场提供新产品或新服务的创新活动类型、模式。

　　需求导向创新模式（如图 2-2 所示）是从需求识别开始，并针对市场需求所规定的

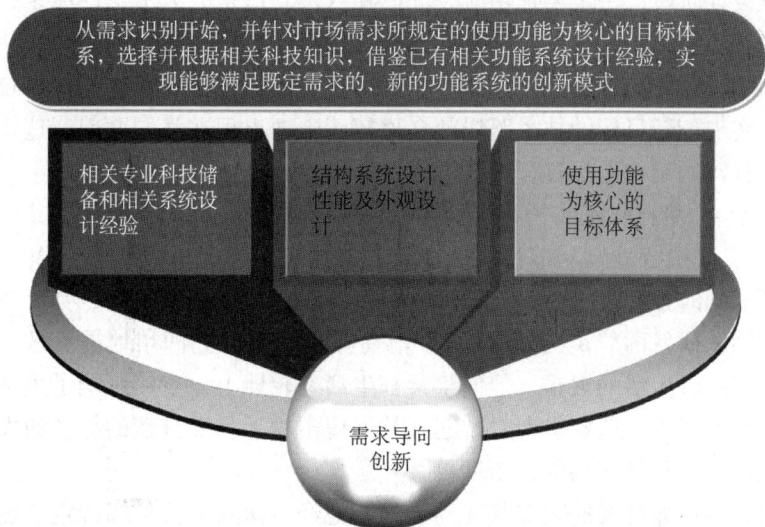

图 2-2　需求导向创新模式

使用功能为核心的目标体系，选择并根据相关科技知识，借鉴已有相关功能系统设计经验，实现能够满足既定需求的、新的功能系统的创新模式。

这种创新模式是在产品设计中应用最多的创新模式。不论是原创型创新还是改进型创新，坚持需求导向创新，其创新成果最容易得到市场和社会的认同，因而也最容易实现其创新价值。对于创业类型的创新活动，坚持市场导向更是创业成功的第一要务。

市场导向创新的关键步骤是发现和识别市场需求，并进而将其转化为包括某种使用功能和相关性能在内的创新目标。人们常说："世界上只有想不到的事情，没有做不到的事情。"的确，像我们耳熟能详的海底隧道、宇宙飞船、潜艇、高超音速飞行器等，很多都可以在凡尔纳的科幻作品中找到相似的描述。正像科幻作品往往能够引领科学家去不懈地探索、引领发明家去不断地创造一样，只要能够及时发现和识别市场和社会需求，并提出相应的创新目标，就会引导创新主体开展创新活动，直至创造出新的产品，或者创立新的企业。

与功能相对应的是结构，而同一种功能可以采用不同的结构来实现。这就意味着作为创新主体，既可以为了求变而选择不同于已有的结构设计方式，也可以采取自己最擅长或者知识、技术储备最多、最具有优势的设计方式。换句话说，既可以在已有设计形式基础上通过改进设计实现创新目标，也可以另辟蹊径发挥自己的专业优势进行原创性设计。不论采取哪种创新战略，都首先要具备相关创新目标的科技知识和设计经验。如果自己不具备这些知识和经验，就必须采取恶补的方式，通过学习、请教和网络搜索等方法进行及时准备。

结构系统设计阶段，一定要把功能设计放在首位。这是因为不论性能多么完美的产品没有功能的实现都将是无意义的设计。换言之，任何不能够为用户提供所需使用价值的产品都是不成功的设计，更谈不上是什么产品创新。当我们一旦具备了相关科技知识和设计经验的时候，实现创新目标的技术路线就会比较清晰地出现在我们面前，这就是明确了具体创新思路。具体的结构设计过程就要考验我们的专业技能了。

下面举个简单例子来说明需求导向创新模式的效用。2018年8月11日23时许，CCTV-1播出了《机智过人》节目。这个节目的主要内容是人与机器比赛，由专家评委进行胜负评判，同时推荐2018年机智过人的好产品。其中第一个参赛项目是由电子科技大学程洪教授团队研发的"助力外骨骼"，他在几年前曾经到四川地震灾区去考察，看到了众多下肢障碍患者生活的艰难。他们整天都生活在轮椅上，直接影响了生活质量，更不用说有大的人生发展了。这些患者对站起来的渴望击中了程洪教授的心，激发了他的创新意识，给了他研发一种新产品的创新动机。

针对多数高位截瘫患者的现实状况和要求，他经过深入分析最终确定了创新目标，这就是不像穿戴假肢那样由人体的一部分控制假肢行动，而是在人的双腿之外增加一双可由患者自主控制、带动患者双腿行走的机器装置。程洪教授将自己所具备的电控专业知识和可以利用的他人现有的各种假肢和机器人设计经验，针对这一创新目标进行结构系统设计。他们借鉴以往行走机器人的设计经验，设计了与人腿骨骼结构相适应，可以绑缚在患者双腿上，并由患者的双手或其行走意识产生的脑电波控制行走的机电装置，取名为"助力外骨骼"，如图 2 - 3 所示。

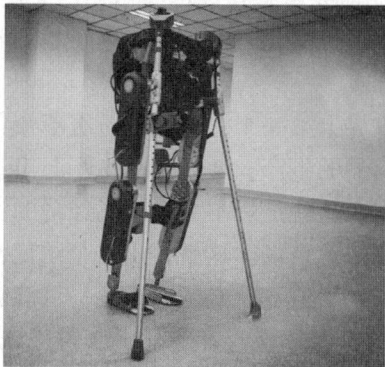

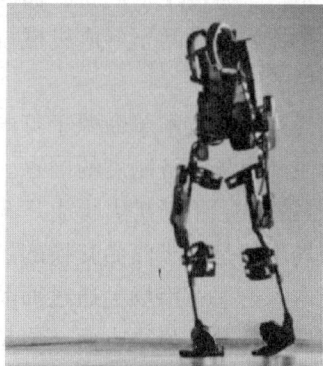

图 2 - 3　助力外骨骼

程洪教授团队发明的这款"助力外骨骼"，不仅成功地解决了腰部以下截瘫患者的站立行走问题，还为脖子以下高位截瘫患者带来了站立行走的希望。在该电视节目中，一位来自四川涪城的名叫黄曼的女刑警，由于意外车祸造成脖子以下高位截瘫，不仅断送了这位功臣警察的职业生涯，还使她只能以轮椅为伴，生活不能自理。节目的现场演示环节，就是由这位英雄女刑警试穿这款"助力外骨骼"，她不仅奇迹般站了起来，还成功向前行走了 5 步。此时现场响起了雷鸣般的掌声。这掌声是对英雄警察的鼓励，更是对程洪教授团队创新产品的一种真诚的肯定。评委更是一致同意这款可穿戴"助力外骨骼"入选 2018 年度"机智过人项目"。有理由相信，程洪教授的这一创新成果，针对现实中众多截瘫患者站起来、走起来的迫切需要，采用先进的光、机、电及信息技术集成设计，新颖、先进又可靠，在获得社会认可的同时，也一定能够获得很好的市场响应。

2.1.3　需求导向创新与第一次技术革命

随着经济的迅速发展，城市化步伐日益加快，城市中工业排放的废气、汽车尾气等大量增加，导致各种污染问题也随之而来。城镇空气质量开始不断恶化，并直接威胁到群众的身体健康。

古代技术的发明都或多或少得益于某些偶然因素，如受某种偶然发现的自然现象启发进而开发成了技术。真正理性的技术发明与改进创新是在近代第一次技术革命期间，形成了人类第一个技术体系，即机械技术体系，也即人类社会的机械化。第一次科学革命的主要内容是天文、数学和医学，力学由于伽利略的贡献才刚处于起步阶段。牛顿力学的创立被看作是第一次科学革命的结束，因此也是第一次科学革命完成的标志。但是，第一次技术革命却不是在牛顿创立经典力学之后而是在此之前开始的。因此，可以认为第一次技术革命不是科学直接驱动创新，而是由生产发展的迫切需要直接拉动的技术创新。换言之，即第一次技术革命乃至形成机械技术体系，使人类实现机械化，需求导向创新是主要的技术创新模式。

近代第一次技术革命源于英国，是因为英国是世界上第一个完成资产阶级革命，建立了资本主义市场经济制度的国家。为了交换而进行商品的生产。通过商品生产与市场交换不断积累资本，不断扩大再生产，再积累更多的资本，这就是资本主义市场经济的运行规律。市场不仅是用于商品交换的场所，还是厂商之间的竞技场。这就得出一个结论：一方面，资本家若想在市场上通过商品交换使得自己的资本增值，就必须向市场提供能够满足用户需要的产品；另一方面，要想比同质产品生产的资本家能够在市场上获得优先交换，进而赚取更多利润，要么就要比其生产效率高，要么就要比其生产的产品质量好。不论哪一种情况，都将激发资本家的创新热情，进而鼓励企业员工通过技术创新提升自身竞争力。

正是在这种市场需求的拉动和引导下，一个简单机械技术创新的浪潮就出现在了英国。1733 年，机械师约翰·凯伊为提高人工织布机的生产效率先发明了飞梭，不仅使人类织布生产的效率提高了一倍，更重要的是由此拉开了机械技术创新的序幕。由于织布机的创新提高了生产效率，英国社会中织布与纺纱能力之间的平衡被打破，从而出现了市场上的"纱荒"现象。面对社会对高效纺纱机的需求，织工兼木工詹姆斯·哈格里夫斯于 1764 年，对传统的手摇纺纱机进行改进创新，从而发明了著名的珍妮纺纱机（以他女儿的名字命名）。这种新型纺纱机能同时纺 16～18 个纱锭，使得纺纱技术的工作效率比原来提高了 15 倍。这就使得纺纱与织布技术之间的矛盾达到了新的平衡。然而，资本增值贪欲像一种魔力一样，使得人们会把更高目标的满足看作创新需求，因而驱使着人们永无止境地进行创新活动。1769 年，为了进一步提高珍妮纺纱机的工作效率，同时解放人的双手，理发师兼钟表匠理查德·阿克莱特用水力代替人力，发明了水力纺纱机。

珍妮纺纱机和水力纺纱机各有自己的性能优势，前者质量好而后者效率高，前者长于生产细纱线而后者却只能生产粗纱线。为了满足社会对新型纺纱机的需求，1779 年青年工人赛米尔·克隆普顿综合了珍妮纺纱机和水力纺纱机的优点，发明了综合精纱机（又称骡机）。这种新型纺纱机能够同时纺 300～400 个纱锭，不仅极大地提高了工效，而且纺出的纱既精细又结实。

纺纱机的不断发明和改进，虽然大大提高了生产效率，促进了人类纺纱技术的发展，却导致当时的英国出现了棉纱市场过剩现象。针对这种现象，为满足织布技术发展的需要，1785 年工程师埃地蒙特·卡特莱特模仿水力纺纱机的设计原理和结构发明了水力织布机，使得生产效率比之前提高了 40 倍。随着棉纺织机器的发明、改进和使用，与此有关的其他工序必然产生创新需求，进而如净棉机、梳棉机、漂白机、整染机等都先后得到发明和广泛使用。最终，纺织技术创新使得纺织工业整个系统都实现了机械化。

随着纺织技术水平的不断提高和市场扩散的需要，原有的动力（如畜力、水力和风力等）已经无法满足需要，对于不受自然条件约束的动力机的发明提出了迫切需要，瓦特发明蒸汽机也是迎合了这一市场需求的结果。蒸汽机的制造要求加工技术必须进行适应性创新，车床、钻床、镗床等各种机械加工技术应运而生。机械加工技术的广泛发展要求材料技术进一步创新，这就使得坩埚炼钢技术得以发明。大量原材料和产品的运输，使得蒸汽机车和蒸汽轮船的发明和广泛应用成为历史必然。

更值得注意的是，在瓦特发明了蒸汽机之后这种创新浪潮很快被扩散到了其他行业，使得英国社会生产全面实现了机械化。由加工机器、蒸汽动力和蒸汽机车、蒸汽轮船等构成的一个完备的机械技术体系在这次创新浪潮中诞生了。英国的机械化作为世界各国生产方式创新的范式，由英国扩散到世界各国，在世界各国的创新努力之下，人类社会进入了机械文明时代。

市场需求拉动企业技术创新的机制不仅至今仍在起作用，而且会永远起作用。只不过随着科技的发展，这种作用的表现形式逐渐由被动变为主动，即许多企业不再被动等待市场需要反馈信息拉动技术创新，而是主动根据社会发展的未来预测来规划创新的发展和内容。但是，无论未来市场经济会如何发展，切莫忘记技术发展的进化规律，即市场选择、适者生存。不盲目地追求创新，对于当前市场需求的准确认识，对未来市场需求的敏感而科学的预测，并果断启动创新行动，是取得创新成功的重要因素。

2.2 科学驱动创新

科学是系统化的知识及其生产创新的一种社会活动。科学知识是能够解释自然、社会、思维和生命现象，并可据此预见相应现象变化发展的知识。科学的价值在于应用，科学的应用包括多种形式，如解释现象，预见未知，解决社会、市场需求等问题，以及应用科学知识创造新的技术，或者对原有技术形式进行创新。由于科学和技术是关于人认知和改造自然的知识、技术、技艺，而且人的参与程度越大、越多，则科学和技术知识的含量、密度和水平就越高，这些特点决定了科学和技术的人文价值和科学价值，因此科学和技术及其创新也是创新文化中极为重要的组成部分。

2.2.1 驱动与科学驱动

驱动和牵引都是不同的做功方式。例如，汽车的驱动方式就有前轮驱动和后轮驱动之分，火车上在前部提供动力的机车叫作牵引机车。一般而言，动力在前叫作牵引，动力在后叫作驱动。

科学驱动创新，是相对于需求导向创新而言的，是一种相对于针对确定的需求目标，选择现有的科学知识（如原理），实现满足目标要求的功能系统的设计，即需求导向创新，根据发展了的科学知识或新的科学发现，创造满足原有市场需要的、具有新的科技含量的新技术、新服务，或者创造满足市场新需求的新技术、新服务产品的创新类型。如果说需求导向创新属于有的放矢，那么，科学驱动创新则属于"有矢放的"的创新模式。

众所周知，科学的任务和目的在于解释世界，而技术的任务和目的则是改造世界。但是，科学和技术之间存在一种内在的不可绝然分开的关系。在近代科学产生之前，技术的发明和创新主要是在需求导向之下利用有限的经验知识实现的，或者说是需求导向作用的结果。此时的科学知识增长也是由生产和生活等方面的需求拉动人们去对世界进行探寻的结果。自近代科学诞生以来，科学和技术之间的关系就发生了质的变化。特别是在牛顿力学创立之后，科学走在技术发展的前面，成为驱动技术创新的一种主要动因。正因如此，科学驱动创新就成了一种具有一般性的创新模式。

2.2.2 科学驱动创新的历史依据

科学驱动创新，是由科学存在的价值所决定的，应用科学的价值由应用的基本原理所支配，历史上科学的每一个新发现，不论是科学原理还是科学定律，人们总希望能尽快将其运用于实际的社会生产和生活中，广泛开发并实现其实践价值。

科学驱动创新的历史依据，是科学与技术的历史关系。历史上三次科学革命导致三次技术革命。第一次科学革命，以蒸汽机作为动力机被广泛使用为标志，用机器代替了手工劳动，牛顿力学导致机械技术革命和第一次工业革命的发展；第二次科学革命，以电力的广泛应用为标志，电磁学和化学的应用开发被迅速应用于工业生产，大大促进了经济的发展，导致第二次技术革命即电气技术革命，使人类实现了电气化；第三次科学革命，以原子能、电子计算机、空间技术和生物工程的发明和应用为主要标志，微观物理学和数学得以应用开发，信息技术、新能源技术、新材料技术、生物技术、空间技术和海洋技术及电子计算机技术，使人类实现了自动化；目前正在进行的第四次技术革命，则是以量子理论、基因理论、信息理论为基础的智能技术的发明与广泛应用为主要内容，而由此类科学理论所驱动的科技创新行为，也正在改变着人们的生产与生活方式。

2.2.3　科学驱动创新模型

研发者针对特定科学知识的某种属性，研究开发其某种新使用价值的可能性，并将这种可能性与某种潜在市场需求相联系从而确定创新目标，进而创造、开发出新的功能系统，再通过广告和示范等将潜在市场需求激活成为现实的市场需求，最终实现其市场价值。这就是科学驱动创新模型，如图 2-4 所示。

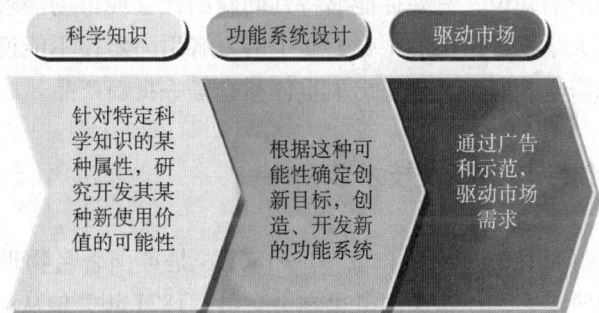

图 2-4　科学驱动创新模型

例如，2010 年 10 月 5 日，英国曼彻斯特大学科学家安德烈·盖姆与康斯坦丁·诺沃肖洛夫因在二维空间材料石墨烯方面的突破性实验而获得 2010 年诺贝尔物理学奖。瑞典皇家科学院在颁奖词中称，这两位科学家是因为在石墨烯方面的"突破性实验"而获奖的。这种实验可研发新物质，生产创新型电子产品。由于石墨烯是一种透明的、非常好的导体，它可以用来生产透明触摸屏、灯光板，甚至用来生产太阳能电池。

目前，集成电路晶体管普遍采用硅材料制造，当硅材料尺寸小于 10 nm 时，用它制造出的晶体管稳定性变差。而石墨烯可以被刻成尺寸不到 1 个分子大小的单电子晶体管。此外，石墨烯高度稳定，即使被切成宽 1 nm 的元件，导电性也很好。因此，石墨烯被普遍认为会最终替代硅，从而引发电子工业革命。这就是说，不论人们将石墨烯与哪方面的市场需求相联系，都会立刻形成某种新的创意。一旦研发成功就会取得惊人的创新成果，甚至形成一种新的产业。

2016 年 3 月 18 日，CCTV-2 财经频道播出了《创业英雄汇》节目，创客王敏的"墨氏石墨烯碳纳米取暖器"项目，获得了水木资本创始管理合伙人唐劲草的 520 万元投资合约。

据创客王敏介绍，这种新型取暖器热转换率高，使用成本低，为一般取暖费的二分之一（1 500 元/100 m²），初装成本是普通暖气片的三分之二，声称是取暖技术的革命。该项目的核心技术及其产品，就是在安德烈·盖姆和康斯坦丁·诺沃肖洛夫实验发现成果的推动下（直接应用研究）所取得的科技成果。这就是科学驱动技术创新的一则很好的案例。

石墨烯材料知识是一种较新的知识，再有曾经获得诺贝尔奖的光环，有理由相信一定会有更多的人去根据其属性研发适合不同社会和市场需求的新技术或新产品。然而，不论新知识、旧知识，只要是科学知识，都存在开发其应用的可能性。新的科学知识由于其新颖性而引起广泛关注，从而驱动人们的创新热情，进而在短时间内出现大量相关技术的发明与创新，甚至掀起一股创新热潮。其实，如果你能够认同并掌握科学驱动创新模型，哪怕天天所学的都是陈旧的知识，只要你能够将其同新的社会或市场需求相联系，同样可以产生新的创意。譬如大学物理所学的牛顿力学中的万有引力定律不能说是新知识了，但是可以将其同科普娱乐需求相联系，开发出失重体验仓等一批新产品。

2.2.4 科学驱动创新与第二次技术革命

迈克尔·法拉第（Michael Faraday，1791—1867）是英国著名物理学家、化学家，也是著名的自学成才的科学家，还是英国皇家学会会员。1821 年，他从奥斯特关于电流磁效应理论中得到启发，产生了一种新奇而大胆的设想：既然电能生磁，那么磁也有可能可以生电，认为假如磁铁固定，线圈就可能会运动。根据这种设想，他不惧无数次的尝试和失败，详细地研究在载流导线四周的磁场，建立了电磁场的概念。他观察到磁场会影响光线的传播，找出了两者之间的关系，还发现了电磁感应的原理、抗磁性、法拉第电解定律。法拉第电磁感应定律作为当时科学领域的新成就，对技术领域的创新活动起到了巨大的驱动作用，最终开创了人类文明的新时代，即电气时代的到来。

电磁感应定律驱动技术创新的第一项重大成果是发电机和电动机的发明。1866 年，德国科学家西门子研制出一台励磁发电机样机，后经改进完善，初步具备了实用性。1870 年他又根据发电机原理反向思考发明了电动机。发电机可以将机械能转换为电能，而电动机的发明则实现了电能到机械能的互换。随后，人们又将关于电能的知识与社会生产生活的不同方面相联系。例如，1879 年，西门子发明电车；1876 年，美国人贝尔发明了电话；1879 年，爱迪生发明了白炽灯；1882 年，美国建成世界上第一个水力发电站。电动力、电照明、电通信，这三大技术的发明为电气时代的形成提供了核心技术。

同样的科学推动创新模式也在人们追求化工产品及石油产品的使用价值中生动体现。1876 年，德国人奥托发明了四冲程往返式活塞内燃机；1883 年，戴姆勒发明汽油机；

1886 年，卡尔·本茨发明汽车，并获得汽车制造专利权；1893 年，福特汽车问世；1903 年，莱特兄弟发明飞机。科学驱动创新的模式，不仅使人类进入电气时代，还迎来了汽车、飞机广泛应用的现代化立体交通时代。

科学驱动创新模式的作用并不限于第二次技术革命时期，而是从这个时期开始科学驱动创新模式开启了它发挥作用的历史。第三次技术革命中诞生的电子计算机技术、核能技术、自动控制技术等主导性技术，都是由科学上的突破带来的最新知识的应用开发而形成的。如微观物理学的发展成果驱动了核能技术的开发应用，使得人类进入了核能技术新时代；微电子学和数学共同驱动了计算机技术的发明与应用；系统学和信息科学的发展驱动了自动控制技术和互联网技术的发展与广泛应用；等等。今天前沿科学方面的不断突破，正在或即将驱动着尖端技术创新呈现出日新月异的新局面。

2.2.5　科学驱动与高新技术

高新技术之"高"，是指科学技术知识含量高，所达到的技术水平高；"新"是指在原有的技术总体中不曾存在过，至少是检索不到的技术。

高新技术的属性决定了它的出现往往超出用户的期望，甚至市场预期，亦即其超越了现实的市场需求水平。因此，高新技术的原创（发明）与改进型创新，一般不是由现实的市场需求拉动的，而是由科学发展驱动的。

科学驱动高新技术创新不外乎两种类型：一是从新的科学知识出发进行应用开发，创造需求，驱动市场；二是采用新科技知识对原有技术进行改进升级，形成新技术、新服务，创造需求，驱动市场。

目前，高新技术主要包括 7 大高技术领域、12 项标志技术和 10 个高技术产业。7 大高技术领域包括：信息技术、生物技术、新材料技术、新能源技术、空间技术、海洋技术和目前最为火爆的智能技术。它们产生于 20 世纪 80 年代以后，在 21 世纪获得迅速发展，并通过广泛的实用化和商品化，成为日益强大的高技术产业。以基因工程、蛋白质工程为标志的生物技术，以光电子技术、人工智能为标志的信息技术，以超导材料、人工定向设计为标志的新材料技术，以核能技术与太阳能技术为标志的新能源技术，以航天飞机、永久太空站为标志的空间技术，以深海采掘、海水利用为标志的海洋技术等，各个领域的创新发展已经形成了一个个新技术群体。

科学驱动创新模式的效用不言而喻，当我们认真领会并将其转化为创新意识和方法的时候，我们的创新能力必然得到升华。科学驱动创新和市场需求导向创新，是两种理论上十分重要、实践中占比最大的创新模式。它们是科学转化为技术的主要形式，是我们训练创新能力、从事创新活动的重要方法。

2.3 政策激励创新

政策一般具有宏观与微观之说。然而，宏观与微观是相对而言的。国际对应国家，国家对应企业或部门，企业或部门对应个人。当我们将前者视为宏观的时候，后者就可被视为微观。用系统的观点来看，当我们把宏观看作系统整体的时候，微观就是构成系统的要素。宏观系统中的法律法规，对其作为构成要素的微观个体具有行为约束力。同样，宏观政策则具有引领微观个体言行方向的作用。

在市场经济条件下，国家政府或部门对企业的绝对性指导已经不复存在，国家或地区经济发展规划的实施只有通过制定各种优惠政策，来引导企业的投资和创新方向。这种政策导向作用，在任何国家都是激励企业技术创新的强大动力。适应宏观政策者容易获得相应利益，甚至获得生存发展的优势；不适应者就可能利益受损，甚至失去生存发展的权利。不论是个人还是企业创新活动，都应适应国家宏观创新政策。国家宏观创新政策，不论对于个人还是企业创新活动，都具有激励或引领作用。

2.3.1 宏观政策对大众创新的激励作用

宏观政策，通常是指政府调节市场的主要手段。即国家为保持经济总量的基本平衡，促进经济结构优化，引导国民经济持续、迅速、健康发展，推动社会全面进步而制定的具体实施意见、办法、措施或规定。常见的宏观政策包括经济政策、科技政策、教育政策、民生政策、国防政策、安全政策等。其中，经济政策包括财政政策、金融政策、税收政策、货币政策、工业政策、农业政策等。工业政策又可包括不同的行业政策。民生政策又可包括社保政策、医保政策、住房政策、生育政策、教育政策，等等。与大众创新创业相关的国家宏观政策包括财政政策、金融政策、税收政策、行业政策、科技政策、教育政策、创业就业政策等。

企业追求的是利润最大化，享受国家各项优惠政策所节省的投入百分比，实际上就是企业增加纯利润的百分比。相反，失去这些优惠政策所带来的福利就等于损失了一定百分比的纯利润。这就是政策对大众创新的激励的原动力。在创新实践中，其政策导向将直接影响企业主体的创新决策。在市场竞争日益激烈的今天，企业根据宏观政策制定投资预期和创新方向，选择投资领域、投资项目、投资地点和投资规模及投资方式，恰当充分地利用地区或产业优惠政策，不仅可以降低创业者的早期投资风险，还可以扩大经营利润空间。

政策导向作用不仅包括国家或地区的各种优惠政策的正向引导作用，还包括各种政策、法规的反向引导作用。前者一般指明国家或地区鼓励提倡的创新方面，后者则指明限制和反对的方面。如《中国 21 世纪议程》及各种经济或产业优惠政策，指明了国家、地区或行业发展的方向和领域；各种法律法规，如大气污染防治法、海洋生物保护法、森林保护法、环境保护法等，则指明了限制或禁止投资的领域和方向。而限制、禁止方向的反方向，则是鼓励、倡导的投资、创新的方向。政策的宏观导向对技术创新的激励作用，要求创新主体，特别是企业决策者，要密切关注国家和地区的各种经济发展政策和相关的法律法规，能够将其作为创新要素，并有效地纳入自己的创新活动。

譬如 2015 年各级政府颁布了一系列激励政策。如 2015 年 1 月 14 日国务院常务会议决定，设立总规模达 400 亿元人民币的国家新兴产业创业投资引导基金，重点支持处于"蹒跚"起步阶段的创新型企业。2015 年 1 月 27 日财政部、国家税务总局发布通知，自 2015 年 2 月 1 日起对电池、涂料征收消费税，并在生产、委托加工和进口环节征收，适用税率均为 4%。2015 年 1 月 12 日财政部、国家税务总局发布通知，自 2015 年 1 月 1 日起，对部分文化服务出口、现行养老机构提供的养老服务免征营业税，旨在支持对外文化贸易，加快发展养老服务业。

2016 年新出台的部分相关政策：2016 年 1 月 4 日，国务院办公厅印发《关于推进农村一二三产业融合发展的指导意见》；2016 年 1 月 7 日，国家发展改革委发布《关于组织实施促进大数据发展重大工程的通知》；2016 年 1 月 11 日农业部办公厅发布《农业电子商务试点方案》；2016 年 1 月 18 日国务院发布《关于促进加工贸易创新发展的若干意见》（国发〔2016〕4 号）；2016 年 1 月 19 日，财政部、科技部、工业和信息化部、国家发展改革委、国家能源局发布《关于"十三五"新能源汽车充电基础设施奖励政策及加强新能源汽车推广应用的通知》；2016 年 1 月 19 日国家发展改革委、环境保护部、国家能源局发布《关于在燃煤电厂推行环境污染第三方治理的指导意见》，等等。

国家或区域各级政府对经济社会发展的引导作用，就是通过制定和颁布各种政策实现的。

宏观政策对于创新创业的激励作用主要包括：根据国家总体发展战略和优先发展战略，对于相应领域或方面的企业或个人的创新创业项目提供财政支持、融资支持和税收减免等。对于大学生创新创业项目，不论属于什么领域、什么行业、什么级别，国务院及各级政府都已经出台相应政策，并从各个方面给予支持。政策的作用，不仅可以促进各行各业及个人从事创新创业活动，还可以大大提高创新创业的成功率。

2.3.2　宏观政策对组织成员的一般激励机制

激励机制是通过一套理性化的制度来反映激励主体与激励客体相互作用的方式。激励机制的内涵就是构成这套制度的几个方面的要素。

（1）诱导因素：就是用于调动员工积极性的各种奖酬资源。

（2）行为导向制度：是组织对其成员所期望的努力方向、行为方式和应遵循的价值观的规定。

（3）行为幅度制度：是指对由诱导因素所激发的行为在强度方面的控制规则。

（4）行为时空制度：是指奖酬制度在时间和空间方面的规定。

（5）行为归化制度：是指对成员进行组织同化和对违反行为规范或达不到要求的处罚和教育。

在组织对其成员的一般激励机制运行图（如图 2 - 5 所示）中，激励主体如果是国家及其各个部委或省市县各级政府及其管理部门，由其颁布的政策都属于不同级别的宏观政

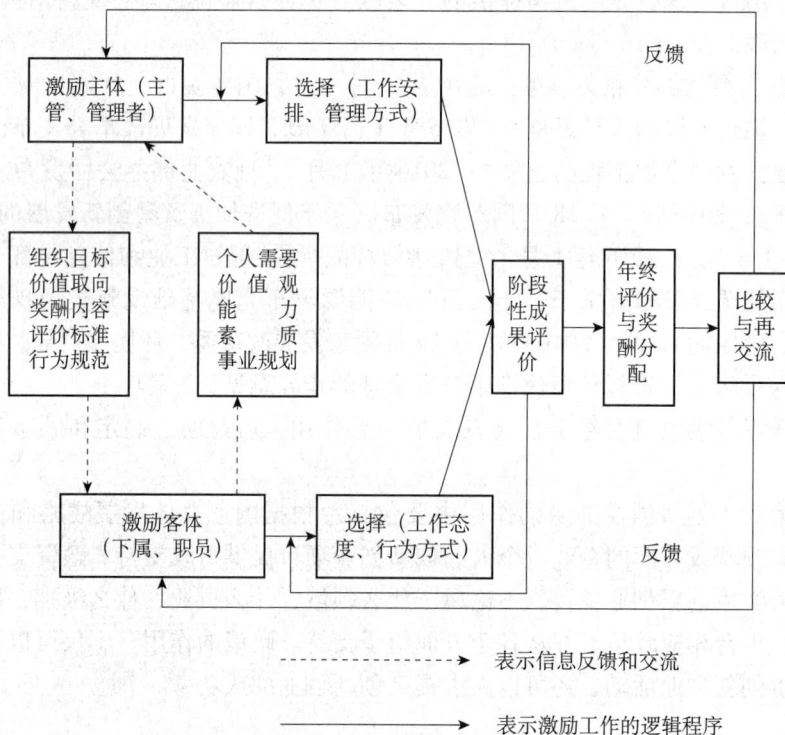

图 2 - 5　一般激励机制运行图

策。如果是企业或其各级机构，由其发布的政策或规定可以看作是微观政策。宏观政策一般属于方向性的，微观政策一般属于规定性的；宏观政策解释权属于制定和发布机构，微观政策一般属于执行机构的各种规定，具有行为准则的性质。

激励主体根据前述 5 个方面要素，制定并发布组织目标、价值取向、奖酬内容、评价标准和行为规范，激励组织成员端正工作态度，形成工作动机，选择适应组织目标要求的工作方式和方法；与此同时，组织管理部门根据其成员的工作态度和工作方式、方法的选择情况，安排组织成员的具体岗位和工作内容；在组织目标完成之前的一定阶段，要通过对阶段性成果的评价来检验两方面的工作，并针对目标完成情况和需要做出适当调整或重新安排。此时的组织即激励主体必须兑现事先的奖酬承诺，否则就会影响后续的工作，以致难以实现最终目标。

2.3.3　宏观政策对大众创新的激励模型

国家对社会资源配置所依靠的所谓"看得见的手"常常是通过政策对公众行为的引导和激励作用实现的。我国在经济转型升级阶段实施创新驱动战略，倡导大众创业万众创新，不仅通过舆论引导，更重要的是通过政策激励。这种激励作用已经从相应于上述 5 个因素出台了不同层级的宏观政策。

在诱导因素方面，各级政府部门或社会组织机构为落实党中央国务院的有关文件精神，对于各行各业的优秀创新成果及其创新主体纷纷制定了奖酬、晋升、荣誉评选和授予政策。对于创业者或创新型企业制定了有关税收减免、信贷支持，特别是对众创空间的支持政策。在行为导向制度方面，关于节能减排、生态环保、新能源、农业种植、互联网 + 农业、供给侧改革等相关激励政策几乎应有尽有。在行为幅度制度方面，只要是有利于国家、组织及个人发展的创新项目及其成果，不论其成果水平、市场效果如何都将受到支持和肯定。在行为时空制度方面，宏观政策适用的时间和空间不仅没有任何限制，而且只有进行时没有完成时。在行为归化制度方面，只要是有利于中国梦的实现，即有关国家富强、民族振兴、人民幸福的创新项目及其成果都将受到国家各级政府的支持与奖励。

宏观政策对于大众创业万众创新的激励作用可以通过图 2 - 6 来理解。

对这张模型图我们可以结合国家经济社会发展现状和趋势以及自己的职业生涯规划来进行理解。2015 年 6 月 11 日，国务院以国发〔2015〕32 号文件印发《国务院关于大力推进大众创业万众创新若干政策措施的意见》（简称《意见》），是为了改革完善相关体制机制，构建普惠性政策扶持体系，推动资金链引导创业创新链、创业创新链支持产业链、产业链带动就业链而制定的法规。这是国家层面的一项政策。为贯彻落实《意见》有关精神，共同推进大众创业万众创新蓬勃发展，国务院同意建立由发展改革委牵头的推进大众

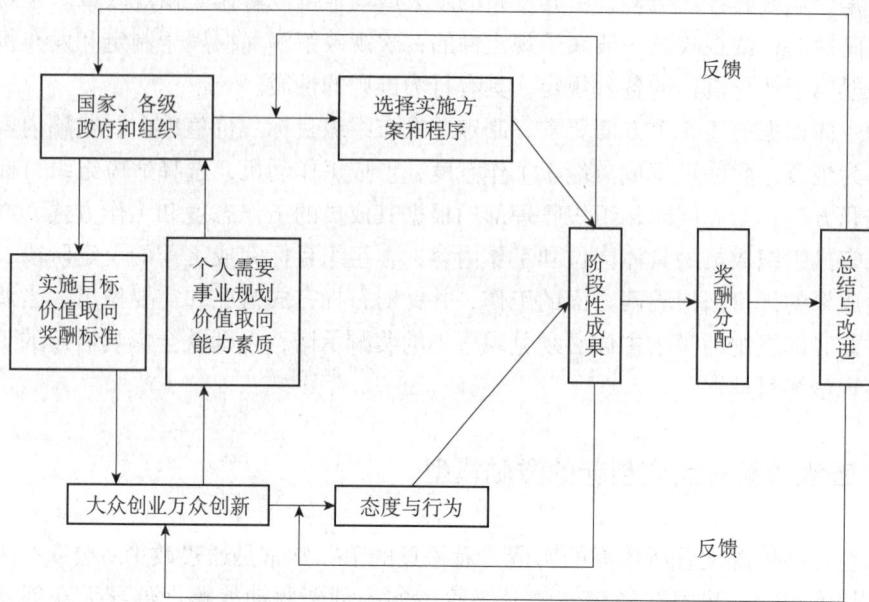

图 2-6　宏观政策激励大众创新的激励模型

创业万众创新部际联席会议制度。

　　联席会议工作职责包括：在国务院领导下，统筹协调推进大众创业万众创新相关工作，研究和协调《意见》实施过程中遇到的重大问题，加强对《意见》实施工作的指导、监督和评估；加强有关地方、部门和企业之间在推进大众创业万众创新方面的信息沟通和相互协作，及时向国务院报告有关工作进展情况，研究提出政策措施建议；完成国务院交办的其他事项。联席会议由发展改革委、科技部、人力资源社会保障部、财政部、工业和信息化部、教育部、公安部、国土资源部、住房城乡建设部、农业部、商务部、人民银行、国资委、税务总局、工商总局、统计局、知识产权局、法制办、银监会、证监会、保监会、外专局、外汇局、中国科协等部门和单位组成。

　　继之，国务院这些职能部门分别制定了支持大众创业万众创新的有关具体政策文件。如《国务院办公厅关于深化高等学校创新创业教育改革的实施意见》（国办发〔2015〕36号），《教育部关于大力推进高等学校创新创业教育和大学生自主创业工作的意见》（教办〔2010〕3号），《河北省人民政府办公厅关于深化高等学校创新创业教育改革的若干意见》（冀政办发〔2015〕31号），等等。各级地方政府，各类高等院校根据国务院、教育部及各级地方政府的相关文件精神纷纷制定自己的发展规划和具体改革方案并组织实施。社会上的众创空间一时间如雨后春笋般出现在主要城市的大街小巷；各类高校的创业园、孵化器、众创空间百花齐放；各个高校相继成立相关教学及研究机构；各级各类创新创业协会及其竞赛、大赛活动相继展开；在校大学生及刚刚毕业的大学生们个个摩拳擦掌，跃跃欲试；成果更是涉及社会生产生活的各个方面。如今轰轰烈烈的创新浪潮虽然已经趋于平静，但却在经过各级政府部门的总结评价之后沉淀为一种教育机制和适应国家创新驱动发展战略的各种运行机制。例如，北京交通大学及其海滨学院都建立了创新创业教育中心或创新创业教育教研室，相关课程已经纳入学分制管理；创新创业教育、实践基地建设、创业园、众创空间等，一整套创新创业教育机制已经形成。大学生们的职业生涯规划也正在与之相适应，目标是在创新创业能力培养的道路上健康发展。

2.3.4 政策激励创新的现实意义

2015 年 9 月中共中央、国务院印发《生态文明体制改革总体方案》，2016 年 11 月 24 日国务院印发《"十三五"生态环境保护规划》。2016 年 12 月 25 日，第十二届全国人民代表大会常务委员会第二十五次会议审议通过了《中华人民共和国环境保护税法》，《环境保护税法》从 2018 年 1 月 1 日起实施。2016 年 12 月 31 日，国家发展改革委、住房城乡建设部共同印发《"十三五"全国城镇污水处理及再生利用设施建设规划》和《"十三五"全国城镇生活垃圾无害化处理设施建设规划》。2016 年 12 月 31 日，环境保护部发布《污染地块土壤环境管理办法（试行）》，于 2017 年 7 月 1 日起实施。2017 年 2 月 21 日，环境保护部、财政部联合印发《全国农村环境综合整治"十三五"规划》。2017 年 2 月 22 日，环境保护部印发《国家环境保护"十三五"环境与健康工作规划》。2017 年 2 月 28 日，国务院批复了环境保护部上报的《核安全与放射性污染防治"十三五"规划及 2025 年远景目标》。2017 年 3 月 30 日，经国务院同意，国家发展改革委、住房城乡建设部发布了《生活垃圾分类制度实施方案》。2017 年 4 月 10 日，环保部印发《国家环境保护标准"十三五"发展规划》。2017 年 6 月 27 日，十二届全国人大常委会第二十八次会议表决通过了《关于修改水污染防治法的决定》。新修订的《中华人民共和国水污染防治法》于 2018 年 1 月 1 日起正式施行。2017 年 7 月 18 日，国务院办公厅正式印发《禁止洋垃圾入境推进固体废物进口管理制度改革实施方案》。2017 年 9 月 6 日，财政部、国家税务总局等部门发出了《关于印发节能节水和环境保护专用设备企业所得税优惠目录（2017 年版）的通知》。2017 年 9 月 21 日，中共中央办公厅、国务院办公厅正式印发《关于深化环境监测改革提高环境监测数据质量的意见》。2017 年 9 月 25 日，环境保护部、农业部发布《农用地土壤环境管理办法（试行）》规定。2017 年 10 月 17 日，工业和信息化部印发《关于加快推进环保装备制造业发展的指导意见》。2017 年 12 月 25 日，李克强总理签署国务院令，公布《中华人民共和国环境保护税法实施条例》。2017 年 12 月 27 日，国务院发布《关于环境保护税收入归属问题的通知》。2017 年 12 月 27 日，工业和信息化部、科技部联合印发了《国家鼓励发展的重大环保技术装备目录（2017 年版）》。这一系列文件之中既有意见、方案，也有相应的法规；既有正面引导性意见和建议，也有反面惩戒性规定和法律。

党中央国务院以及各个职能部门颁布的各种政策和法规，不仅为大众创业万众创新指出了方向，同时还画出了不能够触碰的红线。如果我们选择政策鼓励方面的选题，不仅可以得到财政金融方面的支持，还能够在税收方面得到相应的减免。如果反其道而行之，则轻者增加创新风险，重者还可能受到国家法律的惩处。创新创业的基本原则是以最小风险和代价，获得可靠的成果和最大收益。正是这个基本原则，使得国家长远规划和各种政策法规，成为引导大众创业万众创新的一只"看得见的手"。

如 2009 年 1 月国家出台《汽车产业振兴计划》，提出新能源汽车发展战略，并安排 100 亿元资金支持新能源汽车及关键零部件产业化。2010 年 5 月 31 日，财政部、科技部、工业和信息化部和国家发展改革委发布了《关于开展私人购买新能源汽车补贴试点的通知》（财建〔2010〕230 号）。其中第九条规定是关于补助类别和标准的，即对满足支持条件的新能源汽车，按 3 000 元/千瓦时给予补助。插电式混合动力乘用车最高补助 5 万元/辆；纯电动乘用车最高补助 6 万元/辆。国家政策不仅支持新技术研发，还明确了销售补助标准，这就为相关企业降低了创新风险，提供了创新成功的可靠性。

正是由于国家层面的政策导向，催生了地方政府和行业部门的支持政策，激发了汽车行业及各个汽车企业的创新积极性。北京理工大学、上海同济大学等纷纷成立新能源汽车研究院，不仅各大汽车集团相继建立新能源汽车研究机构和生产运营公司，甚至互联网企业、房地产企业等跨行业新能源汽车公司纷纷创立。随着纯电动汽车、混合动力汽车和燃料电池汽车及多能源动力总成控制、驱动电机和动力蓄电池技术等方面的创新研发，我国在新能源汽车领域实现了跨越式发展，成为世界新能源汽车生产大国，产销量均居世界首位。

据中国汽车工业协会数据显示，2018 年，我国新能源汽车产销分别完成了 127 万辆和 125.6 万辆。从吉利汽车到 2020 年生产新能源汽车 180 万辆的发展目标来看，到 2020 年我国新能源汽车累计产销量达到 500 万辆，年生产能力达到 200 万辆的目标一定能够实现。根据产业形成的规律，围绕新能源汽车产业必然形成一个全新的产业链，这既是汽车企业创新的机会，也是大众创业的一个极好商机。

又如 2018 年 2 月 28 日，国家发改委环资司发布公告："近期，我委公告了《国家重点节能低碳技术推广目录（2017 年本，节能部分）》（国家发展改革委公告 2018 年第 3 号）。《目录》包括煤炭、电力、钢铁、有色、石油石化、化工、建材等 13 个行业，共 260 项重点节能技术。《目录》对普及推广先进适用的节能技术，促进节能减排，推动绿色发展具有重要意义。"这是最直接、最明显的政策引导企业技术创新的一个环节。相关企业只要引入目录中的相应技术对原有生产体系进行整体改进，不仅能够顺利通过政府有关部门的监督检查，还能够得到政府部门的财政支持，以及金融机构的融资支持和税务部门的政策性纳税减免，何乐而不为呢！

2.4　环境逼迫创新

环境是指主体周围所存在的，并与其发生相互作用的各种事物或关系。由于主体的属性不同，其环境的构成要素及其相互关系也不相同。环境的属性包括自然环境、人工环境和社会环境。自然环境：按要素又可分为大气环境、水环境、土壤环境、地质环境和生物环境等，主要是指地球的五大圈——大气圈、水圈、土圈、岩石圈和生物圈。社会环境：是指由人与人之间的各种社会关系所形成的环境，包括政治制度、经济体制、文化传统、邻里关系等。个人环境：是指生活环境、安全环境、学习环境、工作环境、发展环境、政治环境、经济环境、文化环境、创新环境等。人的行为往往受到各种环境的制约、诱惑、激励。人的创新活动当然会受到环境的影响，甚至受到环境因素的逼迫。

2.4.1　创新环境的内涵

创新环境是指创新主体周围所存在的，对其创新活动产生影响的各种事物或关系。通常主要包括家庭环境、社会环境、文化环境、工作环境、科学环境、技术环境、市场环境，甚至政治环境和国际环境等，其中最重要的环境因素是制度、政策、文化和工作环境。换一个角度看，创新环境之中既有宏观环境，也有微观环境。

微观创新环境，是指对具体创新主体的具体创新活动而言的各种直接影响创新目标实现的因素及其相互关系。宏观创新环境，是指那些对于创新目的实现起间接作用，但却对其创新成果的市场价值的实现起直接作用的因素及其相互关系。

微观创新环境往往是团队内部或所属体系内部，对主体从事创新活动及实现创新目标的各种影响因素及其相互关系。宏观创新环境主要体现为社会层面，如制度、体制、文化、教育及各种政策和法规。微观创新环境则主要体现为组织及团队内部的管理体制、制度形式、价值观、团队文化、奖惩制度，以及团队成员之间的创新协同精神等。

同样的宏观环境，不同的微观环境，使得不同的创新团队表现出不同的创新能力。美国在二战期间实施曼哈顿工程计划，成立了由奥本海默负责，由劳伦斯、西拉德、费米等世界顶尖科学家领衔的庞大的原子弹技术创新团队，人数高达 53.9 万人，总耗资高达 25

亿美元，历时 3 年完成了创新目标，于 1945 年 7 月 15 日 5 时 30 分，世界上第一颗原子弹试验成功。1945 年 8 月 6 日和 9 日，美国分别在日本的广岛和长崎投下了原子弹。随着苏联军队出兵我国东北，日本天皇于 8 月 15 日宣布无条件投降，第二次世界大战宣告结束。中国的原子弹研究计划从 1959 年正式启动，到 1964 年 10 月第一颗原子弹爆炸成功，仅仅用了 5 年时间。虽然比美国人所用时间长 2 年，但是若将纳粹德国从 1937 年开始铀计划算起，中国比西方用时要少得多。不论美国还是中国的原子弹工程计划，都是创造了历史奇迹的创新计划。

美国的曼哈顿工程计划的提出与实施同第二次世界大战的战争环境有关，也与微观物理学的发展状况有关。当时正值原子物理学和量子力学走向成熟，物理学家们对原子核裂变、氢核聚变蕴藏着的惊人能量已经有所认识。科学家们期望开发原子核理论的应用价值，恰逢第二次世界大战处于胶着状态，急需一根"稻草"将日、德法西斯这匹桀骜不驯而又邪恶的骆驼压垮。在这种战争环境中，科学家的提议能够得到美国总统及国会的批准自然是欣喜若狂。工程团队成员自然是个个摩拳擦掌，都期望能够通过自己的技术创新为人类和平做出贡献。这两方面的环境因素大大激发了科学家和工程师们的创新欲望和创新热情，最终甚至是在与时间赛跑中获得了超常的创新成果。

我国在原子弹技术研发中表现出的创新能力，甚至比美国那些诺贝尔奖得主为代表的研发团队具有更高的创新效率，这同样是与我国当时的创新环境作用分不开的。1945 年 8 月 15 日日本天皇宣布无条件投降标志着第二次世界大战结束。然而在中国，蒋介石领导的国民党却挑起了内战，把枪口对准了中国共产党所领导的解放区人民，这就导致了解放战争。中华民族经历了漫长的战争年代，中国共产党领导的新中国百废待兴，急需一个和平稳定的环境来发展经济、建设家园。中国共产党领导全中国人民以马克思主义理论为指导，选择了社会主义道路。这一选择使得中国站在了西方资本主义世界的对立面，同时又处于苏联的控制之下。中国人民要想真正站起来，走自己的路，为中华民族谋振兴，为全国人民谋幸福，就必须保证国防安全。

党中央为此决定自主研发原子弹。当时的外部条件是，美、苏的技术封锁，蒋介石的破坏和捣乱；内部条件则是缺资金，缺人才，更缺工业基础。当时的优势条件就是，全国人民对建设社会主义的信心和热情，对党的领导的信任和拥护，对保卫和建设国家的决心和意志。这种没有条件的条件，更激发了钱学森、钱三强、钱伟长等一批中青年学者的创新热情和意志。由钱学森负责火箭研发，钱三强负责原子弹的设计，两大创新团队密切合作，最终取得了"两弹一星"的巨大成就。

这些丰功伟绩，在一定意义上得益于国际政治环境逼迫而激发出两大创新团队乃至全国人民的创新激情和意志，更重要的则是两大团队内部乃至全中国人民共同的愿望，以及人人奋勇当先、协同创新的结果。

2.4.2　环境对创新活动的激励作用

关于环境对创新活动的激励作用，仍然可以借助于马斯洛的需要层次理论来分析。不论是个人、团队、组织、民族或国家的哪一个层面，作为创新主体，生存与发展都是第一需要。只有生存与发展才能够实现自身价值，进而受到客户、同行，甚至竞争对手的尊重。

在 2.1 节关于需求导向创新中所说的需求，主要是指创新主体所面对的市场需求。环境对创新活动的激励作用确实通过激发创新主体的需要来实现，如生理需要、安全需要、情感及归属需要、尊重需要和自我实现需要。这种需求进一步内化为一种创新冲动、创新意志、创新意识和思维，从而使自己的创新细胞充分激活，表现出超常的创新能力，必然取得丰硕的创新成果。

在国家层面上，为了国防安全，为了民族的尊严，为了人民过上幸福美满的生活，我国在"一穷二白"的条件下成功研制出了"两弹一星"，树立了国威，振奋了民族精神，受到了国际社会的尊重。1978 年党的十一届三中全会吹响了改革开放的号角。迄今 40 年的改革创新，为的是什么？正是为了民族的尊严，为了国家的安全，为了人民的生活，为了国家和民族的生存与发展！

在企业层面，作为创新主体的海尔集团，为了获得市场的尊重，为了在市场竞争中立于不败之地，为了创立国家白色家电第一品牌，为了创立世界白色家电驰名品牌，它在创新中求生存、应竞争、求发展，截至 2017 年年底，海尔的全球专利数已经超过了 3.4 万项。正是依靠全员创新，使得海尔集团受到全球消费者的信赖，受到竞争对手的尊重，获得来自各个社会层面的奖项不计其数。目前，海尔集团完成了全员创新能力培训并进行了员工创新能力分级认证。这项工作本身就是一项具有深远意义的重大创新。有理由相信，可持续性的创新将使海尔集团永葆青春。

在个人层面，不论是成功的企业家、发明家、科学家，还是其他行业的成功者，在他们的身后总有讲不完的故事。不论他们的故事多么跌宕起伏或者一帆风顺，讲的几乎都是同一个道理，那就是在一定环境下他们的某种需求得到了强烈刺激，从而激发了创新创业的欲望，使他们产生了强烈的创新创业动机。正是这种创新创业动机驱使他们获得创新创业的成功。

褚时健，曾经在改革开放之初创立红塔山香烟品牌而深受业界尊重，他于 1928 年 1 月 23 日出生于一个农民家庭，当过游击队指导员，当过行政干部，也曾被打成右派，当过农场场长、糖厂厂长、云南玉溪卷烟厂厂长。1999 年 1 月 9 日，褚时健因经济问题被处无期徒刑、剥夺政治权利终身，后减刑为有期徒刑 17 年。2002 年，保外就医后，已经 74

岁的他与妻子在玉溪市新平县哀牢山承包荒山开始第二次创业。一位刑满释放之人的生活环境可想而知。他需要再次展现自己的价值，他渴望重新受到人们的尊重，他也需要解决自己的生存问题。强烈的创新动机和坚强的创业意志，使他历经 10 年奋斗终获成功。

2012 年 11 月，85 岁的褚时健种植的"褚橙"通过电商开始售卖，褚橙品质优良，常常销售一空。褚时健也被称为"中国橙王"。后来 90 岁的褚时健又开发出新品"褚柑"，更是深受市场青睐。他的褚橙、褚柑年产 8 000 吨，年利 5 000 万元，固定资产 8 000 万元，可谓身价过亿。2012 年，褚时健当选云南省民族商会名誉理事长。2014 年 12 月 18日，荣获由人民网主办的第九届人民企业社会责任奖特别致敬人物奖。褚时健是年龄最大的创业者，也是最成功的创业者之一。他实现了自己的创新创业目标，他仍然是受人尊重的企业家。

2.4.3 环境激励创新的机制

美国哈佛大学的专家发现，在缺乏激励机制的环境中员工的潜力只能发挥出 20%～30%，甚至可能引起相反的效果；但在适宜的激励环境中，同样的员工却能发挥出其潜力的 80%～90%，激励有利于形成员工的凝聚力，提高员工的自觉性和主动性，使其不断开发潜力并保持积极状态。可见良好的激励环境对人的创造力、生产力的极大提高具有不可磨灭的重大影响。

那么，环境因素是如何激励创新的呢？主要是通过激发创新主体的自尊和自我价值实现（最高需要）的需要，进而强化其创新动机，激发其创新思维，强化其创新意志来实现的。从动机、思维到实现目标是一个从仰望天空到脚踏实地的过程、一个由抽象到具体的过程。

图 2 - 7 所示为环境激励创新机制，表明创新主体因环境因素激发自身需求，进而强化其创新动机，激发其创新思维，强化其创新意志，最终实现创新目标的一般过程或行为逻辑。

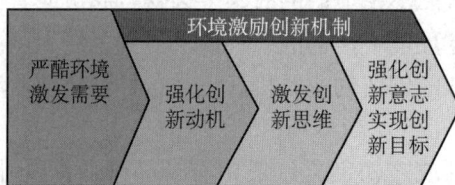

图 2 - 7　环境激励创新机制

用这一创新逻辑不仅可以解释众多创新创业的成功案例，还可以作为人们从事创新活动的一种范式或模板。如果你想为国家某方面建设和发展建功立业那就去创新，如果你想受到同行或社会的尊重那就去创新，如果你想彰显自己的生存价值那就去创新，如果你想拥有更多财富那就去创新，如果你想得到职业晋升那就去创新，如果你想改变生存状态那就去创新，如果你想赢得任何一方面的竞争也只有去创新，如果你不擅长课堂考试就去参加课外的创新实践活动，如此等等。不论你的环境是否有利于你的生存发展需要，不一定非得等到被"逼上梁山"才想起创新。学会了创新就等于学会了生存，就等于具备了发展的条件。

众所周知，马云是阿里巴巴的创始人，也是千千万万大学生的偶像。他曾自我调侃说自己是一个习惯了被拒绝的人。他在找工作的时候曾经被拒绝了三十多次。他曾申请哈佛也被拒绝了 10 次。在这个"认脸"的时代，自己无法改变环境就只能适应环境。自己不能改变社会的用人标准，就只能改变自己。马云改变自己的第一步就是强化英语学习，让自己在知识结构和能力表现上强于竞争对手。正是由于英语语言优势，使他有机会去美国工作，进而第一次接触了互联网。也正是有了互联网知识，使他产生了利用互联网创业的动机。他最终成为世界电子商务领域的领军人物，成为影响世界的商业巨子。

马云创业伊始，关于企业名称的由来，同样显示了他的创新意识和创新思维。他选择"阿里巴巴"，是因为阿里巴巴是《天方夜谭》中一则故事的主人公，一个英勇机智的少年。这则故事讲的是阿里巴巴"淘宝"的故事。另外，阿里巴巴的英文名称 Alibaba 的首字母是 A，按照国际惯例只要排序就是第一，其中隐含着要做世界第一品牌的雄心壮志。以马云为首的 18 人创业团队，于 1999 年在浙江杭州创立的阿里巴巴网络技术有限公司，如今已经成长为驰名海内外并正在改变着世界的互联网商业帝国。淘宝网、天猫、聚划算、全球速卖通、阿里巴巴国际交易市场、1688、阿里妈妈、阿里云、蚂蚁金服、菜鸟网络等都属于阿里巴巴集团的版图。

2.5 价值导向创新

经济学中所谓价值，一是指商品的有用性或功能性，即能够满足购买者的使用要求，因此称为使用价值；二是指商品有生产单个商品所需要的，由社会必要劳动时间所决定的，并且由此生成产品价格的总成本。我们这里所讲的价值取向的价值，与经济学中的价值概念略有不同。这里的价值指的是对创新主体而言的有用性、利好性或正能量。由于每个人的世界观、人生观和价值观以及社会地位和所存在的环境条件不尽相同，不同的人对于同一件事情的价值判断也会有所不同。如富士康公司期望通过引入生产机器人实现生产过程智能化以提高产品质量和生产效率，而生产工人对此却集体抵制，因为他们中的很多人将为此而失去工作。这就存在一个价值取向问题。每个人都有自己的价值取向。特别是在创新活动中，主体的价值取向不仅直接决定其选题、选项的标准，还会影响其创新的动机、意志和思维。

2.5.1　价值取向对人行为的影响

所谓价值取向，是指人们把某种价值作为行动的准则和追求的目标。它是个体的活动或意识中所渗透的价值指向，是人们实际生活中追求价值的方向。管理心理学把价值取向定义为"在多种工作情景中指导人们行动和决策判断的总体信念"。孔子曰"君子喻于义，小人喻于利"。通常人们也常说"君子谈义，小人谈利"。其实质就是价值取向决定人的行为目的与行为方式。

人的价值取向直接影响着工作态度和行为。诺贝尔经济学奖获得者、著名心理学家西蒙认为，决策判断有两种前提：价值前提和事实前提，这也说明了价值取向的重要性。国家有国家的价值取向，企业有企业的价值取向，个人有个人的价值取向。存在决定意识，不同主体的价值取向都是由其存在条件所决定的。仅就个人而言，生活经历、社会地位、生存状态、学历、创新创业经历、人生目标等都是其特定价值取向形成的条件。

一般而言，科学家的价值取向是发现真理，发明家的价值取向是获得技术发明，企业家的价值取向是利润最大化，教育家的价值取向是培养更多人才，农民的价值取向是收益最大化，学生的价值取向是用最少时间学到最有用的知识，如此等等。但是，具体到每一位科学家、发明家、企业家、教育家、农民，以及每一位大学生又都有自己的价值取向。具体特定的价值取向，决定具体人的行为准则、行为方式和奋斗目标。

2.5.2　价值导向创新的内涵

价值导向创新，是指主体的价值观与价值取向，引导其创新选题、选项，直至付出艰辛努力获得创新成果的创新类型。这种类型的创新在基础科学领域至今仍然流行。在科学家看来，自己认为什么问题或者现象值得研究就去研究，哪怕未来证明其没有意义也无关紧要。如英国科学家理查德·怀斯曼领导的一个研究小组认为人们津津乐道的鬼魂是否真的存在值得研究，他们通过对那些公认的经常闹鬼的地方进行深入研究发现，"对于鬼魂一类的东西，最好的解释为：它们是大脑对真实现象的解读"。

发明家或者设计师的价值取向往往会把他们引导到某个领域，如能源、运输、交通、制造、控制、化工、机械、电子、互联网等。在那里他们的价值取向又会引导他们关注某些具体选题或需要，如节能、环保、安全、舒适、美观等。众所周知，沃尔沃汽车是世界上所有汽车厂家中最关注安全问题的厂家。关注行车安全也就成为吉利汽车公司的开发人员的价值取向。他们对所有安全问题进行调查分析，认为高速路行车的最大安全问题是由爆胎引起的。于是，他们开发出了汽车防爆胎技术。这一技术从此成了吉利汽车的一大卖点。

企业家的价值取向同样如此这般地会引导他们，去选择自己认为最值得为之奋斗甚至献身的行业、项目、地区、规模及业务模式。

每个人做出行为决策之前都会有一个或长或短的价值评估过程。不论什么事情，只有当你认为值得去做的时候，你才会付出努力并坚持到底，直至取得成功。由于每个人的价值取向不尽相同，就有了不同选项、不同的创新成果，就有了灿烂的物质文明和精神文明。

2.5.3 价值导向创新机制

价值导向创新机制是指，主体的创新视野和判断标准被其价值观和价值取向所规定，并对其创新动机、创新选题、创新思维和成果评价起导向作用的过程或行为逻辑。

图 2-8 所示为价值导向创新机制，是由创新主体的价值观和价值取向支配其评价并选择具体的创新目标，同时决定其创新动机和创新意志，激发其创新思维，使其产生新创意，最终取得创新成果。创新主体的价值取向不是临时起义，不是一时冲动，而是在长期的生活和工作中形成的。价值取向一旦形成就会在各个方面影响创新主体的意识、思维和行动。如中国共产党的价值取向从建党那天起就已经确定了，那就是有益于人民。我们每个人都有价值取向，它时刻在支配着我们的选择、决策及行动。

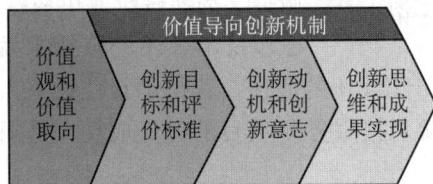

图 2-8　价值导向创新机制

2016 年 3 月 18 日，CCTV-2 财经频道播出了《创业英雄汇》节目，有一位来自陕西西安的创客名叫岳峰。他有一个可爱的儿子，他的价值取向是只要有益于儿子乃至所有少年儿童成长的事情都是值得努力做的。针对我国儿童们的成长状况，各种培训班及其课程压得他们喘不过气来，快乐的童年变成了奋斗的童年、痛苦的童年。这就使他产生了将童年还给儿童，通过与自然、人文、历史景区景点合作建立训练营地，并根据景区景点特点开发相应的训练课程，对儿童进行体验式、快乐教育，培养其全面素质，特别是探索和创新能力。他的创业项目"旦雨游学校外素质教育课堂"虽然没有获得投资人的支持，也只获得了现场观众58%的支持率。但他的训练营创业项目已经在西安等地顺利开营，他的儿子也已经从中获益。坚定的价值取向使创客岳峰表示会坚持做到底，为中国的少年儿童早期教育闯出一条新路。

中国铁路之父詹天佑，在大学期间就将中国铁路建设作为自己的奋斗目标。在耶鲁大学土木工程系学习期间，他就开始加强铁路工程方面的课程学习，并在毕业考试中名列第一。1881年，詹天佑怀着发展祖国铁路事业的满腔热忱回到祖国。1905年，清政府决定兴建我国第一条铁路——京张铁路（北京至张家口），詹天佑被任命为总办兼工程师。他的发展中国铁路事业的价值取向，给了他强烈的创新动机和坚强意志，更驱动了他的创新思维。在他的领导和主持下，京张铁路不仅顺利通车，还同时由他发明了世界首创的"人字路"（如图2-9所示），也叫折返路。詹天佑被誉为中国铁路技术第一人。

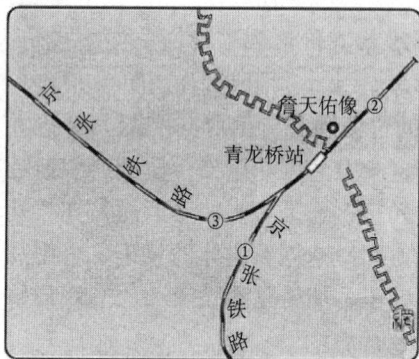

图2-9　詹天佑人字路示意图

2018年8月24日，CCTV-2财经频道播出了《创业英雄汇》节目。33岁的屈永佳曾经是一位核电工程师，他之所以投身商海，组建团队创新创业，就是因为他对核电技术的应用前景及其经济价值的认同和钟情，他认为向社会推广核电技术及其产品，帮助圈外企业引进核扩散和技术比自己从事核电工程设计更有价值。他的项目"核电资源对接服务"是通过搭建互联网信息服务平台，沟通核电行业内外，为圈外企业提供核级产品、工业级产品及技术服务，沟通核产业供应链及相关供应链融资，在扩散核技术、促进核技术发展的同时获得相应利润。其融资要求是融资400万，出让8%的股份。获得了6位投资人的支持，最终与启迪之星签订了融资合约。"核电资源对接服务"项目的融资成功，是屈永佳的价值取向引导他投身商海迈出的成功一步。

2.6　兴趣驱使创新

兴趣，是每个人都具有的正常心理反应。其具体表现为人们认识某种事物或从事某种活动的心理倾向，是人的行为动机的主要来源之一。兴趣所指向的内容既有物质的也有精神的，既有高尚的也有卑劣的。有的人兴趣广泛所以知识渊博，有的人兴趣狭窄但却更有深度。人的兴趣同时具有稳定性和易变性。不论哪种情况，人的兴趣的形成既与其成长和发展阶段相关，又都离不开其社会存在条件的制约。当然，人的兴趣虽然可能具有先天遗传因素，但主要的还是后天养成的。兴趣的培养往往是与老师、家长及自己对未来生存发展的需求预期直接相关的。广泛的兴趣使人知识渊博多才多艺，稳定的兴趣会使人成为某一方面的专家。培养创新兴趣会使我们在创新时代、创新型国家获得更多发展机会，甚至成为新时代的弄潮儿。

2.6.1　兴趣对创新活动的驱使作用

人格心理学家阿尔波特（Allport）认为人类有一种"自主性功能"，就是兴趣，兴趣是感情状态，而且处于动机的最深水平，它可以驱策人去行动。孔子曰："知之者不如好之者，好之者不如乐之者。"可见"兴趣是最好的老师"，培养兴趣乃是学习成功的一个重要因素。兴趣也是创新活动的驱动器。兴趣与工作统一，等于快乐人生。因为此时，"工作的报酬就是工作本身！"

兴趣，作为人们认识事物的特殊倾向，不但驱使着人们去探索世界，还会支配人们的创新活动。兴趣，驱使人们对特殊事物去观察、体验；兴趣，驱使人们对特殊问题去思考和求解；兴趣，驱使人们对特殊事物去改变和创新；兴趣，驱使人们对资源进行配置；兴趣，驱使人们为实现创新创业目标而努力。以兴趣为导向更能激发学习能力、实践能力、创新能力和发展能力的不断完善和提升。

本质上讲，兴趣对创新活动的驱使作用，归根结底也是一种心理需求的作用，同时也有价值导向的作用。美国著名华人学者丁肇中教授就曾经深有感触地说："任何科学研究，最重要的是要看对自己所从事的工作有没有兴趣，换句话说，也就是有没有事业心，这不能有任何强迫……比如搞物理实验，因为我有兴趣，我可以两天两夜甚至三天三夜在实验室里，守在仪器旁，我急切地希望发现我所要探索的东西。"正是兴趣和事业心推动了丁教授所从事的科研工作，并使他获得巨大的成功。

唐长红和杨伟是西北工业大学空气动力学系 1978 级 5381 班的同班同学又是舍友，孙聪则毕业于北京航空航天大学。唐长红是"飞豹"歼轰 – 7A、"鲲鹏"运 – 20 的总设计师；杨伟是歼 – 10 系列战机、"枭龙"FC – 1 战斗机、歼 – 20 的总设计师；孙聪是歼 – 11、歼 – 15、"鹘鹰"FC – 31 的总设计师。

遥想当年，是共同的兴趣驱使他们分别报考了西北工业大学和北京航空航天大学飞机设计相关专业，是共同的兴趣驱使他们以优异的成绩毕业并如愿以偿地分配到了我国三大航空研究院，一直执着地追求，成就了他们的理想，更成就了我国的航空事业。

2.6.2　兴趣驱使创新机制

兴趣驱使创新机制，是指主体在其兴趣驱使之下，针对特殊领域、方面或方向的创新需求进行思考，提出新创意，实现新的创新目标的过程或行为逻辑。

如图2-10所示，主体的特殊兴趣可以是某种自然现象或社会现象，可以是某一学科或者技术领域，也可以是某一科学问题或者某一技术形态的创新需要，等等。创新目标的选择可以是主体在兴趣驱使之下的自主选择，也可以是主体在众多创新需求之中被动选择自己最感兴趣的一个。不论是哪一种情况，只要创新目标与主体的兴趣一致，其创新动机必然就会得到强化。有了创新目标和创新动机，真正的创新过程就会开启。主体接下来就要针对确定的创新目标，通过收集相关资料并参考前人的经验提出实现目标的新创意。经过技术可行性论证和市场效果评估之后，进一步的工作就是产品细节设计和市场开发。由主体的某一兴趣点到获得新技术创新专利甚至获得市场利益，这就是兴趣驱使创新机制及其作用过程。

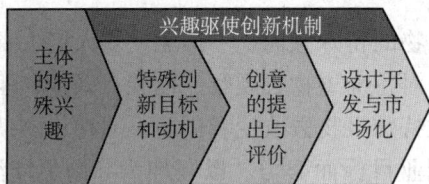

图2-10　兴趣驱使创新机制

说明兴趣驱使创新的一个浅显又直接的实例，莫过于山东省临沂市农民李先明发明挖藕机的过程。人们自古都知道荷花美，更知道莲藕香，可是莲藕的收获过程不比寻常。荷花在夏天绽放异彩留下美丽给人间，到了深秋季节，荷花早已败落，荷叶也已经开始残破，这就预示着莲池中的水温即将接近冰点，冬天就要来了。然而，挖藕的季节却刚刚开始。藕农们需要身穿防水衣裤在比肩的冰水里劳作，个中艰辛只有他们自己才知道。李先明是个农机手也是典型的农机爱好者。他也曾经为人挖过藕，知道藕农收获的艰辛以及由此带来的风湿疾病的折磨。将"三机一泵"早已烂熟于心的李先明，天天都在思考着农机的修理和改进，这一兴趣驱使他将柴油机和水泵与挖藕过程相联系，成功设计了一种新型农机具——挖藕机。

李先明选择挖藕机作为自己的创新目标是出于自己对农机维修和改进的兴趣，属于自主选题之列。针对这一确定的创新目标，思考其实现的方式方法之前需要弄清楚藕的生长规律、藕农挖藕的方式和机理，以及当前可利用的相关知识和技术。他发现藕农挖藕的过程，是通过脚踩水底泥土产生一种对莲藕的反作用力，使得莲藕在这种力的作用下浮出水面。他的创意很简单，就是根据藕农挖藕的过程和机理，用柴油机带动水泵产生高压水流，用高压水流代替藕农的双脚，使得莲藕快速跃出水面。于是他采用一种浮力平台，将柴油机和水泵装在其上，出水口安装加压喷嘴并固定在浮力平台（船的前端），一只挖藕船就这样诞生了。机械化挖藕生产从此实现了。

2.6.3 兴趣驱使创新模式

机制表明的是逻辑，而模式表明的是一种程序、过程及各个环节之间的稳定关系和顺序。兴趣驱使创新模式就是创新主体在其兴趣所指定的创新领域、范围或方向上，进行创新目标设定，产生创意思维，进行创意评价，进而开发设计产品，进行商品化生产的创新过程。这种创新模式可以用图 2 – 11 所示的兴趣驱使创新模式来表示。

主体兴趣所指的创新领域、范围或方向展开创新过程

兴趣目标

创意思维

创意评价

开发设计

商品化生产

图 2 – 11 兴趣驱使创新模式

每个创新主体都有不同的兴趣爱好，个人兴趣爱好的不同必然产生不同的兴趣目标。目标不同，则需要不同的创意思维和相应的创意评价标准，在此基础之上进行创新产品的开发和设计，进而实现产品的商品化生产。而产品的商业化生产将反过来检验兴趣目标的设定是否正确，进而再做进一步的调整，这是一个循环且相互作用和影响的过程。

2014 年 10 月 30 日的《我爱发明》节目讲述了这样一个案例。陕西渭南白水县的田文君平日喜欢摆弄电器，又对生产工具的改进和设计备感兴趣。在一次农高会上他得知每年花椒采摘季都雇不到人来摘椒，因为人工采摘费时费力，还时常伤及采花椒的人。于是设计一种电动花椒采摘机成了他的创新目标。分析和体验采摘过程使他发现，摘取花椒只需要一种切割力就能够实现。他采用腰挎锂电池供电，借鉴吹风机的外观结构，通过电机驱动的偏心杆使动刀进行往复运动，并配合定刀收割花椒。就这样，他在兴趣驱使下发明了一种花椒采摘机。经过测试，这款机器不仅适用于花椒的采摘，而且速度胜于三名人工，还可用于枸杞等经济作物的采摘。人们常说，兴趣是最好的老师。当一个人的某方面兴趣与他的志向结合起来时，就使他的行为动机达到最大值，不论他的目标是什么，此时的他就离成功不远了。兴趣，同样是创新活动的驱动器。培养创新兴趣，有了创新动机，就会主动积极地去学习和积累创新知识，并通过不断创新积累经验。有了创新知识和经验，创新能力的形成就是一种必然的事情了。有了创新能力不愁没有创新成就。创新成就的积累就意味着社会地位、财富值及个人价值的提升。有了这些，你的生存和发展还会有什么担忧吗！

小结

市场需求包括显示的需求和潜在的需求。市场需求可以表述为人们的购买欲和购买力的统一。根据马斯洛的需要层次理论，人们的需要可以分为五个层次，其中每一个层次都应是创新主体所关注的。需求导向创新，就是针对确定的市场需求目标，通过一系列的创新活动为市场提供满足这种需要的新产品或新服务。大数据是精准识别需求的现代理念和方法。

科学驱动创新是当前高新技术领域常见的创新模式。他所面对的不是现实的市场需求而是潜在的市场需求，因为科学的发展往往是超越一般人的认知预期的，人们购买欲望的形成需要一个过程。科学驱动创新的一个重要环节不是技术或产品的创新，而是市场驱动。这种创新模式要求我们不论在什么学科的学习中，都要应用开发意识，即将所学知识同市场需求相联系，并尝试着提出新的产品设计创意。这样不仅可以训练自己的创新思维，还可以遇到某种创新创业的机会。

政策导引创新，是政府在社会资源配置中发挥作用的国家所普遍采用的一种创新创业模式。国家相关政策包括支持和禁止两大类，如对新能源技术和企业给予支持，对污染企业和技术进行处罚等政策。选择政府政策支持的项目可以得到政府财政、税收、信贷等多方面的支持，反之就可能带来损失。这就要求创新创业者时时关注国家政策的变化，适者生存，适者发展。

价值导向和兴趣驱使创新模式都与创新创业主体直接相关。然而，任何创新都不能够同社会市场需求相背离。这就要求个人的价值观和兴趣一定要同社会和市场相适应，否则不论多么高明的创意，也不论付出了多大代价，最终的结果只能是失败。

正如兵无常法、水无常形一样，创新创业是有规律、有模式可循的，但是绝不允许刻舟求剑式的教条主义。只有针对具体的创新创业目标选择适合自己的创新模式才是最高境界。

？思考题

1. 理解需求的科学内涵、需求的层次。
2. 需求导向创新的作用和机制是什么？
3. 整理一则需求导向创新案例。
4. 理解科学驱动创新内涵、模式及作用。
5. 通过剖析一个具体案例认识科学驱动创新的内在机制。
6. 分析政策激励创新与需求导向创新之间的区别与联系。
7. 政策激励创新仅仅是利益驱动吗？
8. 通过案例分析深入理解政策激励创新的现实意义。
9. 通过环境逼迫创新理解社会存在于社会意识之间的关系。
10. 价值导向创新成功的关键是什么？
11. 兴趣驱使创新成功的关键是什么？

第 3 章　创新及其成果分型

针对任何事物的分类，首先必须确定分类标准，不同的分类标准必然会得出不同的分类结果。就创新分类而言，根据产权归属和主体在整个创新过程中的作用，可分为自主创新和非自主创新；根据创新项目的性质和其成果的属性，可分为原创型创新和改进型创新；根据创新方案及成果同原有相关成果的关系，可分为集成型创新和开发型创新，等等。

3.1　自主创新

自主创新能力是国家竞争力的核心，是我国应对未来挑战的重大选择，是统领我国未来科技发展的战略主线，是实现建设创新型国家目标的根本途径。世界科技发展的实践告诉我们：一个国家只有拥有强大的自主创新能力，才能在激烈的国际竞争中把握先机、赢得主动。特别是在关系国民经济命脉和国家安全的关键领域，真正的核心技术、关键技术是买不来的，必须依靠自主创新。要把提高自主创新能力摆在全部科技工作的首位，在若干重要领域掌握一批核心技术，拥有一批自主知识产权，造就一批具有国际竞争力的企业，大幅度提高国家竞争力。

实施创新驱动发展战略，根本在于增强自主创新能力。面对科技创新发展新趋势，世界主要国家都在寻找科技创新的突破口，抢占未来经济科技发展的先机。我国自改革开放以来，经过 40 多年的高速发展，目前已经在很多领域都赶上甚至超过了国际先进水平。但要全面超越发达国家的科技、经济，乃至社会发展水平，没有其他可以拿来或借鉴的东西，只有一种法宝，这就是自主创新。世界近代历史上英国、法国、德国、美国、日本、苏联等国家的崛起和超越都展现了这一规律。人们常说，只要是可以通过金钱买到的，或者可以通过付出辛劳得到解决的问题都将是简单的问题。国家的发展如此，民族的发展如此，企业的发展如此，个人的发展同样如此，跟在别人后面追赶总是容易跟上的，但要超越别人，唯有自主创新一条路。

3.1.1　自主创新的基本内涵

如前所述，创新的本质是"变好"。其中，"变"是条件，是方式、方法；"好"是结果。对于"自主创新"概念的理解，不仅要理解创新的含义，更重要的是在理解创新本质的基础上，通过解析主体在创新过程中的地位和作用来认识。所谓自主，是指遇事自己做主不受他人支配。同自主创新相近的词汇有自主创业、自主经营、自主学习、自主择业、自主招生、自主开发、自主设计、自主保护，等等。由于创新活动过程涉及创新项目或目标规划、创新过程控制和创新成果支配三个主要方面，因此，可通过考察主体在这三个主要环节的地位和作用来判断创新活动及其成果的性质。如果主体在创新项目或目标规划上自己做主而不受他人支配；在整个创新过程中，不论目标、时间、成本、质量等均由自己控制而不是被他人所支配；特别是在创新成果支配方面，不仅拥有知识产权，对产权的支配也完全由自己做主而不受他人所支配。我们就可以据此做出判断，主体的创新活动具有自主性，即其创新活动属于自主创新活动，其创新成果属于自主创新成果，并能够获得自主知识产权。

简言之，所谓自主创新，是指相对于创新主体而言，能够满足项目自主规划、过程自主控制、产权自主支配三个标准（如图3-1所示）的创新活动。其中所谓创新主体，可以是个人、团队、企业，甚至是一个国家。也就是说，自主创新，既可以是个人自主创新，团队自主创新，企业自主创新，也可以是国家自主创新。

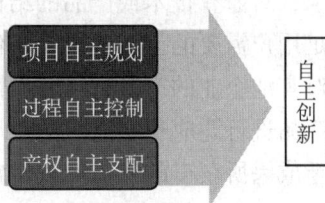

图3-1　自主创新三个标准

由这三个标准，不难看出中国高铁技术属于国家自主创新成果；华为、小米、联想等手机品牌属于企业自主创新成果；早期的德国西门子发明电机、贝尔发明电话、爱迪生发明电灯等，则属于个人自主创新活动。

3.1.2　自主创新分型

自主创新，就是从增强国家创新能力出发，加强原始创新、集成创新和引进消化吸收再创新。这是将国家作为创新主体，根据国家科技、经济与社会发展的现实状况，针对国家发展的目标要求而言的。尽管这一论述对于作为创新主体的企业、团体或个人同样适用，但是我们不能将其作为具有完备性的分类方式四处复制，而应该采取科学态度和现实需要给出恰当的说明。

根据前面关于自主创新概念的理解，以及判断自主创新成立的三个标准，特别是最终获得知识产权的性质，这里将自主创新分为：原始创新、改进型创新、集成型创新、应用型创新及转移型创新五种类型。

原始创新，也叫作原创型创新，是指为解决全新的问题或实现全新的目标而进行的创新活动，其成果表现为前所未有的科学发现、技术发明、原理性新技术等，特别是在基础研究和高技术研究领域取得独有的发现或发明。众所周知的诺贝尔奖，所奖励的科学技术成果一般都属于原始创新或原创型创新成果。例如，我国中科院与清华大学联合研制出世界首台自主运动可变形液态金属机器，就是属于原始创新成果。

当然原始创新成果不一定都是重大的、基础性的，比如电子驱蚊器的发明，其原理并不高深，结构并不复杂，成本并不高昂，却能够为人们提供一种全新的防蚊叮咬的方式和方法。它作为电子产品无论如何都不属于原创成果，但相对于以往的驱蚊方法或用品而言却属于原创型产品。中央电视台《走近科学》和《我爱发明》栏目都做过介绍的，浙江温岭坞根镇沙山村农民施金驰发明的"光谱灭蚊器"也属于灭蚊器家族中的一种原创性新产品。

改进型创新，是相对于原始创新或原创型创新而言的一种自主创新类型。改进型创新是基于技术进化规律，针对市场或直接用户对某种技术或产品功能及其性能的新的更高要求，对原有技术或产品的结构、原理或外观进行改变，使其能够更好地适应市场需求或满足用户需要的创新成果及其创新活动。企业对自己的产品进行改型升级属于改进型创新；对其他企业的产品进行实质性改进，将其变为自己的产品属于改进型创新；针对过期专利产品进行适应现实需求的改进，形成市场所需要的新产品同样属于改进型创新。改进型创新成果所获得的知识产权常常为实用新型专利。

集成型创新，是基于系统观念和系统方法、人类技术积累程度，特别是创新成果的知识产权保护期限等，通过对现有相关技术要素的有效集成，形成具有新的功能及其系统结构的新产品的自主创新类型。我国的高铁技术产品、现代汽车产品设计、航天技术产品等，都可以通过技术集成创新来实现。

应用型创新，也叫作开发设计创新，是指将某种科学原理应用于某一特定技术领域，形成新的技术原理，或是将某一技术原理应用于某一产业部门形成新的产品，或是将一特定产品的设计原理应用于某一特殊市场需要形成特定新产品的创新类型。如将系统科学中的反馈原理和自适应原理应用于技术系统设计，就形成了智能控制原理；将智能控制原理应用于机器设计就形成了机器人产品；将机器人设计原理应用于飞机、轮船、车辆及家用设备设计，就形成了各式各样无须人工操作的智能化产品。

转移型创新，也可称为创新扩散，是指将一个领域或专业的技术或方法转移到其他领域或专业，解决其新问题，实现其新目标，形成其新技术或新产品的自主创新类型。如对于目前在军用技术领域最为尖端的隐身技术，将其转移到舰船设计领域就形成了隐身舰船；将其转移到车辆设计领域就会形成隐身车辆，转移到单兵装备设计领域将会形成隐身战斗部队，如此等等。

上述自主创新的基本类型构成了作为发展中国家"引进、消化、吸收、再创新"的整个链条。不论自主创新的主体是国家、企业、团体还是个人，在引进国内外先进技术的基础上，通过理解、分析、学习和借鉴，再进行应用、改进、转移、集成和扩散等不同的创新路径，形成具有自主知识产权的新技术。即便在非技术领域，或者对于经济以外的活动，这也是一条超越他人的最佳路径。

3.1.3　自主创新不同类型之间的关系

自主创新不同类型之间的关系如图 3 – 2 所示，原始创新是其他几种创新类型的基础。原始创新成果为改进型创新提供对象，当然改进型创新成果同样可以成为进一步改进创新的对象。原始创新成果为应用创新活动提供原理，规定应用创新的方向和内容。应用创新是原始创新成果的一种价值放大或扩散途径。任何一项原始创新成果都必然从属于某一特定领域或专业，应用型创新和改进型创新一般都是在同一个领域或专业内部进行的，这无形中就产生了某种专业壁垒，即所谓隔行如隔山。转移型创新就是将一个领域或专业的原始创新成果应用于其所属领域或专业之外的其他领域或专业，形成"他山之石，可以攻玉"的新奇成果。原始创新同样为集成型创新提供必要的集成要素。

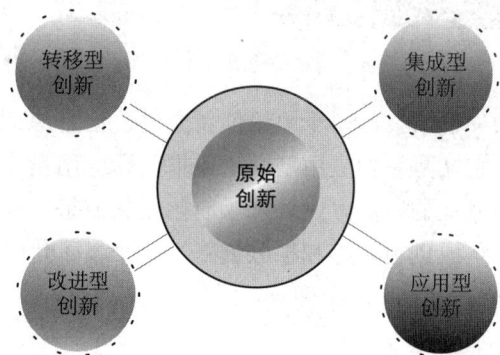

图 3 – 2　自主创新不同类型之间的关系

集成型创新赖以进行的各种集成要素，既可以是原始创新成果，也可以是改进型创新、应用型创新和转移型创新的成果。集成型创新的成果，同样可以成为进一步改进创新的对象，成为应用型创新的根据，成为转移型创新的内容，成为创新扩散的源头。因此，这 5 种自主创新类型及其相互关系，不仅为我们从事创新活动提供了不同的选择方式，还为我们提供了无限的创新空间。

2016年8月16日1时40分，我国在酒泉卫星发射中心用长征二号丁运载火箭成功将世界首颗量子科学实验卫星"墨子号"（如图3-3所示）发射升空。该卫星的发射将使我国在世界上率先实现高速星地量子通信，连接地面光纤量子通信网络，初步构建量子通信网络。这一工程将构建千公里级高可信、可扩展、军民融合的广域光纤量子通信网络，建成大尺度量子通信技术验证、应用研究和应用示范平台。正如该项目的首席科学家潘建伟院士所说："随着中国科技的迅猛发展，我相信量子通信将在不到10年时间里辐射千家万户。期盼在我有生之年，能亲眼看见以量子计算为终端、以量子通信为安全保障的量子互联网的诞生。"

图3-3　"墨子号"量子科学实验卫星

量子通信技术，作为一种新技术属于原始创新成果，也是原创新型技术创新成果。相对于量子力学原理而言，它又是一种应用型创新成果。即应用量子纠缠原理进行通信技术创新而发明的一种具有革命性的通信方式。有了原始创新成果，经过一代甚至几代人的不断改进创新、应用创新、集成创新转移和扩散创新，一个量子化时代即将来临。

3.2　原创型创新

原创型创新不一定都是绝对的原始创新。那些开启一个新的学科、一个新的技术领域、一种新的历史时代的创新成果毕竟只是少数。如果仅仅将原创型创新理解为原始创新，必然会使大多数人产生可望而不可即的感觉，甚至望而生畏，只能敬而远之。实际上，原创型创新，是指针对全新的市场需求创造新的功能系统，或者以全新的方式实现已有功能系统的设计，具有自主知识产权，甚至建立起新的生产和利润函数的技术创新类型。这就是说，原创性本身又具有一定的相对性。相对于原有功能系统，通过采用新的原理，设计新的结构形式，你所获得的创新成果属于改进型创新成果；但是相对于原有的系统结构而言，你的成果即可被看作是属于原创型创新成果。

3.2.1　原创型创新的一般模式

创新成果的原创性首先是由创新目标定位决定的。如果创新目标本身是从未有人达到过，由此规定的功能系统从未有人实现过，最终形成的使用价值从未有人提供或展示过，经过各种查新系统查证属于首次出现的，能够获得完全自主知识产权的产品、方法或服务方式，才能叫作原始创新或原创型创新成果。因此，原创型创新始于原创性问题或目标。

原创性问题或目标的提出是原始创新或原创型创新过程直接现实的开端。创新问题或创新目标往往表现为某种使用功能，而任何使用功能形成的基础或必要前提是结构。特定的功能及其结构系统将是创新者所追求的创新成果。因此，作为原创型创新的第二项任务，就是根据结构和功能的不可分割关系，以及结构与功能之间所存在的"一种功能可以由多种结构来实现""相同相似结构具有相同相似功能"的关系，通过联想在头脑中搜寻，或者通过相关检索系统进行搜寻可借鉴的对象或已有知识，进而产生实现功能目标所要求的结构设计新创意。这个形成新创意的过程，又往往是经过一个类比过程完成的。这个类比过程就是人们常说的借鉴过程。原创型创新模型如图 3-4 所示。

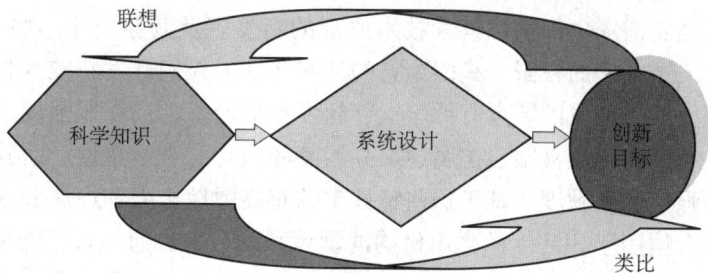

联想

科学知识　系统设计　创新目标

类比

图 3-4　原创型创新模型

航天器在空中交会对接，空中加油机及其空中授油方式的设计，其设计思想都可以在自然界中找到原型。想一想南宋诗人杨万里的那首名叫《小池》的诗：泉眼无声惜细流，树荫照水爱晴柔。小荷才露尖尖角，早有蜻蜓立上头。当我们想到这幅美丽画面之中的主人公"蜻蜓"的时候，它的生活方式（如空中嬉戏、交配等细节），或许会在设计师的头脑中立刻转换成航天器之间的交会对接过程，转换成空中加授油机的工作方式。这就是搜寻目标，追赶目标，捕捉目标，交会对接，完成任务后分离。将各个环节转变成技术形式，一项看起来复杂的工程系统就完成了。

3.2.2　原创型创新的分类

原创型创新一般存在两种类型：一种是整个功能系统是满足全新的使用价值需要，即全新问题或功能目标的创新成果；另一种则是相对于确定的功能或问题采用新的原理设计新的结构，即原创性结构创新。多数原创型创新成果都属于第二种类型。第一种原创型创新成果，如激光器的发明开启了激光技术应用领域。第二种原创型创新成果，如激光打孔技术不过是打孔技术的一种新的形式。

在现实的创新实践中，第一种类型的关键之处在于原创性问题或目标的发现。这里关键的关键是建立起强烈的发展观，即以发展的眼光看问题，及时发现那些尚未被人们发现的新的需求。这种新的需求又可分为两个方面：一个是关注市场或用户对某种使用功能的新的需求；另一个是关注科学技术原理的新发展，并由此发现满足市场或用户需求的新途径。

第一个方面的新需求，如针对人们对社会健康医疗服务资源不平等状况必然产生的对先进医疗服务的要求。为解决社会发展带来的这一新问题，作为政府部门首先想到的是如何实现社会医疗资源分配的均等化，而作为创新主体所想到的应该是设计某种在医疗资源配置不均等的条件下，如何使得医疗条件较差地区的人们能够通过某种技术形式享受到先进的医疗服务。为此，某种原创性全科医生智能诊断系统的产生只是个时间问题了。

第二个方面的新需求，即关注科学技术原理的新发现及其新应用。如最近一段时间，液态金属突然进入了人们的视野，是因为它的某些属性为人们开发新技术和新产品带来了无穷的想象空间。液态金属的特点有低熔点、超强塑形能力、高屈服强度、高硬度、优异的强度重量比、超高的弹性极限、抗腐蚀、高耐磨和独特的声学特性。而其最大的优势便在于高塑性、高强度和高硬度。基于这些特性中的超高弹性极限和高屈服强度特性，苹果公司已经将液态金属用于 SIM 卡的弹出机构的设计和制造。目前，人们正在基于其低熔点和超强塑形能力，开发设计各种高端产品及其生产工艺。可以想象，有朝一日，可以根据不同条件适时变形的智能机器就会展现在我们面前。

3.2.3　原创型创新的价值表现

这里所谓原创型创新的价值，一是指其在创新活动中的有用性，二是指其所能够带来的经济价值、文化价值和社会价值。就第一种情况而言，没有原创型创新，就不存在改进型、应用型、集成型和转移型创新。追求原创型创新及其原始创新成果，是每一位创新主体乃至每个人的愿望。原创型创新模型的有用性，在于它为每一位创新主体提供了一种从事原创型创新或者获得原创型创新成果的路线图。它告诉人们从事原创型创新是从识别原创性问题或全新的需求开始的。它告诉人们问题的新颖性、需求识别的超前性是从事原创型创新的必要条件。它告诉人们，解决原创性问题的创意往往存在于前人的创新经验之中，存在于大自然之中。丰富的科技知识和对自然事物的观察，是创意能力形成的基础；善于联想和类比是产生新创意，进而获得原创型创新成果的天梯。因此，掌握原创型创新模型，可以使我们在创新活动中删繁就简，事半功倍。

原创型创新作为一种创新类型，其价值表现可谓十分广泛。正如没有瓦特发明蒸汽机就不会有人类的机械化时代；没有西门子发明电机、贝尔发明电话、爱迪生发明电灯就没有人类的电气化时代；没有冯·诺伊曼等科学家发明电子计算机，就没有今天的计算机时代；没有莱特兄弟发明飞机就没有今天的航空时代；没有爱因斯坦、费米等科学家的核技术研究，特别是美国的曼哈顿工程计划制造出世界上第一颗原子弹，就不会有今天的核能时代；当然，若没有史蒂文森发明蒸汽机车及铁路技术，也就不会有今天的高铁时代。一项原创型创新成果可以改变一个时代，也可以开启一个新的时代，甚至改变人类文明的进程。一项原创型创新成果可以成就一家百年企业，如西门子公司、贝尔公司、爱迪生照明公司等。

原创性是获得知识产权的必要条件。不论一个完整的功能系统的原创，还是对某个已有技术产品新结构的原创，其成果都属于原创性成果，均可以申请并获得发明或实用新型专利。专利权本身就是一种财产权。不论是通过产权交易，还是通过产业化形成产品进入市场交易，都可以将专利权这种无形财产变为有形财产。因此，原创型创新对于人类，对于国家，对于企业，对于个人，都是创造财富的一种最高尚的途径和方式。

3.2.4 原创型创新的适用空间

原创型创新不仅适用于技术领域，还适用于人类活动的一切方面。只不过在其他领域，原创型创新成果不用"发明"一词来表述而已。如在自然科学领域叫作科学发现，社会科学领域叫作新理论，政治领域叫作新主义、新思想或新观点等。例如在自然科学领域，牛顿发现万有引力理论，爱因斯坦发现相对论原理，汤姆逊发现电子的存在，沃森-克里克发现双螺旋结构，迈尔等人发现能量守恒定律，达尔文发现生物进化规律，等等。在经济学领域，马克思提出剩余价值理论，萨伊提出的供给创造需求理论，马斯洛的需要层次理论，凯恩斯的国家干预理论，熊彼特的技术创新理论等。在社会政治领域，英国首创君主立宪制度，美国原创议会民主制度，苏联原创社会主义制度，中国共产党原创中国特色社会主义制度。在文化领域，只有原创型作品才能获得相应的著作权，如原创歌曲、诗词等。人类文明发展的各个方面都需要原创型创新，每一个人都有从事原创型创新的责任和义务，追求原创创新成果应该成为每一个人的梦想和实践。

3.3 改进型创新

改进型创新，是通过对创新对象某些方面的改变，使其能够满足人们的更高要求，具有先进性的创新类型，是已有技术形态的实质性改进，获得自主知识产权，并建立生产函数和利润函数的技术创新类型。因此，改进型创新的关键是"改"和"进"。其中"改"即改变，"进"即先进，进步、发展。

由于改进型创新是相对于原创型创新而言的，其创新对象可以是自己或他人的原创性成果，也可以是对自己或他人改进型创新成果的再改进。这就是说，改进型创新在全部创新项目或成果中是所占份额最大的一种创新类型。当然，改进型创新也是一种相对难度较低的创新类型。

3.3.1 改进型创新的理论依据

达尔文的生物进化论，揭示了自然界生物物种的起源、存续与发展的普遍规律。具体物种的存在与发展，是因为它能够适应环境的变化而不断改变自己。同样，人类之所以能够在自然竞争中生存下来并且创造了丰富多彩的社会文明，是因为人类不断改变和发展自己，使自己具备了创新、创造能力，形成了满足自身生存需要的人工、自然界及其各种事物形态。这其中就包括人类所特有的语言、文化、科学、技术，以及各种层面的社会制度。这些事物形态又随着人类不断发展所提出的更高要求而不断地得到改进。这就是说，一切人工物质形态都在随着人类社会的发展而不断进化。如科学在发展，技术在进化；教育在发展，社会制度在进化；科学知识在进化，技术形态在进化，教育思想、观念和教育制度、教学方式、方法在进化，社会政治制度、经济制度、科技制度、法律制度、社会保障制度等都在进化。技术进化规律是改进型技术创新的理论依据和历史依据，人类社会的一切方面都遵循的进化规律，便是改进型创新普遍存在的理论依据和历史依据。

改进型创新的另一个理论依据就是物质系统观和系统论原理。所谓系统，是指由相互关联的若干要素所构成的具有特定功能或属性的整体。物质系统观，即认为系统是物质的存在形式。当然技术、产品等创新对象也都是以系统的方式存在的。系统学中有一个支配原理，也叫作短板效应，即决定系统整体效能优劣的不是构成系统的优质要素而是劣质要素，即短板。据此，任何物质系统都存在短板，改进型创新的任务是改变短板的质量和效能来提高系统整体的效能，使其进步，使其发展，使其更有市场价值。

3.3.2　改进型创新模型

改进型创新是从选择和确定改进对象开始的。根据市场信息或者个人经验对创新对象进行系统分析，找到其存在的短板以及要实现的改进目标。作为一个特定系统的短板，一般表现为功能或性能方面的缺点。而这些缺点产生的内在根据往往是构成系统的某些要素或要素之间的关系及系统结构。通过对系统要素的加减和替换，或者要素不变而改变其结构，即可实现改进创新目标。图 3-5 所示的改进型创新模型，给我们提供了一种改进创新路线图。

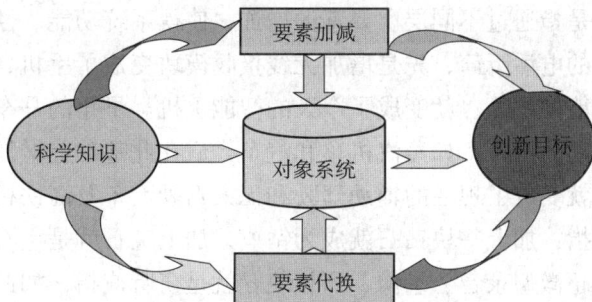

图 3-5　改进型创新模型

例如，选择自行车为改进创新对象，认为其短板是车胎容易缺气导致不能使用，进而确定创新目标为"免充气自行车或免充气自行车轮胎"。联想到常用于包装减震的发泡塑料材料，采用"要素代换法"，将自行车充气内胎用发泡橡胶材料制作的免充气内胎所代换，既可实现免充气自行车内胎设计，又可以实现免充气自行车的创新。这一创意也可以视为从军用防爆车辆轮胎结构的一种转移创新。

3.3.3　改进创新的方法

改进型创新是在现有对象系统的基础上，为了满足目标客户某些更高、更新的要求，提高其性能或者拓展其功能，或者美化其外观，对其进行整体或其部分的改变过程。根据系统是物质存在的普遍方式原理，一切改进创新对象一定具有系统性。而系统的概念告诉我们，系统是由若干个要素所构成的具有特定功能的整体。这就说明，系统功能是由其构成要素的数量、质量及其结合方式决定的。基于这一哲学和系统学层面的认识，可以得出一个必然性的结论，这就是通过对系统构成要素的加、减、乘、除和代换，必然可以改变其功能、性能和外观。这就产生了5种行之有效的改进创新方法。

1. 加法创新

要素是相对于系统而言的。不同的功能系统虽然具有不同的性质和特点，但是不同性质的系统之中仍然存在着一种共性，这就是层次性。复杂的系统之中所包含的要素层次就多，简单系统之中所包含的层次就少。最简单的系统也有构成要素，如杠杆简单却是杆与支点缺一不可。又如，原子核虽小，却包含中子、质子和介子等构成要素。不同性质的系统其构成要素的层次不同，各个层次要素的称谓各不相同。机械系统中的第一层次要素叫作子系统，第二层次要素叫作部件，第三层次要素叫作零件。电子系统中一般不用部件而是相应使用模块概念。有了关于系统与其构成要素的认识，不仅可以更好地理解加法创新，其他改进创新方法也就容易理解和使用了。

所谓加法创新，是指通过不同层次要素的增加，使得系统功能、性能或者外观得以改进的创新方法。早年的电话听筒，先是增加无线接收模块变成了手机，增加了照相、摄像功能模块、收录音功能模块等，就变成了今天的智能手机。早年的马车，先是增加了发动机和传动模块变成了动力机车，如蒸汽机车和汽车，后在此基础上增加了控制模块以及如今的智能控制模块，就变成了现在的辅助驾驶和无人驾驶汽车及高铁机车。在生活装饰品方面，即便是一枚戒指，加上一块钻石就成为钻戒，加上宝石就是宝石戒指，加上指南针就是指南戒指，加上超微型录音、录像、照相装置就是窃听戒指，如此等等。我们今天正在用的，能够看到的各种生产设备和生活用品，无一不是通过增加要素改进而来的。既然如此，我们有理由相信，通过加法可以使得任何前人的创造物得以进化与发展。

加法创新存在两种可能的情况：一是针对市场或用户的新要求，通过对原有产品增加要素实现改进创新；二是根据相关技术基础的发展水平，积极主动地将其作为要素加到某种现有产品中去，实现其改进创新。前者属于市场拉动的改进创新，后者则属于科学技术发展驱动的改进创新。不论哪一种情况，都能够实现创新之目的。

2. 减法创新

减法是同加法相对应的另一种改进创新方法。采用加法改进创新，是人们的惯常思维。殊不知，一味地增加要素会使得对象系统的结构日益复杂，进而导致其运行的可靠性逐步降低。物极必反原理告诉我们，一味地实施加法创新，其最终的结果必然是适得其反。这种状况的出现恰是减法创新机会的到来。当然，减法创新不是将人们通过加法创新的成果一律抹杀，而只是减去那些影响对象系统可靠性，或者对于众多用户而言使用概率几乎等于零的构成要素；也不是将对象系统的某些构成要素一减了之，而是在系统瘦身的同时进行结构优化，在提高可靠性的同时降低生产成本与售价。总之，减法创新中的"减"不是目的，而是通过减法降低其成本，提高其可靠性，做到物美价廉，能够更好地满足市场需要。

减法创新，存在被动和主动两种情况。前者是指人们惯常的采用加法创新已经达到了极致，复杂的结构使得其可靠性已经不能够适应市场及用户要求，作为产权人、生产者或旁观者不得不采取的创新方法。后者是指人们为了满足特定人群或市场需要，或者期望抢占市场份额而对相关对象系统所采取的主动创新行动。

减法创新具有同加法创新一样的广泛性。国家层面的机构改革中精简机构，企业裁员或收缩业务范围，教育改革中精简课程，行政管理改革中简化办事流程，产品设计中减少功能模块，外观设计中减少图形、色彩或文字元素，如此等等。不论被动还是主动采取减法创新，其目的都是创新。当然，既是创新，其中就已经包含着积极主动的意思。以市场为导向，以用户为中心实施积极主动的减法创新，始终是创新的本质要求。

3. 乘法创新

乘法不能用代数中的乘法来理解，而要用集合论中的乘法来理解。集合论中的乘法是指两个集合之交集。当我们将一个功能系统的结构看作是其构成要素集合的时候，就可以将乘法理解为两个系统结构相交合。这就意味着，我们可以通过两个或者多个功能系统相交合，实现新的功能系统的设计。这种针对确定的创新目标，通过将现有相关功能系统相交合实现新的功能系统设计的创新方法，就是所称的乘法创新方法。

乘法创新方法的用途至少包括两个方面：一是针对市场上存在的功能目标相同而结构、原理及性能不同的技术或产品，通过乘法创新综合其性能优势，形成新的功能系统设计；二是针对市场上的单一功能产品等功能系统，根据其适用范围的相同性和结构方面的可共用性，通过其功能组合，形成多功能产品等高效能新系统的创新方案。前者多用于大中型生产设备创新，如振动、打击和旋转三合一机理钻机的设计；后者则多用于中小型生产设备或生活用品的设计，如多功能手表、多功能剪刀等。前者是通过优势综合实现产品市场竞争力的最大化；而后者则是通过功能组合给用户提供最大化的使用价值，来提升其产品的市场竞争力。不论哪种情况，乘法创新的思维基础都是合向思维。

4. 除法创新

乘与除意味着合与分。因此，乘法和除法创新可以相互对应来理解。将一个多功能结构系统分为不同的功能系统，或将一个完整的结构系统分为若干相对独立的结构模块，这两种情况决定了除法创新的两种类型。不论哪一种类型都有一个共同的创新目标，这就是满足市场需要，实现产品创新。

第一种类型是针对多功能产品结构复杂、成本高、可靠性低、不易携带等特点，通过结构拆分形成不同功能的新产品，用于满足用户的单一需要。如将野外活动使用的多功能镐头进行拆分，形成可用于家庭园艺的 2 个实用工具：锛和锥。第二种类型是针对某些在使用中可能由于局部损坏而导致整体报废的生产设备或生活产品，通过模块化结构设计，使其提高整体抗损性和使用的可靠性。如舰船设计中可将船体分为若干独立的舱室，即便一个舱室损坏也不会彻底瘫痪整条船只。又如各种充气类物品，一处破损漏气就会导致整体报废。通过除法创新，可将其整体分割成为若干个相互独立的充气室，就像泡沫塑料、泡沫橡胶那样，即便一个充气室遭到破坏仍可正常使用。

5. 换元法创新

这里的换元不是数学中的改变未知数，而是指对功能系统中的构成要素进行有目的、有选择的替换。通过要素替换改变系统的整体结构属性和功能。所谓换元创新法，是指通过系统要素的替换实现对象系统整体结构优化、性能提升和功能完善的创新方法。

换元创新法的理论根据是系统论中的支配原理，即管理学中众所周知的木桶原理。我们常会看到一辆汽车由于变速箱故障率高而退出市场，或因发动机油耗偏高而不被消费者所青睐；一部手机由于耗电量大而无人问津，或由于信号弱而不被人所接受，等等。这些都是由于其系统之中的一个要素（短板）的性能或功能低下，导致整个系统功能和性能降低，进而不被市场及其用户接受的情况。这种情况正是换元创新法的用武之地。

应用换元创新法存在两个关键环节：一是确定创新对象的短板，即对象系统中的哪个要素是需要被替换的；二是选择替换对象，即从现有相关技术中选择与被替换要素相比，其综合性能指标更先进、更可靠的新技术作为替换要素。解决了这两个环节的问题，只要通过替换试验达到了预期目标就是创新成功。我们在学习和工作中或许也曾经历过，计算机存储空间不够用了就自己动手换上一个大硬盘，运行速度慢了就升级内存条，如此等等。这些都是在体验换元创新法。将这种实践经验用于满足市场需要，进行市场化、商品化运作，就是创新创业实践了。

3.3.4　改进型创新的适用空间

物种在进化，技术在进化，科学在发展，社会在进步，人的生活方式在发展变化。辩证唯物主义哲学的核心观点是世界的物质性和物质运动变化的永恒性。中国古代哲学家王夫之的名言，"静者静动非不动，动静皆动也"，讲的同样是事物变化的普遍性和绝对性。邓小平的至理名言："发展才是硬道理"，指的是社会发展的永恒性以及促进社会发展才是人类社会，特别是中国共产党所追求的目标。和平发展是当今世界的主题，国家发展，企业发展，个人发展，各种矛盾都可以通过发展得到解决。事物的发展源于对其现状的改变。改变现状是改进创新的必要条件或前提条件，促进事物发展正是改进型创新的直接目的。这就是说，哪里需要发展，哪里就需要改进型创新。事物发展的普遍性和绝对性，表明了改进型创新需要的普遍性和绝对性，以及改进型创新方法应用空间的广泛性和无限性。

在大众创业万众创新的今天，改进型创新不仅适用于技术的各种形态，如产品、设备、工艺、流程，还适用于人们创新活动的各种对象。国家层面所有改革项目都属于改进型创新，如政治体制改革、经济体制改革，科技体制改革、教育体制改革、军事体制改革、社会保障制度改革、医疗体制改革、农业体制改革以及农村城镇化改革，等等。教育领域的改进型创新，如教育制度改革、教育体制改革、招生制度改革、教学内容改革、教学方法改革、考核方式改革等。对于企业而言，改进型创新包括企业产权结构改革、管理体制改革、管理模式改革、管理方式改革、经营模式改革、商业模式改革、生产模式改革、盈利模式改革、营销模式改革、工艺流程改革、设备管理改革、产品改进、包装改进、装潢改进等企业活动方面的改进创新。

对于大学生而言，改进型创新的对象除了关注国家、企业等层面的创新需要，关注人们生存生活各个层面的创新需要，通过自己的技术创新和创业活动实现自身价值，提升自身适应未来所需要的创新能力之外，更要关注自己的主业即学习创新。创新自己的人生和职业规划，创新自己的学习目标、学习方法、时间管理方式，在创新中学习创新，成为祖国需要的创新型人才。

3.4　集成型创新

理解和掌握集成型创新的关键是"集"和"成"二字的含义。集，是搜集与实现创新目标相关且必要的构成要素；成，是将搜集到的这些构成要素连接形成一个具有创新目标所要求的功能系统。这里所指的"要素"，是构成创新目标所要求的功能系统的模块或零件等形式。集成型技术创新，是指通过对现有技术要素的系统集成实现新的目标功能，拥有自主知识产权，并建立新的生产和利润函数的技术创新类型。

3.4.1　集成型创新的理论和实践依据

物质系统观和系统的层次性原理是集成创新的理论依据。物质系统观，认为系统是物质的存在形式，任何物质形态都呈现为系统性，都遵循系统科学规律。系统的层次性，是指任何系统都有其构成要素，而要素自身又有自己的构成要素，它本身又可称为系统。理论上讲，物质的系统构成具有层次的无限性，诸如太阳系相对于银河系可以叫作要素，相对于地球又叫作系统。教育系统相对于国家就叫作要素，相对于教育机构如大学就叫作系统。大学是教育系统的构成要素，大学本身又是系统，每一个院系都是大学的构成要素。一个家庭叫作系统，每一个家庭成员都叫作构成要素。企业是一个系统，企业的生产线就是其构成要素之一。生产线构成的每一件设备（包括生产工人）都属于其系统构成要素。每一个产品表现为一个功能系统，其构成部件是其第一层次构成要素，各种零件是其部件的构成要素，也是该产品整体系统构成的基本要素。不仅自然界、人类社会、企业乃至一件产品都服从系统层次性原理，我们所做的以及将要做的任何事情都可以看作是系统，都可以运用系统的层次性原理来规划、计划和实施，并最终取得实践成果。

几千年的人类文明史也是一部人类创新的历史。正是人类为了自身的生存与发展需要，一代又一代前赴后继的创新行动创造了今天灿烂的文化、先进的生产和多彩的生活。前人的创新历史不仅为今人留下了巨额财富和宝贵经验，还为人们留下了进一步改进创新的对象和集成创新的素材。以技术发展为例，古代人们发明的各种工具以及进一步的创新形式，为现代机器的发明与创新提供了基础和素材。人们将滑轮、轮轴、曲柄连杆等机构作为要素，发明了纺纱机、织布机、蒸汽机、轮船、铁路机车等复杂的工具机，形成了机械技术体系，使人类进入机械化时代。随着自然科学的发展，为满足生产发展的需要，人们对机器系统进行改进，特别是动力形式的替换，就产生了电动力、油动力、核动力技术系统，使人类迎来了电气化时代与现代文明时代。在社会制度、组织管理、经济运行、人才成长等各个方面也是一样，前人解决问题的方式和方法都是后人解决新问题的经验和素材，特别为今天的人们运用集成创新方法提供了无限可能。

产权制度的允许是集成创新的实践根据。我国专利法规定，发明专利的期限为20年，实用新型专利和外观设计专利的期限为10年；美国发明专利的期限为20年，外观设计专利的期限为14年；日本发明专利的期限为20年，实用新型专利的期限为6年，外观设计专利的期限最长为15年；德国发明专利的期限为20年，实用新型专利的期限为10年，外观设计专利的期限最长为20年；英国发明专利的期限为20年，外观设计专利的期限为5年，可延长4次，每次5年；法国发明专利的期限为20年，实用新型专利的期限是6年，外观设计专利的期限为25年，经注册人声明还可延长25年；意大利发明专利的期限为20年，实用新型专利的期限是10年，外观设计专利的期限最长为15年。每个国家的知识产权法都规定了专利的保护期限，尽管可以申请延期保护，但不能无限期延长保护期，一般只能延长5~10年。一项创新成果在其专利保护期内属于专利权人的私有财产，受到法律的保护。换言之，过了保护期，或者被专利权人自愿放弃保护的专利技术就会成为人类共有财产。这种大量的公共技术就为后来的创新者提供了集成创新的条件。

3.4.2　集成型创新模型

集成的反义词是分解。众所周知，矛盾双方互为存在的依据，就集成与分解的关系而言，没有集成就没有分解，没有分解也就谈不上集成。因此，集成创新是从分解开始的，只不过这里的分解是指对总体创新目标的分解。通过目标分解，将复杂的系统设计转变成其构成要素（子系统）的设计。经过层层分解，直到每一个要素都可以找到不受产权限制的可利用的现有技术为止。然后反过来，通过要素组合形成一个个子系统，再将一个个子系统进行匹配组合完成整个目标系统的集成。整个集成创新过程可用图 3 - 6 所示的集成创新模型来表示。

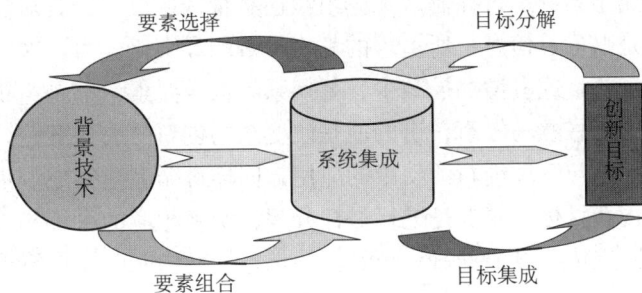

图 3 - 6　集成型创新模型

我国当今的知名产品，如领先世界的高铁技术、震惊世界的 99A 坦克、即将飞向蓝天的 919 大飞机等都是集成创新的成功典型。当代汽车设计的一个共同特点就是采取技术集成方法。由于当前汽车的基本结构十分明确，厂家只需针对当前和未来一段时期市场需求的预测确定设计目标，继而将整车系统分解为几大模块，如动力模块、传动机构、控制系统、悬挂系统、空调系统，特别是车身、内饰和外观。每一种模块都有多种现成技术可供选择，如动力模块就有汽油动力、柴油动力、电动力、混合动力等方式；传动机构就有齿轮传动、皮带传动等方式；控制系统就有手动、自动、手自一体、智能控制等方式；悬挂系统就有独立和非独立的不同选择；空调系统就有手动、自动和自适应等方式；车身结构有承载式与非承载式之分；内饰有实用型、豪华型、奢侈型、时尚型等选择；外观更有船式、轿式、流线式等不同形式。设计师只需针对每一个模块选择一种方式作为集成要素，就可以形成一种新的车型设计方案。

对于非工程类简单项目的集成创新，只要掌握了集成创新模型及其要领，一切困难都将迎刃而解。又例如笔记本电脑的新品设计：戴尔公司的产品几乎家喻户晓，集成设计就是戴尔电脑的一大特征。虽然除了外壳人们几乎找不到戴尔自己生产的零部件，但是在时尚的外观内部却集成了市场上各种过硬的零部件及其最佳匹配方式。集成创新使得戴尔公司总能够走在市场流行的潮头，以最小的运营成本获得最高的市场利润。

3.4.3 集成型创新的适用空间

集成型创新不仅适用于技术领域还适用于人类创新活动的一切方面。这是因为系统性是事物存在的基本特性，只要创新对象或其成果具有系统性特征，就是集成型创新的用武之地。

在组织与管理领域的创新活动，由于所涉及的创新对象和内容都与系统相关。组织属于系统构建，管理属于系统运行控制。无论组织还是管理，也不论其对象与内容所涉及的是人员、物质，还是财务、信息，所追求的都将是效能最大化。为了这一"最大化"的目标，改变系统构成方式，或者增加、减少、替换系统构成要素，都是组织与管理创新的常用方法。众所周知的田忌赛马故事，讲的就是改变结构创新的成功案例。

集成型创新在组织与管理创新活动中的应用，同样遵循上述集成型创新模型所示的路线图。首先是确定创新目标，其次是进行目标分解，明确相应的系统构成要素，继之对每一构成要素列出不同选项，再根据每一级目标要求进行结构匹配，最终形成整个目标系统的创新方案。

例如，大学生创业活动中，创业团队的建设属于组织创新。这里不是私人关系密切就一定能成为一个优秀团队，而是有利于创新、创业能力最大化的人组成的团队才是优秀创业团队。发起人可以在数以千计不同专业背景的同学之中选择创业伙伴，组建创业团队。这个组建创业团队的过程，就是一个人员及其能力集成的过程。新企业的创立和运行，既包括组织创新也包含管理创新。就企业组织而言，经典的组织形式包括经理及办事机构、产品研发机构、生产机构、市场营销机构、原材料供给机构和财务部门等。经调查研究发现，每一个组成部分在不同企业又有不同的组织形式和运行方式。创业者在企业策划之时，就可以从这些不同的组织形式和运行方式之中选择适合自己创业目标要求的选项，通过系统集成形成自己的企划方案。例如，初创时期的小微企业组织和运营规划，可从研发机构的多种选项中选择外包或开源设计；生产可以选择代工形式，营销可以选择网络营销，原材料供给同样选择代购（因为生产已为代工），财务可以选择代理，等等。这样就形成一种最简单的组织及其运行模式。这就是由总经理、综合办公室和网络信息平台构成整个企业。总经理制定产品及其开发、生产和营销目标，综合办公室利用网络信息平台组织开源设计或者外包，组织代工生产，组织网络营销，以及会计代理做账，并将财务报表提交总经理。这样的企业不存在蓝领职工，只有在写字楼中办公的少数白领职工就够了。

在学术研究方面，不论自然科学还是哲学、社会科学，后人的研究总离不开前人的研究基础。因此，前人关于同一个问题的不同研究成果及其构成要素，对于后人而言都可作为系统集成的要素选项，进而通过集成型创新获得新的研究成果。在论文写作、社会活动计划以及人生规划方面，同样可以通过集成型创新，写出好文章，做出新贡献，活出精彩人生。

小结

理解自主创新概念只需掌握"三个自主"，即项目自主规划、过程自主控制和成果自主支配。自主创新及其成果可分为：原创型、改进型和集成型三大类。原创型创新一般存在两种类型：一种是整个功能系统满足全新的使用价值需要，即全新问题或功能目标的创新成果；另一种则是相对于确定的功能或问题采用新的原理设计新的结构，即原创性结构创新。改进型创新存在三种情况：一种是针对更高需求目标通过结构系统构成要素的加减实现系统的整体创新；二是通过替换原有结构系统中的某些要素（部件或零件）实现系统的整体创新；三是改变原有系统中各个要素之间的关系，即改变系统结构实现系统整体的改进。集成型创新是基于知识产权法的有关保护期限的规定，选择原有技术要素实现新的功能系统结构的创新目标。其中三个关键环节：创新目标、结构设计和要素选择。要素选择的前提是产权规避。规避产权的方法是进行专利检索即查新。前两种类型主要用于新产品设计，集成型创新则多用于复杂的设备和工程创新。加、减、乘、除和换元是改进型创新的 5 种最为适用有效的方法。掌握了这些改进创新方法，就等于拥有了应对绝大多数创新任务的本领。

? 思 考 题

1. 自主创新的判断标准是什么？
2. 自主创新的分型是什么？
3. 说明原始创新与原创型创新之间的关系。
4. 原始创新成果能否成为集成型创新的集成要素？
5. 说明原创型创新与改进型创新之间的关系。
6. 集成型创新如何正确处理产权约束问题？

7. 改进型创新如何处理局部改进与整体改进的关系？

8. 改进型创新之中能否包含原创型创新？

9. 集成型创新的主要用途是什么？

10. 分别针对原创型、改进型和集成型三种创新类型整理一则案例。

11. 分别说出加、减、乘、除与换元创新方法的要领并举例。

第 4 章　创意思维

创意思维在整个创新活动中具有"第一性"的作用。没有创意，创新活动的一切前期工作都将无功而返；没有创意，一切创新成果都将无从谈起。创意是创新思维的成果，创意思维也称作创新思维。创意思维能力，是一个人创新能力高低的重要标志。在一定意义上讲，学会创意思维，就等于学会了创新。

4.1　创意思维及其主要特征

创新是人的主观见之于客观的过程。创新能力是人作用于客观世界的一种高级能力，因此，创意思维在创新能力结构中占有主导性地位。在创新能力评价中，其创意思维能力的高低具有一票否决的作用。创意思维的主体是个人，尽管群体效应会增强人们的创意思维能力，但创新组织，乃至创新型国家建设都是以个人作为最小单位的，因此研究人的创意思维的特征与本质、规律与方法，对于提升组织，甚至国家的创新能力都是非常重要的一项基础性课题。

4.1.1　创意思维的基本特征

所谓创意思维，是指人们在创新实践中以提出新创意为直接目的的思维过程，以及所采取的各种有效思维方式和方法的总称。

按照人们认识事物的一般规律，即由现象到本质，由外在特征到内在认识规律，对于创意思维的认识不妨也从其主要特征开始。创意思维的基本特征（如图 4-1 所示）及其逻辑关系是由创新活动的一般过程及其本质所决定的。

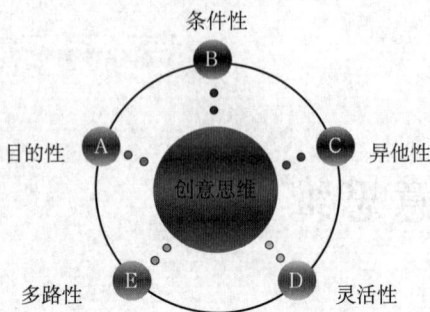

图 4 - 1　创意思维的基本特征

1. 目的性

目的性是创意思维最为显著的特征之一。创新活动的目的性决定了创意思维的目的性。创意思维的目的性决定了其方向性和"经济性"。漫无目的的胡思乱想，虽然也有可能产生出有价值的新创意，但却不是创意思维的一般特征。换言之，创意思维是指为实现特定创新目的的思维，创意是实现特定目的的创意。如我国最新研制的"航母杀手"，即地效无人机，其设计目的是突破航母的防护网，针对航母探测雷达的超低空盲区，实现对敌方航母及水面舰船的有效打击。其创意就是利用地效飞行器原理设计掠海（1～6 m 高）无人轰炸机。

2. 条件性

条件性特征是由实现创新目标的条件性所决定的。这里的条件性是指，实现使用价值或功能目标所需的使用条件和技术条件。因此，与其在给出许许多多天花乱坠的创意中选择最适恰的，不如从一开始就基于其适恰性，立足于实现条件和运行条件进行创意思维更加经济可靠。例如，上述地效无人机设计的创意思维条件是突破利用舰船雷达探测的超低空盲区。又如，家用灭蚊器的创意思维条件是"生态、环保、体积小、无噪声"等。这里的条件主要是指目标用户对创新项目的使用环境、运行介质以及各种特殊性能方面的要求，如空间尺度、颜色、味道、安全、舒适、操控、防水、防撞、防腐等要求，以及运行介质方面如空气、液体、沙石、毒气、真空等。条件越是明确，创意的可行性和可靠性将越高。当然，苛刻的条件会使得创意思维的难度变高。

3. 异他性

异他性是创意的新颖性的保证。这里所称的"异他"，主要是指针对确定的创新目的，在创新思路、方法，特别是最终形成的创意上不同于他人的已有成果。上述所讲地效无人机的设计，其异他性表现为，不同于已有的所谓航母杀手，如超高声速飞行器、可变轨飞行器及多弹头导弹等的设计思路及其最终创新成果。

4. 灵活性

灵活性特征，是指尽管实现创新目标需要人们具有自信、执着和坚持精神，但是在如何实现目标的创意思维过程中也要善于有条件地改变思考角度和思路，灵活运用不同的思维方法和技巧，不能一条道走到黑。例如现代教学用具的创新，不能够只对黑板和粉笔做文章，这就有了来自计算机辅助设计（CAD）、计算机辅助制造（CAM）的新思路，新创意即计算机辅助教学（CAI 多媒体）。

5. 多路性

多路性是其灵活性的基础，也是创意思维效率的保证。这是因为针对确定的创新目标，不同的思路可以产生不同的创意。对于创新目标的实现而言，不同的创意可以是殊途同归，也可以最终形成多种型号的产品。例如，面对夏季蚊虫叮咬对人体健康造成危害这一普遍而日久弥新的问题，我们可以从"杀""驱""防""抗"等四大思路中任选其一进行思考，也可以从四个方面同时思考，提出一个或一系列"杀""驱""防""抗"蚊虫叮咬新产品的设计创意。

创意思维的五大特征之中蕴含着进行创新思维的五大原则。这就是坚持目的性原则，可以使你少走弯路，提高创意的效率；坚持条件性原则，可以使你的创意更有针对性和实用性；坚持异他性原则，可以使你的创意能够保证新颖性；坚持灵活性原则，可以提高创意思维乃至创新的效率；坚持多路性原则，不仅可以提高你的创意数量，而且能够保证创意的质量。坚持这五项原则，是理解创意思维，进而真正学会创意思维的理论和实践基础。

4.1.2　创意思维的本质

知识产权法所规定的评价创新成果的三个标准：新颖性、先进性和实用性。其中新颖性是必要条件，先进性和实用性属于充分条件。失去了新颖性，任何创新成果都将不能成立。创新成果的新颖性，体现在该成果发布或发表之前，没有与其相同的成果被公开发表或使用过，也不曾记载于相关历史文件之中。正如火药、造纸术、印刷术和指南针，这是中国古代著名的四大发明成果，并记载于中外历史文化资料之中。不论运用何种语言及何种形式描述这四大发明，也没有人会认为，更不会有任何机构承认这是你的创新成果，因为其内容的实质已经不具备新颖性了。但是，如果能够使用火药驱动机器发明一种火药发动机，或者像西方国家率先利用火药发明了各种战争武器，则都属于创新成果。

中国古代四大发明中的火药早已被赋予了新的内涵，指南针已经被各种导航技术所取代，造纸术和印刷术也已经实现了现代化。古代的四大发明已经变成今天相应的四大新技术群，其中昭示出创新的本质，那就是"变"。在思维中求变，就是创意思维；在实践中求变，就是创新活动。

从理论上讲，创意思维的目的或职能，是产生针对确定创新目标和条件的新创意，这就决定了创意思维的本质是"求变"和"求异"。

所谓"求变"和"求异"，都是相对于一定的参照系而言的。所谓参照系，是指一定范围、一定行业、一定的检索系统。因此，所谓"求变"和"求异"，是指针对一定参照系内的相应参照物的"变"或"异"。这里所谓参照物，是指同创新目标和条件相同、相近、相似的已有创新成果。

大家对当下正在风靡全国乃至世界的共享单车一定不会陌生。许多城市都曾经试行过政府投放出租自行车，结果时间不长就不了了之了。今天的共享单车创业成功，首先是引入了信息技术，改变了经营模式和盈利模式；其次是自行车技术方面的改变，如难以打开的车锁、不用打气的车胎及简单可靠的车架结构等。这些改变，改变了人们的出行方式，改变了城市的交通结构，更重要的是改变了人们的生活方式和生活环境。改变即求异，变好即为创新。"共享"，目前已经成为一种创新理念，正在向人们生活的各种可能的领域扩散。已经出现的创业项目之中，就有共享汽车（杭州）、共享雨伞（北京）、共享图书等。用不了多久，这一理念就会扩散到更多方面，一个"共享时代"即将来临。

4.1.3　创意思维的前提是思维创新

创意思维需要思维创新，不创新就难以得到不同于他人的新创意。虽然创意思维的本质是求变，但是由于"变化"总是相对的，使得创意思维同样具有相对性。同样的目的和条件，不同的思维可以得出不同的创意；同一种思维方法用于不同的目的和条件，同样可以得出不同的创意。创新成果的新颖性，要求创意思维必须以思维创新为前提。只有思维创新才可能产生具有新颖性的创新成果。

思维的新颖性，在于针对相同的创新目标和条件，选择不同于已有的思路和方法，提出不同于已有的新创意。因此。思维创新，是指针对确定的创新目标和条件，选择不同于已有的思路和方法，提出不同于已有成果的新创意，取得新成果的创意思维过程。

思维创新的主要内容包括思维的路径、方向、方式、方法和技巧。因此，思维创新的主要方式就有思维路径、方向、方式、方法和技巧的创新。由于创新的本质同样适用于思维，所以思维创新就是要针对同一个问题或其他确定的创新目标，改变他人或竞争对手的思维路径、方向、方式、方法或技巧，才能够保证所提出的创意具备新颖性。

一个简单的例子是，将共享单车的"共享"理念引入大学校园，改变学生每门课程都需要买教材，而课程考试结束就要卖废品的现象，同时改变校方发放教材的固有模式，这就形成了"共享教材"的新创意。作为一个创业项目的实施，不仅可以为学生节约大量学习成本，还有利于生态文明建设，当然还有创业者的不菲收入了。

4.2 创意思维的四种规律

世界上任何偶然性现象背后总有其必然性规律，解决任何个别问题，实现具体创新目标的创意思维同样存在着一般性规律。通过大量个案研究和理论分析发现创意思维的一般规律，甚至比获得一项重大创新成果更加重要。当然，这本身就是一项重大成果。

创意思维的一般规律，可以是思考创新问题的一般程式，也可以是思考创新问题的一般思路。这里所谓创意思维的四种规律，主要是指创意思维的四种基本路径，即正向思维、反向思维、合向思维与横向思维。其中，每一种思维规律都有其适用条件，其有效性在于根据其适用条件进行选择的正确性。

4.2.1 正向思维

正向思维中的"正"字包含"众""常""惯"等意思。因此，正向思维也就有从众思维、常规思维与习惯思维之意。所谓"高、大、上，全、靓、惠，厚、宽、远，智、久、强"等都属于正向思维的目标。

所谓正向思维，是指遵循事物发展进化的普遍规律及人们的普遍追求，以优化和超越前人为目的，沿着由小到大、由简到繁、由粗到精、由低级到高级、由不适应到适应用户更高要求的方向进行思考，寻求新创意的思维路径和方法。[1]

正向思维，既反映了事物发展变化的普遍规律，又反映了人们解决任何问题时作为首选的思维方式和方法。"高、大、上，全、靓、惠，厚、宽、远，智、久、强"这 12 个关键字，反映了社会上每一个人通常追求的目标，这就要求作为创新主体的每一位创新创业者，要想创造出具有更高价值的创新成果，其创意思维的首选思路和方法必然是正向思维。

正向思维是改进型创新中常用的思路和方法。在具体应用过程中，首先要明确两个要素，这就是原型和目标。目标的设定又总是考虑两个因素，即客户对于"高、大、上，全、靓、惠，厚、宽、远，智、久、强"中某一方面的要求，以及原型相应的现实状态或

---

[1] 魏发辰. 创新实践论. 北京：北京交通大学出版社，2010：20.

水平。这里的正向思维体现的将是一个"更"字，即如何才能创造出比原型品质更高、用途更大更广、更上档次、性能更全面、外观更靓丽、价格更实惠、适应范围更宽泛、利润更丰厚、技术更超前、做功更智能、寿命更长久、竞争力更强劲等。为了这个"更"的实现，进一步运用所学专业知识，针对更高目标要求，通过增加系统要素提出最终实现新的功能系统的创新方案，即新创意。

不论技术整体的一般发展还是任何单项技术的发展历史，都能够给出正向思维的很好诠释。从人类技术的一般发展历史来看，第一次技术革命使得人类生产实现了机械化，即由机器代替人的手工劳动；第二次技术革命使得人类生产实现了电气化，使得机器系统增加了电动力和电控制，从而使得人类生产摆脱体力劳动成为可能；第三次技术革命使得机器做功系统增加了电子计算机，使得人类生产实现了自动化；目前正在进行的第四次技术革命，则是将信息网络技术和智能控制技术引入机器做功系统，使得人类社会正在全面进入智能化时代。

几乎每一项技术都曾经或正在经历着人们对它的正向思维创新。小到人们的日常生活用品，大到铁路机车、航天飞机、宇宙飞船，它们今天的状态或水平大多都是人们正向思维创新的成果，同时又是今天及未来人们进行相关正向思维创新的原型。如人们每天都离不开的牙刷，针对人们进行牙齿保健的更高要求，以及智能化的社会特征要求，我们可以在电动牙刷基础上进行智能化设计，使人们只要将牙刷放进嘴里，就能够有重点无死角的将牙齿表面以及缝隙中的污垢彻底清除掉。如今航天器运载火箭的进一步创新目标，则是增加自检、自测、自修复功能，通过智能化提高其发射和运行的可靠性。不论你拥有哪个方面的专业知识，不论你从事什么职业，也不论你面临的是什么创新问题，掌握正向思维方法，基本上都可以使你轻松获得新创意。

正向思维在不同领域创新实践中的应用形式和内涵或许有所不同，但其本质却是相同的。如在科学领域，提高理论的概括程度，扩大其适用范围；在技术领域，增加系统构成要素，提高其性能、实用性，满足客户更高的审美要求；在创业与经营领域，增加要素和资本投入，扩大产能，拓展市场，提高利润；在社会治理领域，全面深化改革，扩大政策覆盖面，惠及更多民生，提升执政透明度，让权力在阳光下运行，等等。

4.2.2 反向思维

有正就会有反。有正向思维就会有反向思维。虽然反向思维是相对于正向思维而言的另一种创意思维的路径和方法，但却在内涵上不能简单地从正向思维的反面去理解。这就需要对反向思维的内涵与外延给出比较精确的定义。

所谓反向思维也可称为逆向思维，是指针对确定的创新问题或创新目标，从已有创新思路的相反方向上选择新思路，寻求新创意的思维路径和方法。图 4-2 所示为反向思维模型。理解反向思维的关键，在于明白这里指的"反向"或"逆向"是相对于已有习惯及通常、众人思考同一问题的思维方向而言的逆方向或反方向，绝不能够理解为创新目标的反方向或逆方向。如果我们通过反义词来选择逆向或反向思路，这个反义词也是指反映已有思路关键词的反义词，如正与负，薄与厚，宽与窄，长与短，大与小，多与少，高与矮，肥与瘦，白与黑，头与尾，前与后，男与女，老与少，动与静，天与地，阴与阳，简与繁，轻与重，吸引与排斥，化合与分解，系统与要素，正反馈与负反馈，遗传与变异，进化与退化，等等。

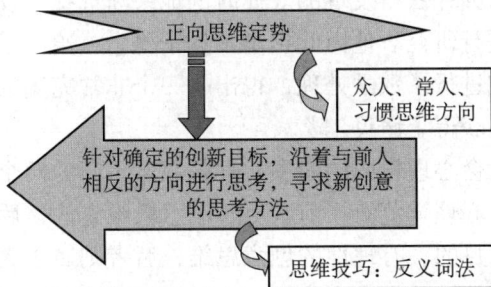

图 4-2　反向思维模型

任何一种思路或方法都有其适用范围和条件，适用其应用条件的选择才是正确的选择。不适用其应用条件的照搬照抄，那就是哲学中所讲的典型的形而上学了。反向或逆向思维的适用条件是，针对确定的问题或创新目标，通过综合研究发现，众人共同的思路不能很好地解决问题，用专业人员惯常的思路不能或难以实现目标，用自己习惯的正向思路也不能产生令人满意的创意。由于从众心理和思维习惯，使得本该灵活的创意思维被禁锢。此时，谁能够率先选择反向或逆向思维思考问题，往往能够产生出人意料的新创意，甚至捷足先登获得超越他人、超越时代的创新成果。

汤姆逊发现电子，普朗克创立量子力学并先后获得诺贝尔奖，其发现过程闪烁的就是反向思维之光。这两项改变人类文明发现方向的重大发现，都出自 19 世纪末人们关于光和热及射线的研究。汤姆逊面对同行们大多都在依据惠更斯关于光的波动学说对阴极射线进行深入研究，并获得大量科学发现，如伦琴发现 X 射线，贝克勒尔发现天然放射性，居里夫人发现镭元素等。可是，关于光的本质理论，当时除了惠更斯的波动学说以外，还有牛顿所提出的粒子流学说，并且两种学说争论不休、尚未达成统一的认识。粒子说和波动说之间的矛盾反映在人们对于阴极射线的研究上就形成了相互矛盾的两种创新思路。汤姆逊就是在这种情况下，针对众人所采取的波动说思路，果断地选择了粒子说思路，这就是与众人的研究思路正好相反，即反向思路。他在进行思考，如果阴极射线是一种带电的粒子流，这就意味着存在既带电量又有质量的粒子。汤姆逊通过实验测定给出了带电粒子的荷质比，并由此发现了质量比原子更小的粒子，即电子。基于这一发现，汤姆逊提出了第一个原子结构模型，即葡萄干面包模型或西瓜模型。

普朗克发现量子，创立量子力学，与汤姆逊发现电子的创新思路极其相似，同样属于反向思路创新的典型案例。所不同的是，普朗克不是在研究阴极射线，而是在研究能量辐射的过程中提出量子学说的。当时，研究热辐射的热度不亚于研究阴极射线的热度。在研究热辐射问题上，已经有维恩、瑞利－金斯先后提出了波长分布密度公式，只不过都不够精确，而且在紫外部分统统失效。普朗克研究前人的思路发现他们都是沿着惠更斯的观点，基于波动理论进行研究并获得发现的。此时的他果断选择了反向思路进行思考，即从能量辐射的粒子性方面进行研究。他由此提出了量子概念，给出了普朗克常数，并将维恩和瑞利－金斯的两个公式进行了数学处理，得出了一个非常完美的波长分布密度公式，并由此创立了量子力学，还获得了诺贝尔奖。

反向或逆向思维与社会心理学中的逆反心理是截然不同的两个概念。前者属于创意思维学范畴，后者属于社会心理学范畴；前者属于创意思维方法，后者则属于青春期心理现象；前者属于有计划、有目的、有理性的创意思维，后者则属于无计划、无目的、缺少理性的心理反应；前者在创新活动中常常能够提出超级新颖的创意，获得意想不到的创新成果，而后者则往往是青少年犯错误甚至走向犯罪的心理根源。这就告诉我们，反向思维的本质用途不是单纯的标新立异，而是实现理性的创新目的。如果不能实现预期目的就要及时放弃努力，这就是常说的，能够拿得起也要能够放得下。

4.2.3　合向思维

合向，顾名思义是相对于两个以上已有思路的方向而言的。就像没有两个以上分力就谈不上合力一样，合向思维是基于已知解决同一个问题或者实现同样创新目标的多种思路，站在巨人肩上创造超级巨人的一种创意思维路径或方法。确切地讲，合向思维是指针对既定创新目标，以优势综合为直接目的，在前人（已有）思路的合方向上选择新思路，寻求新创意的思维方式或方法。①

1999 年，美国福布斯和英国 BBC，不约而同地发起了千年伟人的评选活动，其结果又出现了一个"不约而同"，这就是有五个历史人物同时出现在这两个版本之中。他们是牛顿、马克思、普朗克、罗斯福和邓小平。他们对世界文明发展的贡献各不相同，而做出贡献的方法论却惊人的一致。其中所展现的就是这种神奇方法，即合向思维。

---

① 魏发辰. 创新实践论. 北京：北京交通大学出版社，2010：23.

牛顿将开普勒的天体运行三定律与伽利略的宏观物体运动规律等 8 个力学定律相融合，最终发现万有引力定律；马克思与恩格斯将黑格尔哲学体系中的辩证法与费尔巴哈哲学中的唯物论相融合，并经过自然科学及社会历史等方面的事实证明，最终创立辩证唯物主义哲学理论；普朗克将维恩和瑞利 - 金斯的热能辐射波长分布密度公式相融合，提出了普朗克公式，从而创立量子力学；罗斯福将资本主义自由市场经济模式与社会主义计划经济模式相融合，有效改变了资本主义世界经济运行模式，摆脱了长期以来周期性的大危机规律，挽救了即将"垂死"的资本主义世界；邓小平则是在此前单纯计划经济模式中引入市场经济因素，提出了社会主义市场经济理论，为社会主义世界的发展探索出了一条发展之路、富强之路。

合向思维为什么能够产生超常的新创意？人们常说，三人之行必有吾师，兄弟合力可以断金，三个臭皮匠胜过诸葛亮，和为贵，天地合气万物自生，等等。这些名句之中无不蕴含着合向思维能够产生超常新创意的道理。我们在大学物理中学过合力大于两分力的规律；在化学中学过化合反应原理，不同物质间通过化合反应可以生成新的化学物质；在生物学中学过种间杂交可以产生新的生物种类等。这些科学知识之中同样蕴含着通过合向思维认识自然与社会，创造新理论，发现新事物，设计新产品等创意思维的规律。

合向思维的应用条件相对较为苛刻。一是相对于确定的问题或者创新目标，至少存在两种以上解题思路或者创新设计思路，否则就不存在运用合向思维进行创新思考的可能性；二是现存创新思路或者解题思路虽然能够实现创新目标或解决问题，但其结果却存在某些不能令人满意的方面，如功能、性能、成本及适用性等；三是现有不同解题或者创新设计思路所规定的成果形式在性能上各有优势且往往相互矛盾，甚至于难以调和；四是创新目标或其所包含的各种主要参量的设定一定要高于已有同类成果，否则就不能保证创新成果的先进性。选择合向思维的有效性及可靠性，就在于其对于应用条件的适恰性。

积极主动运用合向思维方法，又可分为两种情况：一是先有创新目标，通过检索并综合研究选择基型，进而进行合向思考产生新创意；二是在改进型创新过程中，为了改进某种现有前人的创新成果，而通过检索并综合研究选择基型，特别是选择拟改进对象的竞争对手作为基型，进而进行合向思考产生新创意。不论哪一种情形，都必须考虑上述四个应用条件，否则很难实现预期创新目标。不论哪种情况，均可通过合向思维流程（见图 4 - 3）进行理解和掌握。

创新目标的选择是创新活动的第一步，根据创新活动的计划性，没有创新目标的创新活动都是不成立的。合向思维的目的主要是针对确定问题，在已有理论或观点基础上提出新理论或新观点；针对确定的市场需求，在已有技术（产品）基础上创造新技术或新产

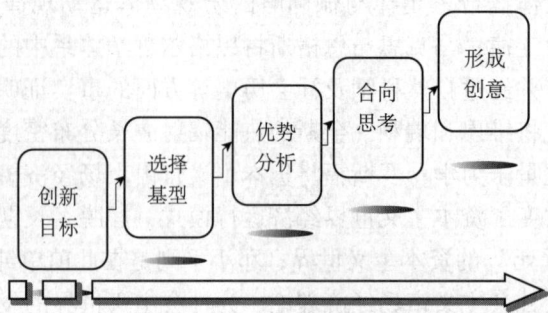

图 4-3 合向思维流程

品。因此，合向思维创新目标的选择，一定是在原有相应成果的先进性、实用性和可靠性等指标基础上有一个质的提升，如功能扩展、性能和可靠性提升一个数量级，等等。

牛顿曾经说过，如果说我比别人看得更远些，是因为我站在巨人肩上的缘故。合向思维过程中的选择基型，其实质就是选择"巨人"，即通过信息检索，从已有相应的理论观点或技术形式中选择最新颖、先进、实用、可靠的几种。

优势综合是合向思维创新的主要特征和基本原则，只有将基型的各种优势加以有效综合，并赋予一种新的存在形式，才能形成新知识或新技术，才是合向思维创新的最终目的。优势综合的前提是优势分析。这就是通过对备选基型的各项性能进行比较分析，从中找到性能最优且互斥但却是用户所需要的已有成果，才能最终确定为基型。

合向思维创新的理论根据是，所选基型所具备的性能优势一定有其内在根据，即都会反映在其结构、原理或外观上。因此，合向思维的基本方向不外乎结构、原理和外观三个要素之间的交叉或融合，如结构和结构、结构和原理、结构与外观等（其具体可能的方式至少存在9种）。值得注意的是，交叉、融合不等于两者简单组合或者相加，而是系统整合。当然，检验标准是知识产权法的相关规定。

创新方案表达，根据创新目标和内容的不同，必然具有不同的表达方式。如：理论创新——新观念、新思想、新理论（论文、报告）；政策法规创新——新政策、新法规、新条例；技术的创新——新产品、新工艺、新流程、新设备、新标准等；管理创新——新规划、新计划、新战略、新模式。例如，皮卡是轿车与卡车的功能组合；航天飞机属于火箭与飞机的垂飞与平飞功能的组合，等等。

4.2.4 横向思维

常言道，他山之石可以攻玉。这其中道出了人类有史以来创新文化的精华，道出了横向思维创新深厚的实践根基。横向思维的理论根据源于大千世界事物之间所存在的各种相似性和相近性，及其由此产生的各种因果关系。正是由于这种关系才产生了各种各样的类和同。如相似结构往往会有相似的功能，相似的外形往往会有相似的性能，相似的原理往往会形成相似的结构等。横向思维在创新活动中的神奇效能，在于其能够打破各种专业壁垒以及各种思维定式，从而产生新创意。

所谓横向思维，是指根据客观事物之间所存在的各种相似性和相近性，及其由此产生的各种因果关系，在创新目标所规定的领域或专业之外寻找新创意的思路或方法。如根据鸟儿和飞机飞行介质的相同，参照鸟儿的结构和外形设计飞机；又如根据鱼儿和潜水器的运动介质的相同，参照鱼儿的结构和外形设计潜艇；再如人们根据动物和禽类的巢穴结构和外形进行建筑物设计等，不胜枚举。

横向思维的常用方式即类比思维。也就是根据一事物与他事物在某一方面的相似或相同特性，对其他方面存在相似或相同特性的可能性做出判断的思维方式或方法。常用的情况包括根据两事物之间结构相似、相同类比其功能，根据其构成要素相近类比其性能，根据运动介质相同、相近类比其原理和外形，等等。仿生工程就是建立在横向思维类比设计基础上的。北京的几个标志性建筑几乎都具有仿生的印记，都是横向思维创新的经典。这其中包括大家耳熟能详的国家体育馆（鸟巢）、国家大剧院（鸟蛋）、中央电视台（鸟腿）及中华世纪坛（鸟嘴）等。今天，人类正在进入智能化时代。所谓智能化，就是将人的某些智能赋予技术系统，使其能够替代以前只有人才能做到的事情。在机器系统设计中从人类身上寻找创意，这正是横向思维大行其道的一个崭新时代的显著特征。

横向思维同样可以借助于流程图来理解和运用（见图 4 - 4）。联想是横向思维的第一步，即针对创新目标所规定的功能、性能、外观等，已知运用本领域、本专业同仁或前辈们曾经的创新思路很难超越竞争对手，通过相似、接近或对比联想，到其他相邻或不相邻的领域或专业，寻找并选择具有相似、相近或相同功能、性能或外观的已有技术系统或创新成果以及自然物种作为类比对象或类比物。类比是横向思维的关键步骤，即根据自己的创新目标与类比物在功能、性能、外观等方面的相同、相似或相近关系，参照类比物的结构和原理及其运行环境等，思考自己创新目标的实现方式，也就是将类比对象功能、性能及外观的实现方式转移到自己创新目标的实现上来。新创意的产生就是这种转移的成功实现，即通过适恰性论证形成完整的具有系统性的实现创新目标的方式或方案。

例如，在远程战略轰炸机的设计方面，享誉世界的图 - 160 战略轰炸机，气动外形设计创意源自白天鹅。设计师针对远程轰炸机载弹量大且航程远的设计要求，联想到白天鹅的生物特性，即体型大且飞行距离远，将其气动外形及其空气动力特性转移到远程轰炸机的设计上来，这就形成了这款"空中美男子"，如图 4 - 5 所示。

正、反、合、横四种创新思路虽然不能穷尽创新思路的所有可能性，但却足以应对创

图4-4　横向思维流程

图4-5　图-160战略轰炸机与白天鹅

新实践中解决各种问题的需要。每一种创新思路都有其应用条件,不同的创新目标要求和实现条件的不同,要求我们采用不同的思路进行创新思考,不论针对什么样的问题或者设计目标,提出新的创意将变得轻而易举。

4.3　创意思维的基本方法

创意思维的方法,是根据创意思维的基本规律,针对不同的创新对象及其条件和性质开发的,更具可操作性的,直接用于提出新创意的思维方式和技巧。这里主要介绍辐射、辐辏思维方法,水平思考法,十字思考法及灵感思维方法等。

4.3.1　辐射思维方法

辐射思维方法,是指基于某一个源知识,以辐射状的思路思考并将其用于不同场所,解决不同问题或实现不同创新目标的思路或方法。这里所谓源知识,可以是我们所学过的也可以是我们没有学过但可以查到的某一科学原理、某一技术原理、某一功能系统的结构原理或外观,还可以是某一经验、某一现象、某一自然规律,甚至于某一梦想等。辐射状思路，就好像在我们的思想中，根据其源知识的某一属性，将其同各种可能的创新需求相联系，由此形成的众多思路呈辐射状分布。当我们沿着这种辐射状思路依次进行深入思考的时候，就会产生出众多的新创意，辐射思维模型如图 4 - 6 所示。①

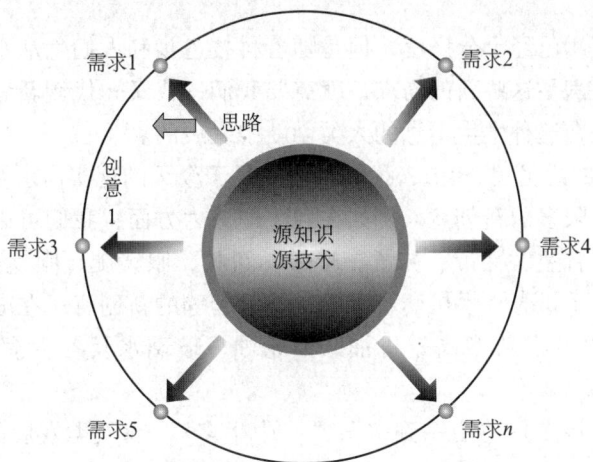

图 4 - 6　辐射思维模型

中学物理课教材中给出了关于摩擦力的明确概念，即两个互相接触的物体，当它们发生相对运动或有相对运动的趋势时，在接触面上会产生一种阻碍相对运动的力，这种力就叫作摩擦力。摩擦力的存在需具备四个条件：

① 物体间相互接触；
② 物体间相互挤压；
③ 物体接触面粗糙；
④ 物体间有相对运动或相对运动趋势。

摩擦力分为静摩擦力、滚动摩擦力、滑动摩擦力三种。从其存在的意义来说，还可分为有用摩擦力和无用摩擦力。有用摩擦力是指为了减缓物体间相对运动及其趋势而需要增加摩擦力的情况。无用摩擦力是指为增强物体间相对运动及其趋势而需要减少摩擦力的情况。

如果我们将"摩擦力"作为源知识，通过辐射思维不仅可以更好地理解其广泛用途，还可以进一步提出无穷多的新创意。在既有的利用摩擦力的方式和方法中，仅仅在每一个人的身上就能举出很多种，如鞋底、鞋垫、鞋带、袜子、腰带、纽扣，眼镜腿、眼镜架、发卡、皮筋儿、夹子、书包、钱包、手机壳、手机套、手机包、手套等，这些都是在恰当

① 魏发辰. 创新实践论. 北京：北京交通大学出版社，2010：33.

利用摩擦力为我们的生活、学习和工作服务，即满足我们的需要。看看公路上的汽车，其流线的外形、旋转的车轮、滚动的轴承，以及其日常保养所用的机油（润滑油）、齿轮油、玻璃水等，都是在用于减少或限制摩擦力的作用，以提高汽车的行驶速度并延长其使用寿命。

尽管摩擦力的应用已经十分广泛，但是随着科技进步和人们生活水平的提高，各种新的需求将不断涌现。满足这些新的需求，就需要我们一代又一代创新者的不断创新思考和行动。人类文明就是在这种生生不息的人类创新中发展的。

同样是以"摩擦力"为源知识，我们可以立足于今天的现实需求及其需求趋势，通过辐射思维方法提出无限多的新创意。例如在利用摩擦力方面，我们可以提出利用新型材料开发新型防滑鞋底、鞋垫、鞋带、袜子、腰带、纽扣，眼镜腿、眼镜架、发卡、皮筋儿、夹子、书包、钱包、手机壳、手机套、手机包、手套等的新创意；在减少摩擦力方面我们可以提出引入新技术开发新型高效机油、齿轮油、玻璃水及各种润滑油、润滑剂等新创意。

辐射思维的显著特点是"由一到多""一中生多"。在人类发展的每一个历史时期，人们所能掌握的知识是相对有限的，可是人们总能够用于解决无限多的问题，开发出几乎无限多的产品。这既是辐射思维这一点特点的彰显，又是辐射思维方法具有无限用武之地的实践依据。辐射思维有用性和有效性的理论依据在于，世间所存在的因果关系之中的一个原因往往可以产生出无限多结果的客观实在性。其具体表现形式诸如，一种结构可以开发出多种功能，一种原理可以设计出多种结构，一种方法可以解决多种问题，一种理论可以解释多种现象等。学会了辐射思维方法就等于激活了我们所学的各种知识，拓展了我们的创新视野，从而使我们的创新能力获得质的提升。

辐射思维方法的应用条件主要分为两种情况：一是有创新欲望却没有具体创新目标，选择何种源知识并不确定；二是具有确定的源知识，如针对一项成功的创新设计进行系列化开发创新。在第一种情况下，对于源知识的选择具有一定的任意性，自由度很大，既可以是自己所拥有的知识，也可以是某一最新或流行的知识，如诺贝尔奖成果等。在第二种情况下，源知识是确定的，具体创新目标虽然不确定但却具有一定的方向，这就是源知识的固有属性所知的方向。如前述摩擦力的属性是阻止物体间相对运动的趋势，凡属需要减少摩擦力或者提高摩擦力的需求问题均可以根据摩擦定律来解决。

辐射思维的操作流程可以通过图4-6所示的辐射思维模型来掌握。首先选择并确定源知识，并尽可能深入了解其属性；其次是根据其属性选择创新目标；再次将源知识同创新目标相联系形成创新思路；最后沿着既定思路进行创新思考直到形成新创意。作为实习，第一步我们不妨选择激光作为源知识进行辐射思维创新。第二步研究激光的属性，发现其具有"五高"特性，即高相干、高能量、高集中度、高纯度、高热度等。据此我们可以选择需要这"五高"属性的某些市场需求，如通信、打孔、切割、焊接、烧蚀、警示、指示等方面。第三步，将激光机器属性同这些需求相联系就形成了一个个创新思路，如激光通信、激光打孔、激光切割、激光焊接、激光烧蚀、激光警示、激光指示、激光医疗、激光育种等。第四步，沿着这些思路进行创新思考，不仅已经形成了激光通信、激光打孔、激光切割、激光焊接、激光烧蚀、激光警示、激光指示、激光医疗、激光育种技术等庞大的技术群，还可以提出无穷多的新创意。

4.3.2　辐辏思维方法

辐辏与辐射互为反义，彼此是对方的反义词。因此，当我们理解辐辏思维的时候可以借助辐射思维来理解。诸如辐射思维的特点是一中求多、由一到多，辐辏思维必然是多中求一、从多到一；辐射思维是从源知识出发思考其各种应用形式创新的可能性，辐辏思维则是从多种知识出发思考解决统一问题或实现同一目标的最佳方式等。如果要给出一种相对确切的定义，可以用以下方式表述。

辐辏思维，是指针对明确的创新对象与目标，转换不同的角度，根据不同的知识或技术背景，以多种不同的思路进行思考，提出尽可能多的新创意的思维方法。[①]

显然，辐辏思维方法的应用过程是：首先明确创新目标或者要解决的问题；其次是选择不同专业知识包括理论知识和经验知识；再次依次将不同的专业知识同创新目标建立联系，形成创新思路；最后沿着每一条思路进行创新思考，提出实现创新目标的新创意。图4－7或许可以帮助我们对辐辏思维流程形成形象记忆。为了深入理解辐辏思维流程，真正学会其应用，我们不妨通过实例来给予进一步诠释。

比如有这样一个现实问题，即在新农村建设过程中，人们不希望改变祖辈遗留下来的建造习惯，一般喜欢砖木结构或石木结构甚至土木结构。然而目前的状况是，一般树木不论国有、集体还是私有栽培都列入了国家保护范围，不允许任意砍伐了，而传统的木结构中所使用的房梁还必须是由生长几十年的树木制作，解决该问题的途径只能是改变房屋结构，或者引入新型建材。这里需要解决的问题就是设计一种适合新农村改造需要的，既能够满足其强度、韧性（刚性和弹性）要求，又能够满足外形审美和仿古需要，能够充当房梁使用的新型建材。采用前面所介绍的合向思维方法我们很容易会想到"钢木复合"材料。这个创意的确具有可行性。我国钢产量世界第一，而且市场价格很便宜，小尺度的木材同样既便宜又好采购。这就出现了一个最好用辐辏思维来解决的问题，"如何将钢材与木材复合在一起形成钢木复合材料"。

① 魏发辰. 创新实践论. 北京：北京交通大学出版社，2010：28.

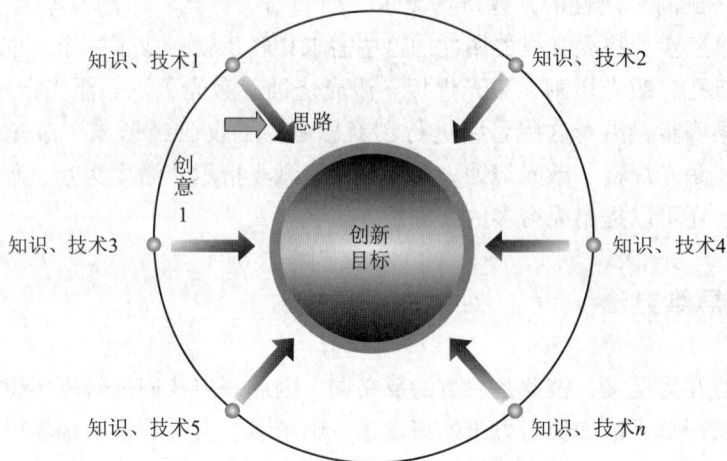

图 4 - 7　辐辏思维模型

　　问题或目标已经确定，下一步就是选择专业知识了。理工科院校目前的专业之中似乎只有机械、化工、物理、土木等专业可以为我们提供适合的知识，我们就以这几个专业背景知识思考当前的问题。第三步是联系专业知识与创新目标形成一个个创新思路，这就有机械复合、化工复合、土木复合思路等。第四步是分别沿着这些思路进行创新思考，看看能否形成尽可能多的新创意。

　　① 机械复合思路：可以通过钢材包木材、木材包钢材、钢木铆合等方式实现钢木复合房梁制作。

　　② 化工复合思路：因钢木之间无法形成化学反应，但可以通过化学黏合剂实现钢木复合房梁制作。

　　③ 土木复合思路：可以通过钢筋水泥包木材、木材包钢筋水泥、钢木铆合等方式实现钢木复合房梁制作。

　　这三类创意目前有的已经被采用，如钢木铆合房梁，有的有待试验检验和成本评估。通过这一实例希望大家能够更好地理解和掌握辐辏思维方法，提升我们的创意思维能力。

　　如果说辐射思维的理论根据在于现实世界存在的，同一原因可能产生多个结果的客观规律，那么辐辏思维的理论依据就是一种结果的出现可能存在多种原因的客观现实。若用系统概念来表述，那就是一种功能可以通过多种不同的结构和原理来实现。可是在现实的创新活动中，人们往往由于社会和历史的原因形成不同程度的思维定式，致使后人总是习惯于按照前人的思路进行思考，总是抓住一点不及其余地一条路走到黑，直到发现此路不通之时方肯更张易辙、另寻其他思路。这样不仅很难保证形成最佳创意，还可能贻误战机，错过最好商机。

4.3.3　水平思考法

　　水平思考法是英国心理学家爱德华·德·博诺博士（Dr Edward de Bono）所倡导的广告创意思考法。水平思维法是相对垂直思维（逻辑思维）而言的。他把以逻辑与数学为代表的传统思维模式称为垂直思维。他认为这种思维模式最根本的特点是：根据前提一步步地推导，既不能逾越，也不允许出现步骤上的错误。虽然归纳与演绎等，都是非常重要的思维方法，但如果一个人只会运用垂直思维一种方法，他就不可能有创造性。爱德华·德·博诺博士所谓的水平思维，不是强调过多地考虑事物的确定性，而是考虑它多种选择的可能性；关心的不是完善旧观点，而是如何提出新观点；不是一味地追求正确性，而是追求丰富性。① 显然，水平思考法同样是追求创意的数量，希望通过提高创意的数量实现高质量的创意。

　　其实水平思考法属于人们常用的发散式思维概念范畴。在思考问题时摆脱已有知识和旧的经验约束，充分发挥自己的想象力，灵活运用各种思维方法和技巧，冲破常规，提出富有创造性的见解、观点和方案才是水平思考法的本质或目的。尽管在解决问题或实现创新目标的最初阶段，广开思路、追求创意数量是十分必要的，但是这种思维的任意性和无规则性不仅与"方法"二字相悖，同样也相悖于创新理性和效率原则。在这个意义上讲，水平思考法不应该属于方法而是一种创新理念。作为一种创新理念，他告诉我们创新思维需要异想天开。令人欣慰的是，爱德华·德·博诺博士的《六顶思考帽》一书新颖有效地解决了所谓水平思维的方法问题。关于"六顶思考帽"将在 4.4.3 节给出详细诠释。

4.3.4　十字思考法

　　研究表明，不论创新还是创业，任何创新活动不外乎提出问题和解决问题，只不过这里所指的问题必须是新问题，所指的解决问题即便不是新问题也必须是解决问题的新创意。不论哪一种情况，新问题或新创意的提出都离不开思考，离不开思考方法。虽然思考与否取决于主体的处事态度，但提出问题和解决问题的效率及水平却往往取决于思考方法的选择和运用。逻辑学和辩证法为人们提供了思考问题的一般方法，然而，在创新活动已经成为当前社会各个层面活动的主流和趋势的情况下，探讨有效的创意思维方法就显得十分必要。十字思考法，是在微观层面针对当前开展"众创"活动的现实需要，基于对英国剑桥创意思维基金会主席爱德华·德·博诺博士水平思考法的质疑和思考而提出的一种新

---

① 博诺. 水平思考法. 冯杨，译. 太原：山西人民出版社，2008：7 - 12.

的创意思维方法，并由于该方法是在纵横两个思维路径的交叉点上获得创意而得名。期望通过对十字思考法的提出、释义、操作及其应用的可靠性和广泛性给予详细论述，能够对于促进我国宏观"众创"活动的开展及微观层面从事"众创"活动的团队和个人取得更多创新成果有所益处。

1. 十字思考法的提出

不论创新还是创业都离不开一个"创"字。严格意义上讲，经济领域的创业、科学领域的发现、技术领域的发明、社会领域的改革甚至革命等，都属于创新范畴。尽管分属于不同领域的创新活动由于对象、条件、目标及评价标准各不相同，但其共同本质却是相同的，这就是求变、求新。针对具体对象或目标，如何求变，怎样求新，首先就是提出相应创意。这里体现的是人的主观能动作用。人们在创新欲望的驱使之下，针对确定的对象或目标进行变异思考提出创意，继之通过一系列技术性工作使创意变成现实的创新成果。在这一创新过程中，不难看出创意思维具有"第一性"的作用。因此，通过创意思维产生创意的效率对于整个创新过程至关重要。

所谓创意思维，可以概括为在创新活动中用于提出新创意的各种思维方式和方法、技巧的总称。因此，在创新活动中任何一种具体思考方法都不具有排他性，但却存在一定意义上的"适恰性"问题。换句话说，即每种方法都有其适用条件和范围，针对确定的目标或问题只有最适应、最恰当方法的运用才能提出最佳的创意。那么，是否存在某种适恰性最广泛的思考方法呢？通常的逻辑思维方法和非逻辑思维方法，如归纳、演绎、类比、联想、想象和灵感等方法，虽然均可在创新活动的不同阶段中发挥一定的作用，但它们都属于战术层面的思维方法而不是在战略层面直接产生新创意的思考方法。当我们突破传统思维方法的禁锢，将创新思考方法作为研究对象的时候，关于新的创新思考法的创意就会展现在眼前。

"十字思考法"是在研究了半个多世纪以来不同国家的学者对创意思维研究的成果，以及所提出的不同创新思考方法的基础上，选择当今世界上最负盛名的创意思维研究大师，以"创意思维之父"著称的英国的专家爱德华·德·博诺的"水平思考法"为创新对象，并用其"水平思考法"结合如何最有效地满足新产品设计的"三性"标准问题，思考"水平思考法"本身而产生最初的创意，后经20多年在教学与科研中进行拓展实验，最终完善定型的一种可以用于当前众创活动各个领域的有效方法。

爱德华·德·博诺是创造性思考和把思考作为技能直接教授，且在相关领域内德高望重的世界性权威。他所提出的"水平思考法"和"六顶思考帽"等，在世界创新领域的影响之大甚至超乎想象。他提出的"水平思考法"又称平行思考法。他把人们习以为常的逻辑思考看作是一种垂直思考法。他认为垂直思考法追求的是逻辑的合理性与结论的确定性及可靠性，而产生新创意的创新思维却往往是非逻辑的，追求的是可能性而不是必然性和确定性。牛津英文大辞典中将"水平思考法"解释为"以非正统的方式或者显然地非逻辑的方式来寻求解决问题的方法"。博诺博士自己的解释是："垂直思考就是把同一个洞越挖越深，而水平思考则是在别的地方另挖一个洞。"虽然博诺博士并未否定或排斥逻辑思考对于创意思维的效用，但却认为二者不能够相容于创意思维的同一个阶段。他这样写道："在运用垂直思考时，逻辑控制着整个思维，而运用水平思考时，逻辑只是处于待命状态。"[①] 显然，博诺博士主张水平思考对于创意思维具有决定性作用，这一点在他的《六顶思考帽》一书中可以得到印证。

所谓"六顶思考帽"是指主体在思考创新问题时，虚拟自己强制或者被强制头戴六顶不同颜色的帽子，并以每一种帽子颜色所规定的视角思考问题，因而提出不少于 6 种新创意的思考方法。这样思考问题，的确能够有效贯彻水平思考的原则，也能够提出具有一定量的新创意。尽管这种以"量"求"质"的策略在很多情况下能够实现创新目的，但是根据经济理性原则，不论水平思考法还是作为其变种形式的六顶思考帽，都不会是为实现创新目标而进行创意思维活动的最佳路径。

当我们运用"水平思考法"思考其本身如何更具有实用性的时候，一种新的创意就会油然而生，这就是"双管齐下"。亦即变"垂直"和"水平"两种思考方法在博诺那里的互不相融为互相融合，或许能够形成一种更加经济、快捷且有效的创新思考方法。

众所周知，在技术创新领域，新产品设计与开发的基本目标之一是获得专利权。《中华人民共和国专利法》第二章第二十二条规定："授予专利权的发明和实用新型，应当具备新颖性、创造性和实用性。"

新颖性，是指该发明或者实用新型不属于现有技术；也没有任何单位或者个人就同样的发明或者实用新型在申请日以前向国务院专利行政部门提出过申请，并记载在申请日以后公布的专利申请文件或者公告的专利文件中。

创造性，是指与现有技术相比，该发明具有突出的实质性特点和显著的进步，该实用新型具有实质性特点和进步。

实用性，是指该发明或者实用新型能够制造或者使用，并且能够产生积极效果。

新产品设计与开发方法的研究必须以能够同时满足这"三性"目标为标准。那么，运用"水平思考法"能够同时满足这"三性"标准吗？答案是，如果离开逻辑思考，只凭水平思考法能够满足创意的新颖性要求，却无论如何也不能够保证创意的先进性和实用性。这是因为任何技术形态的创新都必须遵循技术进化规律。根据其进化规律选择创新方向，寻求新的创意才能满足其先进性的要求。同时，其实用性要求创意的提出必须符合市场需求变化的逻辑。显然，水平思考法对于技术创新并不是最好的思考方法。最好的方法

---

① 博诺. 六顶思考帽. 冯杨，译. 北京：北京科学技术出版社，2004：14.

应该是垂直思考与水平思考的有机结合，这就是十字思考法的提出。

有创新才有发展，人类一切文明发展的历史在各个方面都可以证明这一道理。这就是说，人们的创新活动并非只有技术的创新，而是普遍存在于人类一切能动性的社会活动之中。这一创新思考方法的提出虽然是基于技术的创新，但却同样适用于各种性质的创新、创业活动，即"众创活动"。如果仅就技术创新领域分析不能使人产生窥斑见豹的共识，那么本书还将给出这一思考方法广泛适用性的进一步论证。

2. 十字思考法及其思维操作[①]

十字思考法由两条纵横交叉的思路构成，又可称为纵横思考法。其横向思路相当于博诺的水平思考法，但又有所不同，而其纵向思路则相当于通常所谓垂直思考法亦即逻辑思考法。这里的横向思路之所以不同于博诺的水平思考法，是因为后者只考虑了各种可能性而不考虑其必然性，容易满足思考结果的新颖性，却偏离解决问题的可靠性与实用性要求。因此，十字思考法中的横向思路是指在相关基础科学、技术基础和市场（社会）现实需求的横断面上，思考解决问题或产生新创意的各种可能性，如图 4-8 所示。在这个平台上思考而产生的任何创意，必然能够满足创新成果所要求的实用性和可靠性。其中以相关科学发展水平为依据能够保证创意的合理性和先进性，技术基础则是提出创意可靠性的保证，而市场或社会需求则保证了创意的实用性。

这里的纵向思路包含两层含义而并非仅仅是严格意义上的逻辑思考。除了由一般到个别的演绎推理，和由个别到一般的归纳推理等逻辑方法之外，该方法更注重的是创新对象发展的历史逻辑，亦即其发展规律和发展趋势。这样沿着创新对象发展的历史规律进行思考，提出符合其发展趋势的新创意既可满足创新成果的先进性，又可满足其新颖性。在这样纵横两条思路的交叉点上产生的新创意既实现了创新对象的创新必然性与可能性的统一，又是任何创意具备创新成果"三性"标准的保证。

顾名思义，十字思考法的具体运用或思维操作过程是在创新对象或问题确定的情况下，从纵横两个方向思考，并在其交叉点上提出新创意。其具体操作过程为先纵向思考后横向思考，最后通过交叉思考提出新创意。纵向思考的要素和时序为：创新对象演变发展的历史、规律、趋势；横向思考的要素和时序为：同实现创新目标相关的最新科学知识、技术手段和市场需求。这样产生的新创意必然是根据创新对象演变发展的历史规律与未来趋势，应用相关科学发展新成果，采用先进技术手段，提出满足当前现实或潜在市场需求的新创意。

运用上述操作时序，不仅可以解释任何成功的创新案例，同样可以针对任何创新目标

---

① 魏发辰. 十字思考法的创新理路及其在"众创"活动中的应用. 北京交通大学学报（社会科学版），2016（2）：125.

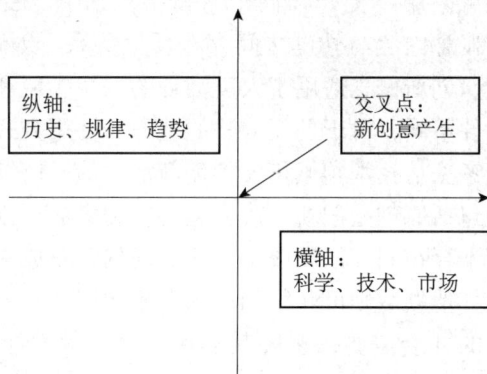

图 4 - 8　十字思考法示意图

提出新的创意。在技术创新领域，以我国自主设计，于 2013 年 12 月 2 日凌晨 1 时 30 分发射升空，并于北京时间 12 月 15 日 4 时 35 分与嫦娥三号着陆器分离，顺利驶抵月球表面的"玉兔号"巡视器即玉兔号月球车设计为例，纵向思考，就是通过研究苏联和美国曾经成功落月运行的月球车设计的共同特点及演变趋势，从中确定创新设计的方向。这就是更加智能化，同时还要提升其通过能力、生存能力及其运行的可靠性，完成更高难度的探月任务。为此玉兔号在车轮设计上采取类似美苏的丝网状车轮，采用数量介于美苏之间的 6 轮独立驱动底盘结构，采用多用途包裹式折叠太阳能帆板设计，以及最为重要的信息处理与控制模块。横向思考，即基于当前最先进的科学知识和技术手段，实现更高的探月目标。这就是采用智能系统设计理念和智能机器人技术，通过照相及多种传感技术（包括全景相机、红外成像光谱仪、测月雷达、粒子激发 X 射线谱仪等），计算机与信息控制技术，以及核电池技术，实现自主导航、自我保护及自主工作和休息，因而能够完成美苏登月所没有完成的探月任务，如测月雷达可以测月球表面以下 30 米深土壤层的结构和 100 米深的次表层结构，等等。在这纵横交叉思考中所产生的就是我国具有自主知识产权，既体现月球车的发展趋势，又具有更高的科技含量，能够实现更高目标要求的"玉兔号月球车"设计和实施方案。

3. 十字思考法在"众创"领域应用的普遍性

新产品设计与开发仅仅是人类创新活动的一个方面。十字思考法的效用若能够拓展到人类创新活动的其他领域，特别是当前的"众创活动"，必将进一步提升其理论价值和实践价值。这里首先需要讨论的问题是，不论何种领域，人类创新活动的本质是否相同；其次是其他领域创新对象的性质和特点是否同新产品设计与开发的对象相同或相似；最后，是在其他领域创新成果评价标准与技术领域对新产品、新工艺等创新成果的评价标准是否一致。

创新活动的本质内涵可以用"变好"两个字概括，其中"变"是过程，"好"是结果。因此根据形式逻辑中概念内涵与外延之间存在反比关系，创新概念的外延极其广泛，近乎无穷大。这就意味着，创新概念适用于人类活动的一切领域和方面。尽管由于人们的创新对象不同，创新的条件不同，对于创新方法的选择和使用方式也会有所变化。创新概念的一般性，为将十字思考法从技术领域拓展到创新活动的一切领域提供了可能。

目前公认的创新类型包括原创型创新、改进型创新和集成型创新三大类。原创型创新是指，相对于创新目标，不存在同样创新成果，所实现的创新成果属于初次发表，在技术领域可以申请发明专利，其他领域则可获得相应的自主知识产权。改进型创新是指针对已有创新成果，为了适应新的社会需要，拓展其功用，改善其性能，或完善其结构而进行的，对其系统结构或其构成要素的改进。集成型创新是指对于复杂的工程项目或创新目标，通过应用成熟技术模块集成，实现新的系统构建的创新模式。这三种创新类型适用于人类创新活动的各个领域，只要十字思考法对于这三种创新类型有效，就意味着其存在普遍推广的可能性。

十字思考法用于原创型创新，不论创新对象属于何种学科或专业领域，针对新的创新目标，没有同样的创新成果存在并不意味着没有相似、相近的创新成果存在，据其发展规律和趋势即可找到创新的方向和路径。改进型和集成型创新，更是不能割断创新对象发展的历史，甚至违背其历史发展规律和趋势。这些都是由科技发展的继承性所决定的。至于横向思路要求站在时代的前沿，采用新知识、新技术，满足新的市场需要，既是"与时俱进"的具体应用，更是创新成果先进性的客观要求。从理论上讲，十字思考法既然可以用于创新的三大类型，而这三大类型又是对人类创新活动完备性的概括，那么十字思考法对于一般创新活动的普遍适用性论证就只剩下创新实践了。

马克思主义理论体系及其构成部分的创立与创新，可以看作是对十字思考法在哲学、社会学及经济研究领域运用的一种诠释。列宁关于《马克思主义的三个来源和三个组成部分》一文提示我们，马克思主义哲学的创立，是在研究西方哲学发展的历史，认识到哲学的发展同科学发展之间的相互关系，进而基于德国古典哲学最新成果，即黑格尔与费尔巴哈的哲学理论，以及19世纪的自然科学成就而形成的更具有科学性的哲学理论。马克思的政治经济学说，是采用辩证唯物主义哲学方法论，建立在研究资本主义经济发展的历史与现实，以及英国古典政治经济学理论基础上的。科学社会主义理论，更是基于历史唯物论原理，研究之前350年间众多社会主义思想家们的思想观点，特别是与经典作家同时代的欧文、傅里叶和圣西门的社会主义思想，而形成的创新成果。马克思主义理论中国化的历史进程中，从毛泽东思想、邓小平理论到习近平的众多理论论述，几乎每一项具体思想成果的形成都可以用十字思考法给出解释。

创业本质上属于创新活动范畴。由于市场充满竞争，并遵循"适者生存"、优胜劣汰的铁律，创业的成功意味着在市场竞争中取胜，其中必然包含创业者先人一步或高人一筹的创新历程。不论传统市场还是新兴市场，不论竞争激烈与否，也不论创业者提供的产品是有形还是无形，是软性还是硬性，都必须满足市场需求。只有准确把握产品发展规律、市场需求及其发展趋势的人才能具有创业成功的可能。如果创业者所提供的产品能够反映新的科学与技术发展水平，即具备了先进性与可靠性，他就获得了一半的成功机会。

理论的科学性可以通过解释相关现象和预测其未来发展变化来证明。一种新方法的科学性同样可以通过解释现象和实际应用作出判断。十字思考法不仅在创新领域经得起科学性检验，在创业方面也不会存在特殊性。每天都在上演的企业生生死死的案例浩如烟海。尽管创业者创业成功的经验各不相同，但是他们赖以成功的关键因素，一定可以通过十字思考法得到解释。反过来讲，如果创业者所开发或者选择的产品不能满足市场或潜在市场的需求，无论如何是不可能获得创业成功的。如果创业者提供的产品即便属于当前市场所需，但却缺乏科学技术含量及新颖性和先进性，同样会因为缺乏市场竞争力而归于失败。在创业过程中的其他因素也同样如此。

至于十字思考法在创业中应用的可行性和有效性，不妨通过思考现实问题来说明。譬如在工业化进程中出现的大气污染问题越来越受到人们的关注，可是作为个人要避免雾霾之类的侵害所能够做的防护措施，只有不出门或者出门戴口罩。通过互联网搜索可以看到关于口罩购买或者自制口罩的信息有 64 页之多。这就说明市场对口罩之类个人防护用品具有巨大的市场需求。我们不妨以口罩的生产营销为主营业务作为创业目标。用十字思考法，根据创业过程的几个关键要素进行思考提出创业方案。关于产品定位，从口罩的发展历史寻找其规律并推断其发展趋势，这就是保暖、过滤、防止细菌侵入等多重功能；相关科学知识、技术平台和市场需求分析，可以查询到各种滤芯、滤膜、$PM_{2.5}$、主要有害细菌大小及特点，特别是人们对多功能口罩的需求。这两条思路的交叉点，即利用超滤膜等技术针对不同需求群体开发多功能口罩新产品。关于企业的运营模式，同样的思考方法可以提出"个性化定制＋互联网营销"方案。关于公司命名，团队建设、资源整合、融资方式等，均可用十字思考法提出理想方案。

十字思考法是适用于一切创新活动中寻求更好创意的思维方法。值得指出的是，当它被用于科学认知过程的时候，只限于对认知方式和方法的创新从而提高认知的效率，而不能够改变认知结果。这是因为，科学认知过程是一种主观反映客观的过程，其结果是不以任何人的主观意志为转移的客观事实的发现，或者客观规律的发现。

4. 十字思考法在学术论文写作中的应用

学术论文写作的本质不是写作本身，而是对创新成果的产生、论证及其价值的表述过程。依据撰写国际论文的格式规定，不论什么论文题目，文章的第一部分必须是关于该论题的研究综述。通过综述找到创新方向，指出该文研究重点和主要内容。这里的创新方向在哪里？只有对该论题的相关研究历史和发展规律有一个准确的认识，才能把握其未来的研究趋势，选择正确的创新方向。这就是十字思考法中的纵向思考。学术论文或者专著所必须满足的先进性、实用性和可靠性要求，可以通过横向思考，采用最新相关理论、研究方法以及技术手段得到保证。

在 19 世纪末的物理学领域关于热辐射问题的研究中，普朗克通过研究维恩和瑞利－金斯的密度公式及其研究思路（纵向）产生了将两种公式（指数与分数型）进行混合来解决二者所存在的互斥性缺陷，即一个在长波方向准确而在短波方向近似，另一个正好相反问题的创意，进而提出了将一个公式乘以另一个的倒数的解决方式。他最终的成功，又是在此基础上根据牛顿的"粒子"说理论进而提出量子概念，成功完成了他完美的密度公式，解决了维恩和瑞利－金斯公式存在的缺陷即著名的"紫外灾难"，不仅由此获得诺贝尔奖，还创立了量子力学，使物理学甚至人类文明进入了量子时代。

在经济学或者工商管理领域，自从 2001 年诺贝尔经济学奖由乔治·阿克洛夫、迈克尔·斯宾塞和约瑟夫·斯蒂格利茨共同提出关于信息不对称理论以来，人们在研究农产品、金融服务、价格定位、生产率、工资谈判、劳动力市场，以及消费品和广告业的某些运行机制等问题时，对该理论的应用一时间成了其成果先进性的一种标志。从正反两方面应用该原理解决相关问题的学术论文不计其数，甚至几乎所有涉及博弈性的问题都会采用该理论给予解释，或者提出解决问题的新创意。与此同时，解决此类问题的数学工具和计算机软件，如博弈论、计量经济学、运筹学方法以及相应的数字分析软件的广泛采用，为解决此类问题提供了可靠性保证。这种近乎模式化的研究正是十字思考法中横向思路应用的体现。

在工程技术领域的论文写作中，不论其主题是关于技术原理的发现、新产品、工艺的发明还是工程系统的设计，居于首位的是新创意的表述。创意的新颖性主要表现在其应用了某种新知识，采用了某种新技术，设计了某种新结构；或者采用了某种新方法，开发了某种新用途，满足了那些市场需求，等等。这正是十字思考法所要求的横轴所规定思考的内容。要表达研究成果的先进性、实用性与可靠性，离不开同历史和现实中相应技术的比较分析，这正是十字思考法所要求的纵轴所规定思考的内容。因此，按照十字思考法的纵横两个维度来表述创意及其提出过程，不仅逻辑清晰而且同时可以将其新颖性、先进性和可行性、可靠性展示无遗。

当我们对一篇学术论文或者博士论文、硕士论文给出评价的时候，同样可以采用十字思考法，从纵向评价其对前人成果的理解和对历史规律及发展趋势的把握，来判断其论题的新颖性、思路的合理性及创意的可行性；从横向评价其采用相关原理、研究方法以及技术手段的先进性；进而从整体上判断其结论的可靠性。因此，十字思考法，不仅可以用于不同领域不同层面的学术研究，还可以广泛用于学术论文的撰写与评价。

　　总之，十字思考法的提出，虽然是针对爱德华·德·博诺的水平思考法产生的新创意，但却是基于作者 30 年来对不同领域大量创新案例的研究，以及指导学生进行课题研究和众创活动的经验进行理论提升的结果。该方法不仅适用于技术创新领域，同样适用于自然科学、社会科学、管理科学乃至社会管理工程等领域，及其不同层面的众创活动。希望该方法的提出能为目前大众创业、万众创新的社会实践提供更高效率的创新思维工具，进而为国家实施创新驱动发展战略贡献一份力量。

4.3.5　灵感思维方法

　　灵感是一种思维现象，是人脑结构所具有的特殊功能。从其概念的表达用词就可以知道这种思维现象所具有的某种神秘性。这里的"灵"，往往使人联想到神灵，其"感"字也会使人联想到感应。因此灵感常常会被理解为某种神灵感应。正是这种概念表达所带来的神秘性，往往使人望而却步。然而，当我们解开其由于概念表达所赋予的神秘面纱，站在科学技术的坐标下进行深入研究的时候，就会发现它所具有的创新思维本质。

　　1. 关于灵感特征和本质的不同观点

　　灵感作为人的一种思维现象，既然存在，就必然引起人们的关注、思考和探究。近代以来，随着科学发展，相关学科的研究者从不同角度对这一思维现象进行研究，由此形成了不同的观点。归纳起来存在以下几种。

　　（1）灵感不是一种思维过程，其来去无踪，可遇不可求，只能意会不可言传，神秘莫测。

　　（2）既然是"灵感"，就一定与外在的某种神灵有关，属于来自于某种神灵的感应或启示的结果。

　　（3）灵感是人的一种思维现象，其机理有待脑科学的发展来解开其神秘性。

　　（4）灵感是人脑的一种潜意识功能，与人的愿望和追求相关。

　　（5）灵感是人脑的机能，是对客观事物的一种反应。

　　（6）灵感是人的一种非逻辑的思维现象。

　　（7）灵感是非理性的，不受人的理性所支配的，亦即不能够有计划地实现的。

　　根据上述观点，灵感只能欣赏、崇拜、渴望和等待，就像是镜中花、水中月，不存在任何实用性，更不可能成为一种创新思维的使用方法。经过深入研究发现，得出这一结论实在是为时尚早。基于多学科理论进行分析，我们终于得出了这样的结论，即灵感是人脑的一种机能，是人的潜意识思维和显意识思维协同作用的过程，因此也是超越显意识思维能力的一种思维形式。灵感思维虽然具有一定的非逻辑性，但其是受主体理性所支配的。也就是说，灵感是非逻辑的，但并非是非理性的。这一理论研究的突破，为我们研究其机理，探讨其用途找到了理论根据，更增添了自信。

2. 灵感的发生机制

灵感的发生机制是人的潜意识思维和显意识思维功能的协同作用。这种协同作用是通过思维主体的自我心理暗示实现的。我们知道，灵感的产生意味着某种创意的产生，而创意都是针对具体创新目标或问题的创意。因此，灵感的发生是有条件的，这就是创新目标以及实现目标的欲望，具备实现目标的相关知识，对前人或竞争对手实现相关目标的思路和方式方法进行深入了解，否则再高明的技巧也无济于事。理性运用灵感思维的关键是思维主体的自我心理暗示。所谓心理暗示，即不加张扬，只是口对心、心对口地告诉自己，要解决的问题或要实现的创新目标及其重要性、必要性和紧迫性。这对于启动自己的潜意识思维功能至关重要。此外还有一个能量让渡问题。因为思维是脑物质的运动，同样需要能量，而能量守恒定律告诉我们，潜意识和显意识思维所需要的能量综合是一个常数，主体只有理性的让渡能量给潜意识思维，才能够发挥其作用。能量让渡的方式可以多种多样，但必须是身心两方面的让渡，如睡觉或休闲性活动就是有效的让渡方式和方法。①

3. 灵感思维过程

（1）目标明确。这里的目标是指具体的创新目标，如新技术或新产品设计目标、解决新问题（如科学认知问题、组织管理问题，以及创新创业过程各个环节所遇到的各式各样的具体问题），也可以是生产、生活、学习等方面各种目标及其实现问题。没有明确的目标，就不会有灵感的产生。灵感都是具体的，不存在抽象的、没有具体内容的灵感。

（2）灵感准备即综合研究。有继承才有创新，创新是最好的继承方式。针对既定的创新目标，只有深入了解前人相关经验，掌握当代相关科技进展，才能汲取前人智慧，运用先进科技知识找到实现目标的最佳创意。这样从纵横两个维度进行资料研究的过程即通常所谓的研究综述。灵感思维不能脱俗，研究综述不能或缺，它是灵感思维产生创意的必要准备。此外，这一阶段如果能够轻易获得令人满意的创意，那么整个创意思维过程即可结束。这就是"杀鸡焉用宰牛刀"了。如若不能得到令己、令人满意的创意，就可以进入灵感思维的下一个环节。

（3）意识转换与自我暗示。"山重水复疑无路，柳暗花明又一村"是宋代诗人陆游的作品《游山西村》中的一句诗。这句诗恰好能够说明灵感思维应用的条件和目的。灵感的发生机制是潜意识思维和显意识思维的协同作用。"山重水复疑无路"可以看作是显意识思维无果的写照，亦即启动潜意识思维的条件。"柳暗花明又一村"正是启动潜意识思维的目的，即获得令人满意的新创意。这里将显意识思维转换为潜意识思维的过程叫作意识

---

① 魏发辰. 创新实践论. 北京：北京交通大学出版社，2010：43.

转换，其转换的方式方法就是自我心理暗示。自我心理暗示的具体内容包括两个方面，即获得新创意的重要性和紧迫性。把这两点告诫自己，一是给潜意识思维下达任务，二是下达完成任务的时间。

（4）能量让渡与潜意识思维。关于潜意识思维是怎样进行的，至今虽然没有解剖上的证据，但可以肯定的是它不仅同样遵循显意识思维的逻辑，而且更擅长横向联系和类比，能够将头脑中存储的知识非常灵活地与创新目标之间建立起联系，从而形成新颖的创意。然而，仅仅有了自我心理暗示还不足以有效启动潜意识思维，必须有一个能量让渡环节。主体只有暂时停止绞尽脑汁的显意识思维，同时尽量减少体力消耗，潜意识思维作为脑物质的运动才能够得到能量支持，才能够完成其所接受的任务。因此，适时启动潜意识思维，并保证其具有足够动能的，每个人根据自身工作和生活环境条件选择不同的能量让渡方式。虽然睡觉是最好的能量让渡方式，但也是在工作期间不能任意采取的方式，阅读和休闲是在工作时间可选择的有效方式。当然，每个人的能量让渡方式即启动潜意识思维的方式是可以通过自我训练，形成某种条件反射，一切就会变得极其简单了。

（5）灵感的产生与标记。潜意识思维的结果及其向显意识交接就是灵感的产生。灵感所具有的稍纵即逝的特点，就是潜意识思维将其结果以某种方式交给显意识思维的时候，后者未能及时接收和储存。因此，作为创意思维的主体，不论你、我还是其他任何人，都要给予足够重视。其切实有效的方法是做好记录或标记。借用巴普洛夫的名言："将留心意外之事作为自己的座右铭"，对我们掌握灵感思维方法是至关重要的。

过程和方法在一定意义上是同义语。只要我们能够掌握灵感思维过程及其各个环节，并照此要求不断训练自己，就能够掌握灵感思维方法。掌握了灵感思维方法，必然使得我们的创意能力大大提升，从而大大提高自己的创新活动能力和效率。

4. 灵感思维方法的应用范围

灵感作为一种创新思维方法，其应用范围涉及人类创新活动的一切领域。在科学领域提出新的科学假说，构建理论体系，设计实验方案；在技术领域设计新的产品及其结构、外观和商品化包装、装潢；在管理领域策划创业方案、制订创业计划以及解决创业活动各个环节的具体问题；在教育领域制订培养计划、设计教学方案、改进教学方法、改变教学样式、创新教学硬件和软件；在文学艺术领域提出项目或细节表达的新创意；在社会工作方面进行区域规划、项目策划和活动组织等提出新创意，等等。例如：阿基米德发现浮力定律，牛顿发现万有引力定律，吉列发明安全剃刀和新型自适应剃刀，我国现代航天领域专家设计"打水漂式"登月轨道，如此等等。灵感思维在人类古今创新、创业各个层面、各个领域的应用案例不胜枚举。

4.4　团队思维方法

创新民主化，创新创业团队化趋势使得团队思维成为引起更多关注的问题。我们关注的正是团队思维方法。关于团队思维方法，早在 20 世纪 40 年代就有人开始研究，最富影响力的莫过于美国创造学鼻祖奥斯本的头脑风暴法，以及由此开发并形成的具有不同国家特色的团队思考法，如 635 法和博诺的六顶思考帽。

4.4.1　头脑风暴法

头脑风暴（brainstorming）法，简称 BS 法，也有译本称其为智力激励法、智力碰撞法等。BS 法，是指由若干成员构成的创新团队，针对同一个创新目标，在激烈的思想碰撞中形成最佳创意的方法。

BS 法是由美国创造学家奥斯本于 1939 年首次提出，1953 年正式发表的一种激发创造性思维的方法。这种团队思维方法早期主要用于技术攻关和广告策划，继之扩散到创造性解决问题的各种不同场合，甚至扩散到教育领域，形成了各式各样的民主式教学方法。可以说，BS 法是团队思维方法的经典形式。

实践证明 BS 法是一种行之有效的团队思维方法，但其中的理论根据却很少有人关注。本书作者在其《创新实践论》一书中表达了自己的理论观点，这就是"智慧（思维）场效应"。[①] 他认为多个头脑同时思考同一个问题时，会产生一种类似电磁场的"场"效应。这就是：互相激励效应、互相启发效应和互相补充效应。只有形成了具有这三种效应的智慧或思维场，才能实现团队思维的高效率。因此，团队组织和思维过程的具体形式并不重要，重要的是能否形成思维场。正因如此，BS 法才会被开发出多种形式。

BS 法的两个基本原则：一是禁止一切批评性言论；二是以数量求质量（指创意的数量和质量）。[②] 前者保证每一位团队成员都能够得到尊重的同时充分发挥自己的创意思维能力。后一项原则是基于质量互变原理，针对同一个问题或者创新目标，只有保证创意的数量才能够得到高质量的创意。

BS 法的组织与实施方式：按照奥斯本的说法，BS 法的组织成员一般是 5～10 人，但

---

① 魏发辰. 创新实践论. 北京：北京交通大学出版社，2010：164.
② 格普泰，默赛. 工程设计方法引论. 魏发辰，译. 北京：国防工业出版社，1987：90.

7 人为最佳规模。其中一人为主持人，一人负责记录，但是所有人都是思想家。主持人负责交代问题并说明解决问题的意义，负责介绍已经准备的相关资料，还要负责掌控进程。记录员则负责全程记录，哪怕是最为荒唐的创意也要记录在案。全体成员按照主持人的要求，依次表达自己的创意，并且每次只讲一个创意。每一位成员不得对前任提出的创意进行任何评价，特别是具有贬义或批判性的评价，但是可以在前人创意的基础上通过改进提出自己的新创意。过程进行到多数成员"江郎才尽"时由主持人宣布结束。图 4-9 所示为 BS 法的实施流程，能够帮助我们更好地理解这种经典的头脑风暴法。

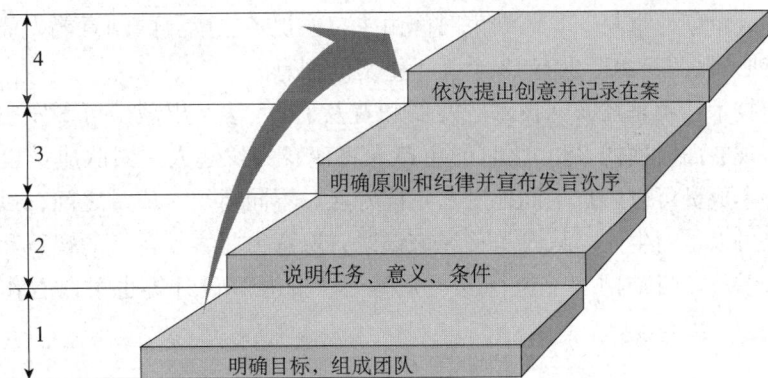

图 4-9　BS 法的实施流程

4.4.2　635 法

635 法是德国人基于 BS 法的基本原理，针对本国人善于沉思的民族特点，而开发的一种可用于非面对面的 BS 法。635 法中的"6"是指团队组成 6 人为佳；"3"是每人限时提出 3 个创意；"5"是每一轮次限时 5 分钟。①

635 法中的主持人可以是团队成员，也可以不是团队成员，但一定是团队的组织和领导者；团队成员可以是固定的也可以是临时组成的。635 法的实施过程（面对面）是：主持人将要解决的问题或创新目标对团队成员进行详尽阐述，并提供已经准备好的相关资料；要求每人在事先准备好的专用纸上在 5 分钟内写出 3 个相关创意，同时宣布计时开始时间。一个轮次结束之后，团队成员之间交换手中的创意纸，继之开始第二个轮次的创意时间，并重复第一个轮次过程。但是，每个成员在写下自己新的 3 个创意时，要事先认真看懂纸上已有的 3 个创意内容，这样才能既不重复自己曾经提出的 3 个创意，又不会与该

---

① 魏发辰 . 创新实践论 . 北京：北京交通大学出版社，2010：164.

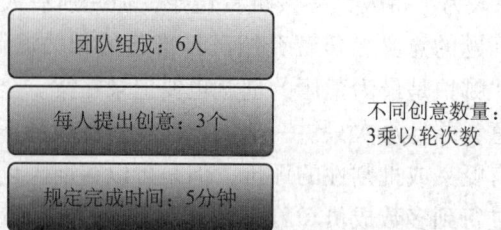

团队组成：6人

每人提出创意：3个

规定完成时间：5分钟

不同创意数量：
3乘以轮次数

图4-10　635法概念和用法

页之上别人的3个创意重复。具体结束时间由主持人视各位成员的创意能力而定。一般最多进行30分钟，保证获得至少有18个互不重复的创意。

随着通信技术特别是互联网技术的发展和普及，635法又出现了可开发空间，这就是利用互联网实现非面对面的BS。此时的主持人将变身为发起人，团队成员也将不受6人的限制，且各个成员可以来自不同地区、不同专业、不同组织。成员之间，以及成员和主持人之间甚至可以是陌生人。只要是关注该议题，愿意为此奉献自己的智慧和创意者皆可称为虚拟团队成员。目前网络上流行的"众筹""开源"设计等也可以看作是635法的变种。

4.4.3　六顶思考帽

六顶思考帽是英国学者爱德华·德·博诺博士开发的一种思维训练模式，或者说是一个全面思考问题的模型。它提供了"平行思维"的工具，避免将时间浪费在互相争执上。强调的是"能够成为什么"，而非"本身是什么"，是寻求一条向前发展的路，而不是争论谁对谁错。[①] 运用博诺的六顶思考帽，将会使混乱的思考变得更清晰，使团体中无意义的争论变成集思广益的创造，使每个人变得富有创造性。

六顶思考帽是用六顶不同颜色的帽子代表六种不同思考情景或角度。

● 白帽子：白色是中立而客观的，代表着事实和资讯。白帽子是中性的事实与数据帽，具有处理信息的功能。

● 黄帽子：黄色是乐观的，代表与逻辑相符合的正面观点。黄帽子是乐观帽，具有识别事物的积极因素的功能。

● 黑帽子：黑色是阴沉的颜色，意味着警示与批判。黑帽子是谨慎帽，具有发现事物的消极因素的功能。

---

① 博诺. 六顶思考帽. 冯杨，译. 北京：北京科学技术出版社，2004：14.

● 红帽子：红色是情感的色彩，代表感觉、直觉和预感。红帽子是情感帽，具有形成观点和感觉的功能。

● 绿帽子：绿色是春天的色彩，是创意的颜色。绿帽子是创造力之帽，具有创造解决问题的方法和思路的功能。

● 蓝帽子：蓝色是天空的颜色，笼罩四野，控制着事物的整个过程。蓝帽子是指挥帽，具有指挥其他帽子、管理整个思维进程的功能。

其实，六项思考帽与前文所讲辐辏思维方法有些接近，二者的关系如图 4 – 11 所示，只是前者属于团队思考方法，后只属于个人思考法。前者对团队成员思考同一问题的角度和作用给予限制和规定，而后者则可不受任何限制任意变换角色思考同一问题。同样用本书介绍的合向思维创新方法思考二者的关系，或许很容易产生一种新创意，即用六项思考帽进行辐辏思考，形成一种组合创意思考法。

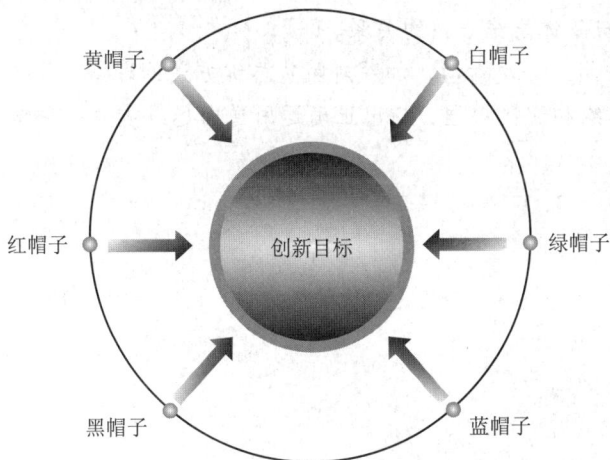

图 4 – 11　六项思考帽与辐辏思维的关系

小结

创意思维和创新思维属于同义语，都是指在创新活动中提出新创意的方式和方法。理解创意思维的 5 大特征是我们认识和掌握创意思维的第一步。理解和掌握创意思维的规律和方法才是我们讨论的目的。本章不仅讨论了创意思维的基本规律，还讨论了创意思维的若干具体方法，最后还介绍了几种适用于团队思考问题提出新创意的方法。掌握每一种方法的特征、原理、流程、应用范围虽然重要，但是进行应用尝试即在创意思维中学会创意思维更重要。每一种思维方法之间并非彼此孤立或互斥，而是可以联合使用的。创新实践中要根据具体创新问题选择最适用的思维方法，甚至在此基础之上开发新的创意思维方法。只要能够提出新创意的思维方式和方法都属于创意思维。

？思考题

1. 理解创意思维的基本特征和本质。
2. 掌握创意思维的四种规律。
3. 区别辐辏与辐射思维的概念和应用条件。
4. 正确区分水平思考法和十字思考法的含义与用途。
5. 认识灵感思维方法的特征，理解并掌握其"协同"机制和方法。
6. 理解团队思维方法的基本原理、规则和效率。
7. 思考团队思维方法的进一步开发。
8. 智慧场效应与集体思维方法的关系。
9. 尝试用 BS 法组织一次活动，加深对团队思维方法的理解。
10. 区分逆向思维和逆反心理，指出正确运用逆向思维方法的关键。

第5章 创业及其创新本质

"创业"与"创新"仅从字面上看，似乎二者的共同点只是一个"创"字。其实，它们之间不仅存在差别还存在本质的联系，创业属于创新的范畴，创新之中包含着创业，而且创新本身就是广义的创业。因此，当我们用心去理解创业、学习创业，并进一步投身创业实践的时候，就会知道离开了创新意识和创新思维及创新能力的创业都将一事无成。本章内容不是创新与创业的分水岭，而是创新理论与方法等知识在创业方面的延伸和应用。换言之，创业理论可以看作是应用创新学或创新应用学。

5.1 创业的基本含义

成家、立业自古以来都被看作是人生的两大基本任务。二者的统一常常被看作是人的幸福生活的标志。这里的成家，指的是组织家庭，可谓男大当婚女大当嫁。这既是人类种族繁衍的要求，又是文明社会的一种存在方式。所谓立业，指的就是创业。不论男女，既已成家，就不能继续依靠父辈的供养，而是需要开创属于自己的事业，以维持家庭生活，履行社会责任。这里"开创属于自己的事业"就是我们所谓的创业的基本含义。

5.1.1 创业的广义与狭义

任何一个科学概念都不是一成不变的，其内涵总是会随着实践的发展和时间的推移而不断丰富和演变的。今天，在经济学、管理学和教育学中，一般将"创业"理解和表述为创立新的企业，这也被看作是第一次创业。那些原有企业为了适应市场变化所进行的开拓新市场，推出新产品，以及在管理体制和管理制度方面的转型升级，也往往被看作是该企业的二次创业。这种将创业一词的内涵仅仅限于创立属于自己的企业的观点和理论，只能叫作狭义的创业。

广义创业不能够再用"企业"一词来表述，而需要用"事业"一词来表达。这就要回归到"成家立业"的本来意义，即用"开创属于自己的事业"来定义。如求职就业、岗位履职、成就学业、创立新企业、开拓新行业、建立新的事业部、建立新的分公司、整合分公司建立集团公司、公司改制、公司转型升级等都属于创业范畴，只不过创业的主体属于不同的性质而已。

由此可以给出较为严格的表述，即广义的创业是指个人或组织成就事业或职业目标的创新活动。狭义的创业则是指个人或组织以创造财富或社会公益为直接目的，整合社会资源，构建新型经济或社会组织的创新活动。

作为个人或组织成就事业或职业目标的创新活动，广义的创业包括个人在本职工作中成就职业目标的创新活动；企业家以通过为社会或市场提供新产品或新服务而获得财富为目的创立新企业的创新活动；政治家组织领导人民群众从事社会变革、推进社会进步的创新活动，等等。

各种层面的创新、创造活动都属于广义的创业活动。从无到有，从旧到新，从不好到更好，从不适应社会需要到适应社会需要，主体的各种创新活动都属于广义的创业活动。例如，科学家发现新理论，创立新学科；发明家发明新技术；艺术家创造新的艺术形式；政治家推动社会变革或创立新的社会制度；教授提出新的教学方法或培养创新人才；等等。

作为以创造财富或社会公益为直接目的的创新活动，是指个人或组织通过观察社会或分析市场来认识相应需求，立足于自身知识或技术基础，形成满足需求的新创意，整合社会资源创立新企业，将该创意开发成新产品或新服务，进而建立商业模式，从而获得市场利益、实现创富目标或解决社会问题、推进社会进步的创新活动。这就是我们通常所谓的创立新企业，即创业。

没有前人的创业，就不会有今天的物质文明和精神文明。没有前人的创业，就没有辉煌灿烂的文明史。创业，是人所特有的活动，是人生活的本质，是人类社会发展的方式。当然，创业是一种理性的行动，不是一时冲动或心血来潮。

5.1.2 创业的基本特征

创业是有目的地开创新事业的活动，是新创意转化为现实并实现其价值的过程。创业作为一种社会行为，同其他社会活动相比，具有目的性、创新性、复杂性、风险性和愉悦性等基本特征，如图5-1所示。认识这些基本特征，能够使我们更深刻地理解创新和创业的本质。

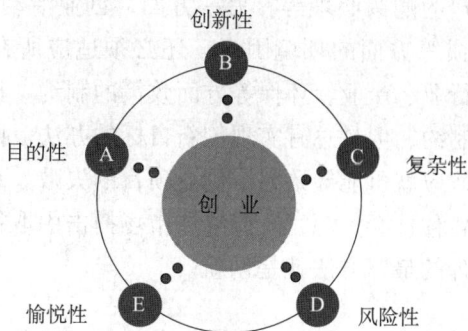

图 5 - 1　创业的基本特征

1. 目的性

不论是广义还是狭义地理解创业活动，都必须清楚其目的性特征。不论是为了创富、公益，还是为实现组织目标而创新，除了远期目标外还有近期目标，创业者的一切行动都是受到创业目标支配的。创业的目的性决定了创业活动的理性，不能够仅凭一时的感情冲动，也不能盲目投资不计后果。从事创业活动一定要明确自己的目的，并根据具体目的选择创新目标或创业项目。如胡郁国团队以创富为目的，以解决国际交流中的多语种翻译问题为创新目标。他们开发的翻译机器人——晓译能够进行 33 种语言互译，而且正确率高达 92%。李克强总理参观后赞不绝口，而且当场自己购买了一台。该项目参加中央电视台《机智过人》节目同样得到了现场专家和观众的青睐。

2. 创新性

创新的本质是"变好"，前提是改变。不论哪种类型的创业都不可能走前人的老路，只有创新才能争取自己的市场或社会空间，达成自己的创业目标。即便是为市场提供某种与其他厂家同质的产品，不求后来居上但求与之分得一些市场份额，也必须相对于竞争对手进行生产管理创新以降低成本，通过营销创新去抢占市场。若想开发新的产品创造市场，更是必然要走创新之路。沃尔沃汽车之所以能够与奔驰、宝马竞争高端汽车市场并在知识阶层广受青睐，就是因为它在安全技术方面不断创新，并且拥有了"世界第一安全车"的美誉。比如，沃尔沃高端汽车标配主动安全装置，能够在遇到障碍物时及时自动刹车。这样既可以最大限度地保障行人安全，同时还维护了车主的财产安全和生命安全。总之，若想在市场竞争中存在与发展，就必须满足创新性要求。功能、性能、外观、可靠、安全、操作、成本、适应性等，至少有一个方面以上具备创新性，否则只有死路一条。

3. 复杂性

一方面，创业不同于单纯的产品或者设备、工艺等技术的创新。它还需要组建公司，构建生产体系、营销体系和服务体系，需要掌握市场信息，把握市场脉动，还要对竞争对手了如指掌，更要掌握客户的购买心理等。另一方面，创业活动要适应社会政治、经济、教育、文化传统及民族习惯等方面的环境因素，还必须适应所在国度或地区的法律、法规、财政、金融、税务和行业、产业、环保等方面政策的制约。技术上的问题虽然受到科学发展水平和工业基础的制约，但是总有实现创新目标的办法。而相关因素越多其随机性就越大，一个因素的负面效应就可能导致整个创业项目的失败。只有正视创业活动的复杂性，善于适应环境并利用各种社会资源，才能够在市场搏击中取得竞争优势。值得指出的是，将复杂因素简单化处理的最好方法就是创新。

4. 风险性

创业的风险就体现在"创"字之中。各种意料之外的事情都会影响创业的成败。创业风险的存在不是由于创业者没有相应经验，遇到问题缺少可靠有效的对策，就是由于创业活动的复杂性所决定的。影响创业成败的多因素性，使得创业结果必然具有不确定性。主要创业风险包括人力资本风险、市场环境风险、财务结构风险、技术风险、国内政治风险及国际外交风险等。有人说创业的失败常常多于成功，虽有夸大其词之嫌，却道出了创业的风险性。我们不能够被创业的风险性所吓倒，也不能不顾风险而盲目进行创业决策。具备风险意识，学会识别风险，提高化解风险的能力，是创业者的必修课。

5. 愉悦性

创业成功使人愉悦，创业过程中的每一步目标的实现都会给人以愉悦的感受。创业成功不仅愉悦自己，还会愉悦家人和朋友，甚至愉悦社会。狭义的创业，作为以创造财富或社会公益为直接目的的创新活动，其成功意味着创业者获得财富或社会认同。广义的创业，作为个人或组织成就事业或职业目标的创新活动，不论属于什么领域，其成功都是创业者个人价值的体现，都会得到社会的尊重和回报。不论哪一种情况，创业的成功意味着其自身价值的实现。当然，不论你的人生价值追求是利他还是利己，单纯地追求利己价值是无论如何也走不了多远的。只有利他或通过利他实现利己，才是可靠的、久远的。因为，将一个人的快乐建立在众人快乐的基础之上，那才是真正的快乐。

5.1.3　创业成功的标志

创业成功的标志并不唯一。对于创业者而言，达到预期目标即为成功。社会标准则是获得超乎寻常的财富值，也就是说按照自己创业前的状态无法实现，横向比较同样超过同等条件的其他人所能达到的水平。有人认为盈利是创业成功的标志，也有人认为能够持续盈利才是创业成功的标志。那些经历二次创业的公司则认为成功上市是创业成功的标志，也有公司认为成功上市并能够成功融资才是二次创业成功的标志。众创空间对成功创客的评价标准是：注册公司，其产品成功上市销售，并开始正常运营。社会评价标准是：注册公司，建立生产体系和商业模式，其产品成功上市销售，形成稳定的盈利模式或利润函数。

实际上，创业成功与否，对于不同的创业类型存在不同的标准。学生达成超常的学业目标即为创立学业成功；学生课外创立企业并正常进行市场运营，可谓学生创业成功；企业开拓新的市场或开发新的产品并获得市场认可叫作企业二次创业成功；政治家击败竞争对手获得预期政治地位也是一种创业的成功；作为组织成员参与其创业并获得成功也是成功；职员在其岗位履职过程中达成超常岗位目标，同样也可以视为创业成功。正如常言道"行行出状元"，不论学业、企业、职业、家业、行业，还是产业，只要以创新理念和精神去对待，能够达成超常的预期目标都属于创业成功的范畴。

对创业的理解不可过于狭隘，认为只有创立新企业才叫创业，只有成为老板才叫成功。当我们开阔眼界，将创业理解为创立或开创新事业的时候，创业活动就离我们不那么遥远了。人生不可没有目标，参与竞争不可随意言败。通过创新实现创业的成功是一条屡试不爽的铁律。懂得创业的五大特征，明白创业成功的不同标志，对我们创业成功将大有裨益。

5.2　创新创业活动及其要素构成

具备政治经济学基本常识的人对于生产力、生产活动、生产劳动等概念一定不会感到陌生。通过生产力构成的三要素理论不难理解生产活动和生产劳动同样是由三个要素构成的。已知构成生产力的三要素是生产者、生产资料和生产对象，那么生产活动三要素同样是生产者、生产资料和生产对象，而生产劳动的三要素就是劳动者、劳动资料和劳动对象。同理，由此可以给出创新创业活动的构成要素应当是创新创业者（主体），创新创业资料，创新创业对象。要想真正学会创新创业知识，培养和提升自己的创新创业能力，就必须深刻认识这三个要素及其在创新创业活动中的相互作用。

5.2.1　创业者

1880 年，法国经济学家萨伊首次给出了创业者的定义，他将创业者描述为将经济资源从生产率较低的区域转移到生产率较高区域的人，并认为创业者是经济活动过程中的代理人。著名经济学家熊彼特则认为创业者应为创新者。显然，包括在校大学生在内的每一公民或组织均可成为创业者。但是，只要进入创业过程、步入创业程序的人，不论是否最终取得创业成功，皆可叫作创业者。

当然，对创业者的理解同样有广义和狭义之分。狭义的创业者就是发起并组织创业活动的团体或个人，而广义的创业者则包括参与创业活动的全部人员。大学生创业团队的组织者和参与者都属于创业者，所得成果与荣誉将由团队成员共享。在创业过程中，狭义的创业者将比广义的创业者承担更多的风险，也会获得更多的收益。

《科学投资》研究了国内上千例创业者案例，总结创业者应具备的 10 种素质，包括：① 欲望；② 忍耐；③ 眼界；④ 明势；⑤ 敏感；⑥ 人脉；⑦ 谋略；⑧ 胆量；⑨ 分享；⑩ 自我反省。陈安之在《创业成功的 36 条铁律》一书中对成功创业者应具备的素质给出了较全面的解析。综合理论与实践两方面的认识，这里将成功创业者应具备的基本素质概括如下。

① 创新意识：改变现状的意识和欲望，求异思维，不寻常路。

② 远见卓识：视野开阔、大处着眼，不被眼前小利诱惑。

③ 思维敏感：想常人所不想，善于捕捉商机，点子多。

④ 持之以恒：做别人所做不到的事情，有耐心，有毅力。

⑤ 广结善缘：善于沟通，人脉广泛，资源众多，广种博收。

⑥ 知人善任：用人所长，人尽其才，求同存异。

⑦ 严于律己：律己才能律人，管好自己才能领导众人。

⑧ 终身学习：学习新知识、新技术，才有新创意、新成果。

⑨ 能伸能屈：在不得志的时候能忍耐，在得志的时候能大干一番。

⑩ 大公无私：与人分享，共荣共赢方可大赢。

这 10 个方面的素质要求只涉及创业者的人格与心理素质方面，而没有涉及其他（如知识和技能）方面。换言之，所谓创业者素质要求，是建立在一种假定创业者已经具备相关专业科技知识和创新创业知识能力基础上的。我们注意到各行各业的成功人士有一个共同特点，那就是智商和情商一样出色。也就是说，如果一个人情商高而智商低，那么即使他有远大理想又具备创业者的一切正向素质，相信他也不会成为真正优秀的创业者。反过来，智商高而情商低的人，就像我们中间的大多数人一样，或许只能够充当广义创业者的角色，即只能够在某个创新创业团队中尽一份力，却很难成为企业家或领导者。因此，成功的或希望成功的创新创业者，人格心理需要修炼，但基础知识和专业技能更需要学习。

5.2.2　创业资料

创业资料不能简单类比生产资料来理解。创业资料之中包含生产资料，生产资料只是创业资料中的一部分。所谓生产资料也称作生产手段，是指劳动者进行生产时所需要使用的资源或工具。一般可包括土地、厂房、机器设备、工具、原料等。生产资料或劳动资料只不过是生产者或劳动者与生产或劳动对象联系的中介，生产工具是劳动资料中最主要的、具有决定意义的因素，是衡量社会生产力发展的客观标志。创业资料中除了生产资料之外，还包括信息资源、知识资源、人力资源、社会资源、市场资源等，形成新的生产、经营体系以及维持其运营所需要的各种资源。

信息资源、物质资源和能量资源是现实世界存在和发展变化的三大要素，当然也是创新创业所不可或缺的基本要素。控制论的创始人维纳认为，信息就是信息，不是物质也不是能量。信息论创始人申农认为"信息是一种可以用来消除不确定性的东西"。通俗地讲，信息是一种可传播、可利用、可复制、可开发的知识，其通常表现为文字、数据、图标、曲线、声音、影像、色彩、光感等。信息资源则不仅包括信息本身，还包括信息获取、处理与传播的渠道及其相应的技术设备和人际关系等。如果说物质能为人类生存与发展提供各种各样的材料，能量为其提供各种各样的动力，那么信息为其提供的则是各种各样的知识。

对于创新创业而言，信息资源比物质和能量资源更为重要。尽管信息是物质和能量及其相互作用的反映，但是信息一旦被创新创业者所掌握，不仅可以产生新的创意，形成新的知识和信息，还可以通过创新创业实践将其转化为新的物质和能量形式。如各种新能源以及各种工、农、牧、渔、林、果产品及其服务方式等，都是人们利用所掌握的信息进行创新设计和创业的成果。

创新创业的信息资源主要包括市场需求信息、国家政策信息、相关科技信息、人力资源信息、自然资源信息、社会资源信息、竞争对手信息，以及获得这些信息的渠道和技术手段等。这些信息资源的利用与整合，是创新创业决策的依据，也是规避创业风险、获得成功的必要保障。

知识资源包括科技知识、行业知识、专业知识、经济知识、金融知识、管理知识、社会知识、创业知识等，以及获取这些知识的方式和方法。作为创新创业者不一定对这些知识都了如指掌，由于知识本身的爆炸性增长特性，谁都不可能掌握所有知识。创新创业者只需掌握与其目标实现相关的知识就够了。但是，当我们在选题选项的时候必须考虑自己所拥有的知识资源是否能够保证创新创业目标的实现。还要考虑到哪些知识容易获得，哪些知识需要更长时间才能够掌握。如铁路工程专业毕业的学生，若选择铁路工程技术方面某个功能模块或部件进行创新或改进，就会驾轻就熟、轻而易举实现目标；如果他非要在航空技术领域选择创新对象，则很有可能由于缺乏所能够利用的专业知识资源而竹篮打水一场空。

近几年来，媒体不断曝出大学生、研究生甚至博士生放弃自己所学专业而回乡创业成功的新闻。这说明农牧业知识资源比较容易取得。反之，农业工人或者农民进城设计飞行器或者某种铁路技术，可能很难实现创新创业目标。因此，所能够利用的知识资源既决定了主体对于创新创业领域、项目和具体目标的选择，又决定了他们最终实现创新创业目标的水平和成本。作为有志于创新创业的大学生而言，既要积极积累知识资源，又要特别注意立足于自己的知识背景以及所能够利用的知识资源，否则一定会付出更多代价。

不论创新还是创业都需要人力资源。如果说创新可以是个人行为的话，那么创业无论如何是不能够自己一人长时间地单打独斗的。当然，社会上的某些"皮包公司"除外。就狭义的创业而言，即以创立新的企业为目的，包括投资合伙人、研发人员、营销人员、生产人员、管理人员、财会人员及其他办公人员等。人员的多少和类型是随着创业进程而变化的。人力资源同样是创业资源中不可缺少的一个方面。一个合理的创业团队应该由不同专业背景、不同知识资源和社会资源的人构成，尽可能地使得各方面资源都能通过团队的构建而扩大和强化。但是，作为创新创业的发起人，应该具有识别人才和获得所需人力资源的能力。

创新型人才是所有各种层面、各个专业人力资源中的佼佼者，是不论创新还是创业活动都不可缺少的人才。这就要求我们不能只希望充当伯乐而不去充当千里马。要知道，不懂得千里马的人不会成为真正的伯乐。人常说千里马常见而伯乐却不常有。创新创业活动使人们不再依赖伯乐，而自己就是自己的伯乐。有了创新创业的理想和勇气，你还会抱怨怀才不遇吗？

社会资源的含义比较广泛。一般而言，凡是能够转化为有助于创业成功的社会因素皆可称为社会资源。除了如土地、人、设备、厂房等属于创业资源，教育体系及其教育机构、科研院所、政府职能部门、产业园区、各种产品的产业链和供应链、各种信息平台以及人际关系和人脉关系等，都属于创新创业的社会资源。恩格斯指出，"劳动和自然界在一起它才是一切财富的源泉，自然界为劳动提供材料，劳动把材料转变为财富。"① 尽管社会资源是与自然资源相对应的，但是在中国，所有自然资源都属于全社会所有。因此，如土地资源、矿产资源、森林资源、海洋资源、石油资源、人力资源、信息资源等都具有社会属性，都可以看作社会资源。

中国有这样几句俗语："背靠大树好乘凉"，"常在河边走哪有不湿鞋"，"朋友多了路好走"，"傍着大款好致富，傍着大官好升迁"，"近朱者赤近墨者黑"，"当事者迷旁观者清"，等等。虽然这些近乎成语的俗语可以有不同的理解，但是站在创新创业者的坐标系中去理解，这就是社会资源对于创新创业的正面作用。旁观者清，旁观产业链或者供应链，找到其中的薄弱环节甚至断裂环节，并将其作为我们的创新创业对象，很容易获得创

① 马克思恩格斯选集：第4卷.2版.北京：人民出版社，1995：373.

新创业的成功。在校大学生或者生活在高教园区的你，或许会发现教育培训类企业的创业商机；紧邻大型企业的你，或许会发现某种服务类产品或企业的创新创业商机；对某种自然资源比较熟悉，或许能够发现其多样性开发的创新或创业商机；如此等等。

创新创业资料，不同于一般意义上的生产资料，其含义更加广泛。这就是说，作为创业者不必也不可能占有全部创新资料才能获得创新创业的成功。由于创新创业的目标不同、对象不同、内容不同、属性不同等，所需创新创业资料的类型、性质、数量等就有所不同。在具体的创新创业活动中，只要我们基于所能够利用的各种资源进行选题选项，以至于确定具体的创新创业目标，那么不仅会提高创新创业效率，还会大大提高其成功的可能性。

5.2.3　创业对象

这里的创业对象不能通过简单类比劳动对象或生产对象来理解。劳动对象是指在劳动过程中所能加工的一切对象，包括未经过人类加工的自然物如矿石、木材、土壤等，以及经过人类加工的物体如钢材、塑料及各种人造材料等劳动产品。劳动或生产活动是指人们（劳动者或生产者）运用劳动资料（工具、设备等），作用于劳动对象并改变劳动对象，使之发生预期变化，以适合自己需要的有目的的活动。劳动过程的结束，意味着劳动的物化，即凝结在劳动对象之上，使之转化为产品，形成了能够满足社会需要的使用价值。如马克思所言，"劳动的产品就是固定在某个对象中、物化为对象的劳动，这就是劳动的。劳动的实现就是劳动的对象化"。

经济学意义上的劳动或生产正是我们所讲的广义的创新创业活动，因此劳动或生产对象也可以理解为广义的创新创业对象。如果工作岗位是生产线上的一个工位，劳动对象是对一个零部件毛坯的加工，根据图纸将已经加工好的零部件组装成为完整的产品，这就是劳动或生产劳动。当你把这份工作视为自己的事业，想方设法提升效率和质量，并达到某种不可替代的程度，此时的你不仅是在创新，同时又是在创业，而且都获得了成功。

CCTV－13 曾经连续播出《大国工匠》系列节目，节目的每一集介绍 3～4 位不同行业的创业先锋人物。他们在自己的工作岗位上，以岗为业，对技术精益求精、勇于创新，做到了常人难以企及的极致水平，几乎达到了不可替代的程度。如第一集"大勇不惧"中，中铁二局二公司隧道爆破高级技师彭祥华，能够在软若豆腐般的岩层间精准爆破，将误差控制得远小于规定的最小误差，被同事公认为"爆破王"；中国航天科技集团公司第四研究院 7416 厂特级技师徐立平，能够徒手雕琢高能炸药，精度误差不超过 0.2 mm，为我国固体燃料火箭发动机的研发与生产做出了独到的贡献。第二集"大术无极"中，中国兵器工业集团首席焊工卢仁峰，坚守焊接岗位 37 年，一直交出百分之百合格的产品，即使左手不幸丧失功能也改变不了他的执着，他仅靠右手练就一身电焊绝活，耳听钢板落地声就能判断碳当量，用工匠之手为"陆战之王"加冕"王冠"。创新技法和敬业精神成就突出贡献，成就了他中国兵器工业集团首席焊工的称号。像卢仁峰这样在焊接岗位上的大国工匠还有造船行业的张冬伟、核电行业的未晓明等。《大国工匠》中不同行业的超级工匠令人敬佩，他们都是不同工作岗位上的创业者，是国家一个个重大工程中的功臣。他们跻身"国宝级"技工行列，成为一个领域不可或缺的人才。

狭义的创业对象，不同于一般劳动或生产对象，而是创新材料或者创业资源。其目标也不是一般劳动产品，而是针对确定的商机，利用相应创业资料，通过整合相关资源，构建能够为市场提供产品的商业化的生产体系，即创立新的企业。2018年5月25日播出的《创业英雄汇》节目中，创业者孙亚飞化工专业毕业，从事化工行业工作七年之后重回校园攻读博士学位。期间他将农业垃圾处理作为创新创业对象，先是基于自身专业技术知识及学校的科技资源，开发了一种"纳米固定化酶"，进而将其作为资源同农业秸秆类垃圾资源作为创新对象，成功开发出乙醇制取新工艺。又将这种新工艺进行包装同马来西亚生产的"棕榈空果串"资源结合作为创业对象，制定了"生物质新能源"创业计划。这一计划得到现场8位投资人的青睐，并最终与盛世投资代表花伟签订了融资1 000万元、出让8%股权的意向协议。融资成功意味着整合社会资本的成功，接下来的工作就是同马来西亚棕榈巨头合作成立新的企业，为市场提供乙醇新能源产品的同时，还能够为世界生态文明做出贡献。

就像生产者、生产资料和生产对象构成生产力一样，创新创业者与创新创业资料、创新创业对象一起构成社会的创新能力。就像在生产力的构成之中，科学技术在一定阶段可以是第一性的生产力要素，但归根结底人还是第一性的生产力，没有了作为生产者的人，一切生产资料和生产对象都将失去意义；在创新能力的构成之中，尽管创新创业资料（即各种资源）常常决定创新创业的效率与成败，但归根结底第一性的要素还是创新型人才，即创新创业者。

5.3 创业的乐趣与风险

人生难得几回搏。创业的过程比结果更重要。快乐不在于结果，而在于追求。创业过程中的每一步成功都会给人带来快乐，包括带来感官的刺激和心理的满足。最终的成功更能够带来物质和精神两方面的成就感。但是创业有风险，改变现状本身就意味着风险，何况存在"一着不慎，满盘皆输"的可能性。

5.3.1　创业的乐趣

乐趣是什么？乐趣是指使人感到快乐的情趣。乐趣、志趣和兴趣（简称三趣）是人的爱好的三重境界。爱好是从兴趣开始，然后变成乐趣，最后成为志趣。兴趣是你对这件事情是否有感觉，是否想去做，可以在做的过程中产生做事的冲动感；乐趣是你能去做，并把它做好，在做的过程中产生快乐感；志趣是你不仅能把它做好，还能把它做得最好，在做的过程中产生成就感，并为之努力和奋斗。显然，如果你对某件事情没有兴趣就不可能感到乐趣，更不可能产生志趣。创新创业者常常受到兴趣的驱使，并在创新创业活动中感受到其中的乐趣，就会进一步形成创新创业的志趣，最终成为企业家甚至成为财富排行榜上的知名人物。

武汉颂大教育科技股份有限公司创始人徐春林给年轻创业者们讲述自己的创业经验时说，"我创业 20 年所收获的乐趣远远大于所经历的痛苦。"他毕业于武汉大学经管系，毕业一年后辞去体制内工作开始自主创业。他有过一帆风顺的成就感，也有过负债 200 万元的挫折感。2005 年他筹集 5 万元东山再起创办颂大公司，主营教育信息化产品，如学籍管理、网上阅卷、中考中招等教育软件。他的企业于 2013 年成功登陆"新三板"上市。

网络游戏的开创者，"快的打车"的创始人陈伟星认为，为创业不仅使自己快乐还可以通过给人以快乐而获得快乐。2006 年 8 月，正读大三的陈伟星开始创业，成立了杭州泛城科技有限公司，专注于网页游戏和移动互联网应用的开发和运营。陈伟星 2003 年考入浙江大学建筑工程学院土木工程专业。他的创业成功经验是从兴趣开始，感受创业的乐趣，形成创业志趣，最终成为知名的企业家。他的创业意识是从中学时代的一次模拟创业开始形成的。他看到村边河道中人们在挖沙子卖钱，自己就约了 5 个小伙伴干了三天挣了 6 元钱，当每人分到一元钱的时候伙伴们的快乐表现使他深深领略到了创业与快乐的关系。创业志趣使他在创业的道路上越走越远。2009 年 5 月，他们开发的"魔力学堂"成为中国最知名的回合制 MMO 网游，并出口到多个国家和地区，成为当时中国出口最广的文化产品。2012 年 7 月，"快的打车"在杭州正式上线，掀起手机打车热，是全国打车 App 的领导品牌。陈伟星不仅是浙江省及浙江大学的创业之星，还荣获 2015 年第 19 届"中国青年五四奖章"。陈伟星直言，他未来的创新创业方向，就是为更多的人带来快乐。他举例说，比如以"时间"做文章，当你能够为用户节约时间成本的时候，用户就会更快乐，这就是他们创业团队追求的价值，也是每一位成员的乐趣。

综合创业者的经验和心理学知识可以认为，创业的乐趣主要源于以下几个方面。

（1）理想照亮现实。人们经常说，"我不是做梦吧""做个好梦""梦想成真"，等等。好梦，美梦，往往源于人们对未来美好前景的期望。创业不是在做梦，但却是在追求理想，为理想目标而创新、奋斗的过程。一个问题的解决使人快乐，创新目标的达成使人快乐，新的创新目标的提出使人快乐，创业者始终生活在满足和希望之中，犹如初为人父或人母一般，快乐总是围绕着你，如同理想始终照亮现实。

（2）自主与自由。狭义的创业，本身就是在放飞自己，冲破各种体制机制的束缚，创立属于自己的"商业帝国"。在那里可以充分放飞自己的想象力，施展自己的人生抱负，即便会遇到各种各样的问题和困难也是基于自主自愿，苦也快乐，累也快乐，甜也快乐，美也快乐，成也快乐，败也快乐。整个人类追求的目标就是自由与快乐。马克思、恩格斯的共产主义原理，把解放全人类作为无产阶级革命的最终目标，将每个人的自由发展看作共产主义社会的基本特征。自由相对于束缚，冲破某种体制机制的束缚，得到了解放才能获得自由。马克思、恩格斯的创业是为了解放全人类，为无产阶级争自由。创业者在为自己争自由的同时也是在为人类争自由，只不过不是政治上的自由而是生产、生活等方面的自由。有了自由、自主才能拥有真正的快乐。

（3）挑战与刺激。中央电视台有一个栏目叫作《挑战不可能》。其主要内容就是通过设置常人不可能做到的事情，挑战人的能力极限。每一位挑战者挑战成功都会喜极而泣，观众更是掌声雷动。这对于挑战者而言是因为完成了常人难以企及的目标任务而感动了自己，使自己快感无限。对于观众而言，则是由于这种挑战不可能的感官刺激而快乐至极。创业活动不可避免会遇到各种各样的问题和困难，不论破解新问题的刺激还是克服困难而收获的满足，都会使得创业者快乐满满。创业使人快乐，安逸守成的结果是不成，是没落。

（4）收获与满足。创业是一项高收益与高风险并存的活动。创业成功必然为创业者带来高收益，而创业失败虽不丢人却也将带来或大或小的损失。创业者认为成功会为自己带来快乐，失败也会让自己收获经验，坚信失败是成功之母。只要有收获，人们就会有满足感、快乐感。打开一本本创业者传记，其中一个共同的特点就是，他们始终沉浸在创业成功的喜悦之中，对于那些曾经遇到的困难、挫折甚至失败的经历往往不是轻描淡写，就是将其作为创业成功的"资本"而浓墨重彩。收获与满足使他们在创业道路上乐此不疲。

（5）合作与分享。创业往往是团队行为，创业者不仅有志同道合的合伙人，还有企业系统构成的其他成员。根据协同学理论，只有系统成员间的协同合作才能实现整体能力的最大化，创业团队更是如此。大家具有共同的创新价值观，具有共同的创业目标，每位成员各司其职，都在为实现同一目标而不懈努力。所以合作是团队创业成功的基础或前提。既然如此，创业过程中的每一次进步，乃至创业成功的喜悦也要大家一同分享。"得道多助，失道寡助"，创业团队，特别是发起人，如果只顾自己快乐而不与他人分享成功的快乐，那么这种快乐迟早会转变为悲伤。

创业成功的快乐，除了与合作者分享之外，还会与家人和朋友分享。这种分享既包括精神上的喜悦，还有物质之上的获得感。他们会分享你的成功经验，分享你的成就，为你的成功而兴高采烈。当然，创业成功本身又是与社会分享的结果。不论你创业的目标是为社会提供新产品还是提供新服务，你的成功就意味着社会中相应的需要者能够满足自己的需求，分享你的创新创业成果。创业者的价值就体现在这种分享之中，创业的成功可以通过这种分享程度来评价。

（6）立业之快乐。人们将"久旱逢甘露，他乡遇故知，洞房花烛夜，金榜题名时"看作人生四大喜事，当然也是乐事。其中洞房花烛夜意味着成家，金榜题名时则意味着创业的成功。事业有成，家庭美满，被当作人生的最高境界。创业的成功，不仅全家人会分享到你的快乐，还会分享到你的成功所带来的经济利益和社会荣誉。创业成功就是立业的成功。事业有成之人一般更容易组建家庭，并为家庭提供更好的物质基础。美满的家庭反过来也会成为创业者进一步发展的坚强后盾，包括精神和物质两方面的支持。这就是立业与成家的辩证关系。

不论是广义创业还是狭义创业，成功意味着创业者社会位置的稳固或社会地位的提升。马克思主义哲学原理告诉我们，存在决定意识，物质基础决定上层建筑。成功的创业者必然由此改变自己的存在条件和存在方式，同时也必然改变他们的话语权。像李书福、刘永好、俞敏洪、马云、王石、王健林等成功的企业家，他们造福于社会的创业成就，不仅使他们成为时代的社会名流，还使他们在政治领域拥有更多的话语权。他们往往不是各级人大代表就是政协委员。

一方面，创业的成功能够使创业者从物质的束缚中解放出来，去做自己更乐意做的事情甚至让自己曾经的心愿得以实现。像王石那样，功成名就的他曾多次登上珠穆朗玛峰，还赴美国圆了曾经的哈佛大学读书梦。成功后众多世界一流大学邀请他讲演，几乎令他应接不暇。另一方面，创业是自己解放自己的一种方式。创业过程是思想解放的过程，创业成功是思想自由的天堂。思想和物质两方面的自由解放，这才是马克思所期望的"自由人"，最快乐、最幸福的人。

5.3.2　创业的风险

创业的风险是创业者在创业过程中产生的各种导致创业失败的可能性。创业风险往往源于实现创业目标的难度和创业过程中出现的各种意外或者不确定性因素的作用。创业本身的属性决定了创业者在做以前所没有做过的事情，会遇到不曾遇到过的各种问题。创业的创新本质决定了其存在方式就是改变现状。这些不确定性以及其将要带来的后果就是创业风险。任何人，当决定走创业之路时，必然面临相应风险。创业风险包括以下 10 个方面。

（1）决策风险：创业意味着要改变现状。既是改变，就有两种可能性，即变好和变坏。变好意味着创业成功，变坏则意味着创业失败。这种不确定性就是决策风险。

（2）选项风险：创业活动过程的第一步就是选项。在这一环节如果缺少科学的评估和论证，只凭主观判断甚至心血来潮，既不顾市场规律和需求，也不考虑自己的资源优势，即便获得创业成功也实属偶然。这种没有必然性预期的创业选项所带来的不确定性，即为选项风险。

（3）技术风险：创业意味着要为市场提供新的产品或服务，其中的技术因素直接影响创业成败。如果对技术因素估计不足，无法实现预期的创业目标，最终导致创新创业失败的可能性，称为创新创业的技术风险。

（4）市场风险：创新创业者对市场需求的识别不够精准，所提供的产品或服务不能被市场认同，由此所引起的盈利或亏损的可能性和不确定性，就属于创业的市场风险。

（5）资金风险：融资是创业活动的重要环节，因融资渠道不畅而导致资金不能适时供应，致使创业失败的可能性发生，可以称为创新创业的资金风险。

（6）管理风险：人常说"打天下容易坐天下难"，同理就是"创业容易守业难"。公司组建之后的工作就是运营管理。由于管理者的素质和能力，致使公司的发展战略和运营模式不能够适应创业目标要求，而导致最终创业失败的可能性，可以称为管理风险。

（7）社会风险：由宏观政策和社会环境变化所带来的实现创业目标的不确定性，叫作创业的社会风险。

（8）竞争风险：由于市场竞争形势的变化，掌握竞争对手信息的不可靠、不充分，以及自身核心竞争力水平不够，导致最终创业失败的可能性，属于创业的竞争风险。

（9）资源风险：人力资源、市场渠道、社会关系、融资渠道等创业资源的变化，可能导致创业成功的不确定性，可称为资源风险。

（10）组织风险：因创业团队内部出现分歧及组织结构发生变化所带来的创业前景的不确定性，甚至导致创业失败的风险，叫作创业的组织风险。

有句名言，"机遇只垂青那些有准备的头脑"[①]。同理，成功只垂青那些有准备的创业者。何谓化险为夷？做任何事情都存在风险，创新创业更是风险和收益并存的活动。任何风险都是可以防范和规避的。只要我们有心理准备，做好相应预案，即便高风险也能够转化为高收益。这就是化险为夷。

5.3.3　险中取乐

人常说，富贵险中求。军事上有句名言叫作"知彼知己，百战不殆"。既然知道创业

---

① 魏发辰. 发现于发明方法. 北京：北京理工大学出版社，1989：50.

有风险，又知道创业风险至少存在于上述 10 个方面，有准备的创业者就可以事先做好防范风险的预案，适时地将风险转化为成功因素。这种转化本身不仅会给创业者带来化险为夷的乐趣，还能够使创业者顺利到达成功的彼岸。

（1）降低决策风险：降低决策风险要从创业活动的三要素入手，通过评估创业者、创业资料和创业对象及其相互关系，再决定是否从事创业活动。这是因为创业意味着要改变现状，只有充分利用自己所能够利用的资源，有极大的兴趣和志趣，又有相应的科技知识储备，才能够做出正确的创新创业决策，并立于不败之地。

（2）规避选项风险：选项是创业活动过程的第一步，项目的不确定意味着创业活动的一切工作都将无从谈起。选项的合理性和可靠性直接影响着创业的成败。选项，首先要根据自己的知识结构、专业技能优势选择相应行业，再针对市场需求信息选择具体项目。避免主观盲目性，注重科学和理性论证，是规避选项风险的基本原则。

（3）避免技术风险：创业所涉及的技术形态不仅是产品，还包括生产产品所需要的设备、工装、工艺和材料。如果在选项之初创业者就能够将这些技术因素考虑进去，并经过可行性论证，就可以避免和消除由技术因素导致的创业成功的不确定性。

（4）预测市场风险：创业失败的原因常常是其所提供的产品不能够满足用户的需要，或者不及竞争对手而不能够得到消费者的青睐。因此，审慎的市场需求调查和数据分析，精准识别市场需求，创新营销模式和方法，就可以有效避免市场风险。

（5）避免资金风险：创业意味着投资。资本从何而来？资本的最好来源是市场。这就是市场化融资。创业过程的任何一个环节都需要资金。这一点，创业者不仅在创业之初就必须心中有数，还要对资金的来源和使用做出详细的计划。这就是"创业有风险，投资需谨慎"。只有理性创业才是避免资金风险的基本原则。

（6）化解管理风险：公司组建之后的工作就是运营管理。其中包括人力资源管理、生产过程管理、供应链管理、财务管理、市场营销管理、发展战略管理、企业文化管理等。管理有管理的科学和技术，只要建立科学的管理理念，引入先进的管理手段和方法，就可以消除因管理不善导致的创业失败的风险。

（7）提防社会风险：创业总是存在于一定的社会环境之中。社会的政治、经济、科技、教育、文化、外交等，不同方面的政策和法规都不是一成不变的。这些因素的变化有时会直接影响创业的成败。提防这些社会风险的最好方法是"以不变应万变"，这就是"创新"不变。不论社会环境因素如何变化，只要能够适时通过创新去改变原有的商业模式、业务模式、营销模式和利润模式等，来适应这些环境因素的变化，就能够"适者生存"，避免风险。

（8）预防竞争风险：市场如战场，竞争是市场的固有属性。创业意味着投身于市场博弈，只要掌握市场变化动态，特别是竞争对手及时、可靠的信息，不断提升自身核心竞争力水平，能够"技高一筹"，就可以立于不败之地。

（9）规避资源风险：化解或规避资源风险的最好方法，是具备战略眼光，注重资源开发，时时都有备份。正可谓"朋友多了路好走"，"渠道多了好销售"，资源多了不愁创业不成功。

（10）提防组织风险：一是保持组织成员间创业志趣的一致性；二是注意利益和荣誉的分享；三是合理而明确的分工；四是决策民主化，特别是合伙人之间的协商民主；五是风险共担原则。只有避免出现分歧和不公平、不公正的现象，才能避免组织风险的发生。

风险和收益是一对孪生兄弟。要想高收益就要提防高风险。创业也是高风险与高收益并存的活动。只要我们坚持创业理性，有效规避各种风险，那么创业成功并不遥远。

5.4　创业的创新本质

创新包括创业，创业的本质就是创新。创新体现在创业过程的每一个要素和每一个环节。学会创新是打开创业之门的一把钥匙。创业实践，是对创新本质的最好体验，成功的创业是对创新本质的最好诠释。创新的本质是"变好"。改变现状，"好"的结果就在不远处！

5.4.1　创新是创业的基础

狭义创业，其目的是创立新企业，或者开拓企业新的业务领域，或者在原有企业基础上进行转型升级。其创业内容无非是创建新的商业模式、业务模式、管理模式或利润模式等。广义创业的目的，不仅包含狭义创业的目的和内容，还包括在不同的职业、不同的岗位上建功立业，即获得新的社会认同和收益水平。不论狭义还是广义的创业，也不论创业主体是个人还是企业，更不论创业主体的现状如何、拥有何种企业、从事何种职业还是有无职业，当其决定走上自主创业之路时，就意味着要开始改变现状，这就是创新的开始。制定新的目标、新的规划，进行改变现状的新的尝试，这就是创新实践。变好是创业者的追求，也就是创新的本质。

下面摘取两则来自楚天都市报 2015 年 12 月 19 日的报道。

栩栩，1999 年从华北电力大学电气自动化专业毕业后，顺利考入湖南省水利厅，成为一名公务员，不到 6 年就被提拔为一名副科级干部，期间还考取了硕士文凭。2006 年，他在家人的反对声中办理了停薪留职，选择自主创业。他利用在教育系统的有利资源在长沙创办了一家教育咨询公司，其主营业务是针对中小学生从事记忆法培训。虽然坚持 2 年但没有达到预期目标。2009 年春节后他彻底辞去公职，创办了"五星艺术培训学校"。通过建立激励机制、规范办学、因人施教等途径，他终获成功。在校生由几人、几十人，到目前的几千人。累计资产数千万元。

　　熊万顺 1983 年参加工作，1999 年他毅然放下了众人羡慕的"铁饭碗"，辞去工商所副所长职位，走上了自主创业之路。经过几番小打小闹之后，他于 2009 年 12 月创办了一家花木有限公司，主营花木种植和都市农业观光。目前，公司的苗木总资产超过 4 亿元，年销售收入 1.9 亿元。他的公司不仅跃居全省同行业之首，还为社会提供就业岗位 800 多个，安置下岗失业人员 300 多人。

　　这是两则辞职创业的成功案例。和许许多多创业者一样，他们决定辞职创业是以改变职业现状、体现个人价值为直接目的的。为了更高的人生目标而决定开始创业，主观意愿是实现更好的结果，这正是创新概念的本质，即变好。在创业过程中，有许许多多的创业者和他们一样，都会经历效仿他人成功经验，从看似很容易做的事情开始却走向失败；总结经验和教训重新出发，改变目标，改变主营业务，改变商业模式，改变盈利模式或者改变管理模式，最终走向创业的成功。这就道出一个简单道理，即以创新为基础的创业才是成功之道。

5.4.2　创业流程的每一步都需要创新

　　创业流程的每一环节，每一时刻都需要创新。创业有特定的流程，如图 5 - 2 所示。第一步，创意的产生：创意的产生必然需要创新思维，而创新思维也可称为思变思维，即寻求如何变好的思维，当然属于创新活动范畴。第二步，可行性论证：是对创意作为概念性创业方案能否达到变好的预期目标进行理论和实验验证，其方式方法不一定具有新颖性，但是其目标和内容决定了这一步骤的工作同样属于创新活动的一部分。第三步，创业计划：其内容包括创业目标融资渠道和方式、企业规模、产品定位和产量、生产模式和运营模式等方案的策划和制定，每个方面都需要相对于竞争对手推陈出新。第四步，投融资决策：需要针对创业目标选择融资规模、融资渠道和方式，实现回收期最短而利润最大化，这就不能够照抄照搬其他人的模式，唯有改变才能够比他人更好；第五步，运营与盈利：更需要应对无时不变的运营环境和条件的变化，只有不断创新才能在变化之中实现不变的创业目标。

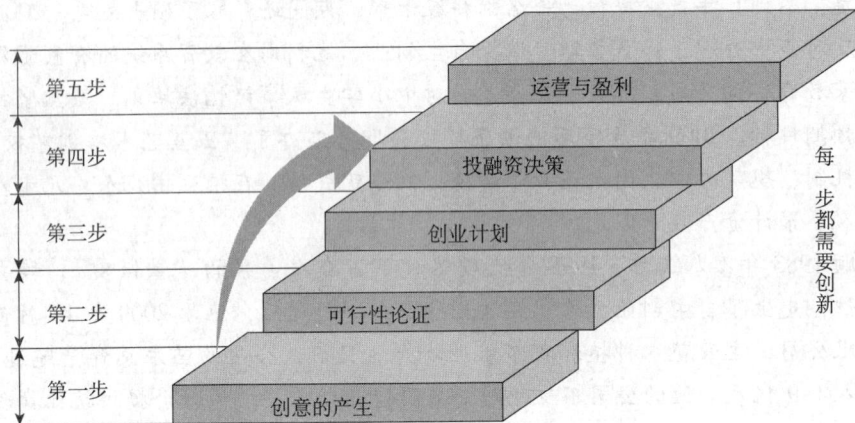

图 5-2   创业流程

5.4.3   创业成功又是企业创新的开始

创业成功不仅是注册一家新公司、创立一个新企业，更重要的是建立一个包括产品开发、生产、营销的商业模式和盈利模式在内的运营体系。然而，众所周知，运动变化是世界万物的存在方式。社会环境在变化，市场需求在变化，竞争情势在变化，科学技术在变化，社会资源在变化，企业本身在变化，创业者自己的目标也在变化。创新是适应这一切变化的不变法则。以不变的创新应万事万物的变化，才能在变化莫测的世界中赢得主动，赢得成功。

永不满足是创新创业者的一个显著特征。利润目标不断提高，投资规模不断扩大，业务范围不断拓展，人员结构不断复杂，产品开发越来越向高新发展；从个人到合伙，到有限公司、集团公司，再到跨国公司、跨国集团。企业每一次质的跃升都是成功的创业，每一个环节的突破都离不开创新。突破是进一步创新的起点，成功是更高目标创业的开始。

小结

学习创业就要首先理解创业的基本含义。创业包括广义创业和狭义创业。狭义创业以创立新企业为标志；广义创业则体现在本职工作之中，将完成本职工作目标视为需要努力实现的事业。创新是创业的理论基础，创新是各种创业活动一般规律和基本特征的概括。不仅成功的创业给人以乐趣，创业流程的每一个环节的成功突破都会给人以乐趣。反过来，创业需要乐趣，更需要志趣。乐趣引导创业者从事创业活动，志趣使得创业者能够具有足够的勇气和意志坚持取得创业的成功。当然，创新创业都是有风险的，但是只要理性决策，科学论证，创新思考，风险也可以消除或规避。坚持创业理性，保持创新意识，创业并非可怕，成功并不困难。

其实，不论你是谁，富有还是贫穷，聪明还是愚笨，不去改变什么，你就不可能品尝到收获的快乐与甘甜。不论你想要什么，不去尝试，永远也不会有成功的一天。不论是你还是我，有了创新的头脑和创新能力就会发现，创业其实并不难，事业成功并不遥远，财富和荣耀就在眼前！

？思 考 题

1. 创业的基本含义是什么？
2. 创业的特征有哪些？
3. 简述创业与创新之间的关系。
4. 创业者的素质要求有哪些？
5. 创业风险有哪些？
6. 如何规避创业风险？
7. 创业能给我们带来哪些乐趣？
8. 如何正确处理创业的乐趣与风险之间的关系？
9. 如何理解创业的创新本质？
10. 剖析一则创业案例，说明创业过程步步都需要创新。

第6章 创业类型及其选择

前人的创业形成如今的各行各业，如今的创业又会产生新的行业。各行各业发展的需要，为如今的创业者提供了不同选择。选择不同行业创业，与主体的知识背景、技术背景以及所能利用的资源相关，同时也与主体的类型和动机直接相关。不论在哪行哪业创业，还有一个难以绕开的风险问题。大学生创业有其自身的特殊性。

6.1 创业的行业类型

创业者在决定创业之前首先要选择行业，开始创业在一定意义上意味着入行。这就出现了一个问题，即如何选择行业类型？在回答这个问题之前又必须知道目前都有哪些行业？然后才谈得上如何选择行业，选什么行业才是最适合自己的、最容易创业成功的。

6.1.1 行业门类

联合国为了统一各国国民经济统计口径，制定了《所有经济活动的国际标准行业分类》（ISIC）。这项标准是生产性经济活动的国际基准分类，目前国际上采用的是2006年发布的ISIC修订本第4版。ISIC按照生产要素的投入、生产工艺、生产技术、产出特点及产出用途等因素，将经济活动划分为21个门类，在这些门类之下又分为若干大类、中类和小类。

《国民经济行业分类》（GB/T 4754—2017）显示，目前我国经济活动可分为20个门类，97个大类，970个中类，9 700个小类。四级编码中，门类代码用一位拉丁字母表示，即用字母A、B、C、……、T依次表示不同门类；大类从01~97用两位阿拉伯数字编码（如01农业）；中类用3位阿拉伯数字编码（如011谷物种植），小类用4位阿拉伯数字编码（如 0111 稻谷种植）。这个编码会出现在注册公司的营业执照上面，称为行业代码。

这 20 个门类的具体内容分别是：A，农、林、牧、渔业；B，采矿业；C，制造业；D，电力、热力、燃气及水生产和供应业；E，建筑业；F，批发和零售业；G，交通运输、仓储和邮政业；H，住宿和餐饮业；I，信息传输、软件和信息技术服务业；J，金融业；K，房地产业；L，租赁和商务服务业；M，科学研究和技术服务业；N，水利、环境和公共设施管理业；O，居民服务、修理和其他服务业；P，教育；Q，卫生和社会工作；R，文化、体育和娱乐业；S，公共管理、社会保障和社会组织；T，国际组织。

6.1.2　创业的行业选择

理性创业益于成功，盲目创业必然会面临失败的风险。创业理性要求创业者必须有理有据地选择行业类型，明确创业目标，选择主营业务，设计业务模式和盈利模式。其中行业类型的选择是非常关键的决策。人们常说，千里之行始于足下，就是这个道理。

理性选择行业类型，就是要有一定根据。根是理论之根，即具有理论根据；据是数据或事实之据，如充分的市场需求信息。创业类型选择的理论之根，主要源于创业的一般模式理论。创业模式是从大量成功案例中概括出来的，反过来，将创业模式作为行业及项目选择的理论依据，当然对于选择的可靠性大有裨益。为此，这里可以列出几个基本原则，相信一定会对创业者进行科学决策有所帮助。

1. 瞻前顾后原则

瞻前，指的是注重朝阳产业；顾后，指的是兼顾夕阳产业中的短板，即朝阳方面。其理论根据是需求导向创新模式。所谓朝阳产业是指那些新兴产业，具有强大生命力，在技术创新方面容易获得突破，并以此带动企业发展，市场前景广阔，代表未来发展的趋势，在一定条件下可演变为国家主导产业甚至支柱产业。不论这些产业是基于现实的市场需求，还是基于科学技术方面的新发展驱动的需求趋势，都能够得到国家政策支持和市场的青睐。换一个角度来看，这种朝阳产业由于是新兴产业，其产业链正在形成之中，必然为后来的创业者留有创业机会。如人工智能、新能源、现代农业、健康养老等，就属于我国当前的朝阳产业。关注夕阳产业中的朝阳部分或方面，主要是关注传统产业链各个环节的现代化。具体而言，就是采用现代技术和理念在传统产业链升级过程中把握商机。

2. 发挥优势原则

创业者的自身优势或创业团队的综合优势能够充分得以发挥的行业类型，是风险最小、成功率最高的行业选择。这里所谓优势，是指创业发起人及创业团队成员的科技背景、专业优势和从业经验。从业经验可以使创业者容易发现产业链中的短板及其存在的商机，同时也能够把握行业发展的前景，准确预期未来。科技背景和专业优势，使得创业团队能够及时开发新产品，真正把握商机，利用商机，抢占市场先机，获得创业成功。

例如，浙江万向集团创始人鲁冠球 1945 年 1 月出生于浙江萧山，16 岁时的理想是当工人。开始做过锻工，自办个体修车铺、粮食加工厂，具有机械修理方面的知识和经验优势。1969 年 7 月，他带领 6 名农民，集资 4 000 元，创办宁围公社农机厂。他的企业名称中的"万向"，来自于他发明的汽车万向节技术。借助机械加工方面的优势，他们从汽车零件、部件到模块，从创立一个个分公司到并购国外企业创立跨国公司，发展为万向集团公司。1994 年，集团核心企业万向钱潮股份公司上市。从 2001 年起万向集团将 40 多家海外企业揽入自己的企业帝国版图之内，成为名副其实的跨国集团。2013 年，鲁冠球登上新财富中国富豪榜，以 235 亿排名第十四名。《2015 胡润百富榜》上，鲁冠球及其家族以 650 亿元时隔九年重回前十，位列第十。2016 胡润房地产富豪榜上，鲁冠球家族以 100 亿排名第 48。鲁冠球虽然已经逝世，但是他的创业经验及所创造的巨大财富留给了世界。

发挥优势意味着扬长必然避短，意味着抓住商机、抢占先机、赢得竞争、发展壮大。像鲁冠球这样的创业案例数不胜数。

3. 资源整合原则

每个人所拥有的资源都是有限的，即便是创业团队的所有成员所拥有的资源之和也是有限的，而社会资源却具有一定意义上的无限性。创业者在选择行业伊始坚持资源整合原则，就可以形成倍增的竞争优势。这里的整合包括创意和资本、技术、场地、人力资源、销售渠道、媒体广告等，以及各方面社会资源的两两组合、多重组合等。在构建创业团队之初，就要考虑成员之间的知识结构、从业经验及各自所能够支配的社会资源之间的互补性与可整合性。创业团队可支配的社会资源跟创业成功的概率成正比。上述万向集团与美国通用汽车公司合作创立主营汽车零部件生产的合资公司，属于两两资源整合的范例。一个生产整车具有品牌优势，一个生产零部件具有加工优势，可谓双赢。

4. 志趣优先原则

有人说"人生最大的快乐莫过于志趣与事业的统一"。的确如此，对于极有兴趣又是志向所在的事情，不论何人都会不遗余力去做好的。前面重点介绍过的我国三位军机设计总师，唐长红、杨伟和孙聪，他们志趣相同，唐长红和杨伟还是曾经同住一室的同学。他们毕业后分别到三个飞机设计院做军机设计，事业与志趣的完美结合，成就了他们各自的伟业，也成就了我国军机设计的伟业。

在岗位工作中创造宏伟业绩是如此，在创立新企业中更是如此。创业的风险需要创业者自己承担，做自己没有兴趣和志趣的事情往往因缺乏足够的动机和毅力半途而废。这就不可避免地提高了创业的风险，极易导致创业失败。这就如同一位厨师用同样的材料和工艺，在心情快乐和郁闷时做出的饭菜的味道具有天壤之别。坚持志趣优先原则，就是在其他评价结果都相同或相近的情况之下，要优先选择自己志趣所指向的行业。

5. 预期最佳原则

创业之中的"创"是方式方法，是过程，拥有新的事业、产业才是其目的。因此理性的创业必须要有一个预期目的。坚持最佳预期原则，就是在各个备选行业中要选择最有可能实现预期创业目标的行业。这就如邓小平同志所言，"不管白猫黑猫，逮着耗子就是好猫"。

6.1.3 朝阳行业预测

当前有哪些行业存在创业商机呢？国家战略性新兴产业规划及中央和地方的配套支持政策确定了大力发展"节能环保、新兴信息产业、生物产业、新能源、新能源汽车、高端装备制造业和新材料"七大产业。这是基于不同层面和角度研究的结果。

当我们站在"大众创新、万众创业"的角度，基于市场走向和社会发展趋势，可以认为以下 10 个行业存在较多创业商机。这就是：① 创意产业；② 人工智能和智能制造；③ 现代农业；④ 教育培训；⑤ 医疗卫生和医药；⑥ 养老与养生；⑦ 互联网＋；⑧ 休闲旅游服务；⑨ 智能家居；⑩ 国际贸易与海外工程承包。

创业类型的选择，其实质就是选择最好的商机。理论不论多么完美，终究只能作为创业者的决策根据，而绝不能代替创业者的决策。创业者的理性决策必须做到实事求是，即把自身条件考虑进去，特别是自己的创业动机、志趣和可利用的社会资源条件等。有理有据才是科学决策，科学决策才有可行性、可靠性及低风险性。

6.2 创业的主体类型

创业主体即创业者。从理论上讲，每一位国家公民或其组织都有自主创业权利，都可称为创业主体。在实践中，创业的主体形式或类型可分为个体创业、合伙创业、团队创业和公司创业等。尽管不同类型创业主体的创业活动存在资源、目标、渠道、资本、技术等诸多方面的不同，但其创新本质是相同的，创业的一般流程是相同的，创业过程的构成要素是相同的，创业成功的标准是相同的。因此，讨论创业的主体类型，有助于人们选择最有利于成功的创业形式。

6.2.1 个体创业

个体创业是指创业者个人独立创办自己的企业。国家"双创"政策就是鼓励个体创业，特别是大学生创业。个体创业的特点在于项目自主规划，过程自主控制，风险自己承担，产权自主支配，利益自己独享。个体创业又可分为不同的情况或类型，如失业者创业、职工兼职创业、大学生自主创业。

1. 失业者创业

失业者是指在一定年龄规定范围内（如18~65周岁），有工作能力，愿意工作并积极寻找工作而未能按当时通行的实际工资水平找到工作的人。对失业的规定，在不同的国家往往有所不同。在美国，年满16周岁而没有正式工作或正在寻找工作的人都称为失业者。

失业者创业，是指失业者改变自己的就业观念，重塑个人理想，走上创业之路的创业类型。在20世纪80年代返城的下乡知青中产生了我国改革开放以后的第一代创业者。"著名"的张铁生就是其中之一。又比如，北京的"月嫂服务"就是失业工人开创的。

2. 职工兼职创业

职工兼职创业，是指在岗在业人员在业余时间从事创业活动的类型。2014年1月9日北京市发布《加快推进高等学校科技成果转化和科技协同创新若干意见（试行）》（简称京校十条），北京市不仅鼓励高校教师兼职创业、创办企业，还规定科研人员在兼职中进行的科技成果研发和转化工作，可以作为其职称评定的依据之一。2014年6月5日北京日报报道："4月29日，一张崭新的营业执照送到了北京农学院食品学院教授刘慧的手上，这是以她为企业法人代表注册的生物科技公司的'身份证'。和她同一时间获得企业法人营业执照的，还有学校其他21名教师。"这则报道显示我国科技人员兼职创业不仅不再被限制，而且已经成为国家鼓励和支持的事情。

兼职创业包括三种类型：第一类是包括教师在内的科技专家，他们的创业多数是将自己的科技成果转化成商品；第二类是在职人员利用互联网创业，如开网店、互联网金融公司等；第三类是在校大学生创业，大学生兼职创业，可以锻炼、挖掘个人潜能，培养、提升综合创新能力，为融入社会做准备，或者直接进入就业状态。

3. 大学生自主创业

大学生自主创业是指应届或往届大学毕业生因失业或放弃就业而从事自主创业的类型。2013年以来，全国各地纷纷出台了扶植大学毕业生自主创业的政策，其主要内容包括以下几方面。

（1）对高校毕业生自主创业要放宽准入条件，降低注册门槛，提供场地支持；对符合条件的按规定落实税费减免优惠政策。

（2）高校毕业生自主创业可按规定申请 10 万元以内的小额担保贷款，并享受贴息扶持。

（3）对首次创业的高校毕业生，经评估其创业项目可行性高并符合我市产业发展政策（包括开办"网店"）且有固定经营场所的，可提供最高 1 万元的一次性创业补贴。

（4）高校毕业生创业成功并新增吸纳 2 名以上劳动者就业（签订 1 年以上劳动合同并足额缴纳社会保险费）的，每吸纳 1 名劳动者，给予 2 000 元的创业吸纳就业奖励，累计奖励金额不超过 10 万元。

（5）对有创业意愿的高校毕业生开展免费 SYB（start your business，创办你的企业）创业培训并提供包括项目推荐、开业指导、后续跟踪服务等内容的创业指导服务。

例如，著名企业家刘永好、刘永行兄弟就属于放弃就业、创业成功的早期范例。目前，他们都发展成了常见于财富排行榜的著名企业家。

6.2.2　合伙创业

《民法通则》第三十条规定："个人合伙是指两个以上公民按照协议，各自提供资金、实物、技术等，合伙经营、共同劳动。"《最高人民法院关于贯彻执行〈中华人民共和国民法通则〉若干问题的意见（试行)》第四十六条规定，公民按照协议提供技术性劳务而不提供资金、实物，但约定参加盈余分配的，视为合伙人。

《中华人民共和国合伙企业法》第十一条规定："合伙人可以用货币、实物、土地使用权、知识产权或者其他财产权利出资；上述出资应当是合伙人的合法财产及财产权利。对货币以外的出资需要评估作价的，可以由全体合伙人协商确定，也可以由全体合伙人委托法定评估机构进行评估。经全体合伙人协商一致，合伙人也可以用劳务出资，其评估办法由全体合伙人协商确定。"

合伙创业是指与他人共同创办企业。与独创企业相比，合伙创业的优势：一是共担风险；二是融资难的问题得到缓解；三是有利于优势互补，形成一定的团队优势。不利因素：一是易产生利益冲突；二是易出现中途退场者；三是企业内部管理交易费用较高；四是合伙人对企业发展目标可能有分歧。

正如《三国演义》开篇所言："天下大事，分久必合，合久必分"。合伙企业也存在合伙与散伙的问题，这就是合伙企业的出资与出质问题。

（1）合伙人出资以后，一般说来，便丧失了对其作为出资部分的财产的所有权，合伙企业的财产权主体是合伙企业，而非单独的每一个合伙人。因此，合伙企业的所有资产只能由该企业支配，而各个合伙人无权按照自己意愿支配企业资产。

（2）合伙人在合伙企业清算前私自转移或者处分合伙企业财产的，合伙企业不得以此对抗善意第三人。这就是说，合伙人有权转让自己的资产份额。

（3）合伙人财产份额的转让：① 对内转让，即普通合伙人之间转让在合伙企业中的全部或者部分财产份额时，应当通知其他合伙人。② 对外转让，即除合伙协议另有约定外，普通合伙人向合伙人以外的人转让其在合伙企业中的全部或者部分财产份额时，须经其他合伙人一致同意。③ 优先权，即合伙人向合伙人以外的人转让其在合伙企业中的财产份额的，在同等条件下，其他合伙人有优先购买权；但是，合伙协议另有约定的除外。

（4）出质：普通合伙人以其在合伙企业中的财产份额出质的，须经其他合伙人一致同意；未经其他合伙人一致同意，其行为无效，由此给善意第三人造成损失的，由行为人依法承担赔偿责任。

6.2.3 团队创业

创业团队是指在创业初期（包括企业成立前和成立早期），由一群志趣相投、才能互补、责任共担、愿为共同的创业目标而奋斗的人所组成的特殊群体。团队创业，是指创业团队为了共同目标而进行的创业活动。

在知识爆炸性增长的时代，一个人的知识是有限的，已经不能够适应日益复杂的创业需求，这就需要拥有不同知识背景、不同资源的人，通过优势互补和资源整合形成创业合力。因此，团队创业已经成为一种时代性特征。一项针对 104 家高科技企业的研究报告显示，在年销售额达到 500 万美元以上的高成长企业中，有 83.3% 是以团队形式创立的。

创业团队的组建并不是随意的，创业团队组建程序如图 6-1 所示。创业理性要求组建创业团队应当坚持能够使得团队合力最大化的原则。

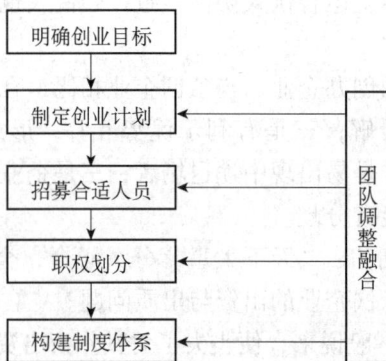

图 6-1 创业团队组建程序图

（1）目标明确、合理原则。目标必须明确，这样才能使团队成员清楚地认识到共同的奋斗方向是什么。与此同时，目标也必须是合理的、切实可行的，这样才能真正达到激励的目的。

（2）互补原则。创业者之所以寻求团队合作，其目的就在于弥补创业目标与自身能力间的差距。只有当团队成员在知识、技能、经验等方面实现互补时，才有可能通过相互协作发挥出"$1+1>2$"的协同效应。

（3）精简高效原则。为了减少创业期的运作成本、最大比例地分享成果，创业团队人员构成应在保证企业能高效运作的前提下尽量精简。

（4）动态开放原则。创业过程是一个充满不确定性的过程，团队中可能因为能力、观念等多种原因不断有人在离开，同时也有人在要求加入。因此，在组建创业团队时，应注意保持团队的动态性和开放性，使真正完美匹配的人员能被吸纳到创业团队中来。

高绩效创业团队往往具有以下特征：

① 明确可行的目标；

② 致力于企业价值的创造；

③ 对企业的长期承诺；

④ 互补的技能；

⑤ 良好的沟通；

⑥ 高度的凝聚力；

⑦ 公平合理的股权分配机制；

⑧ 合理分享经营成果。

腾讯 QQ 现在几乎成为每一位大学生生活的一部分，它是深圳市腾讯计算机系统有限公司的主打产品。腾讯的成功，既是大学生创业的成功案例，也是合伙创业，更是团队创业成功的著名案例。腾讯公司的创业团队由马化腾发起组建，他先是与其深圳大学的同学张志东"合资"注册了深圳市腾讯计算机系统有限公司，之后曾李青、许晨晔、陈一丹相继加入。这就由 2 人合伙变成了 5 人团队。从此开启了 5 人团队创业之路。团队成员各有所长，资源互补性很强。在分工方面，马化腾是 CEO（首席执行官），张志东是 CTO（首席技术官），曾李青是 COO（首席运营官），许晨晔是 CIO（首席信息官），陈一丹是 CAO（首席行政官）。共同的志趣将他们连接在一起，他们 5 兄弟各展所长且不离不弃，不论遇到什么困难都能够合力应对，直至发展成为如今的帝国式企业。

6.2.4　公司创业

公司创业，是指现有公司为了开拓新的业务领域或范围，而创立新的分公司或事业部，形成新的利润增长极的过程。公司创业，也是企业由一个单一业务公司向企业集团发展的主要形式。据此可知，公司创业又可分为两种类型：一是同一业务的规模扩张，形成不同地域的同质新公司。如万达广场全国近百个，年收租金百亿元；二是拓展新领域新业务，如建筑公司创办互联网公司、互联网公司创办建筑公司，等等。如果研究一下各个集团公司的发展史，不难看到几乎所有集团公司都是由单一业务的小型公司，经过不断创业形成的。

譬如中国万达集团，创建于1988年，由一个几十人的建筑安装公司起家，不断创业，现已发展成为拥有总资产800多亿元、占地600多万平方米、员工13 000多名，涵盖轮胎、电缆、化工、地产开发四大产业，拥有国家级企业技术中心、国家级博士后科研工作站和国家级实验室的国家重点高新技术企业，并进入中国企业500强、中国制造业企业500强、中国大企业集团竞争力500强。

又如创立于1988年的大连万达集团，从负债上百万的大连西岗区住宅开发公司开始，经过不断创业，目前已经形成商业、文化、地产、金融四大产业。目前其资产超过8 000亿元，年收入超过2 000亿元，年纳税超过300亿元，成为世界一流商业帝国。

6.3 创业的动机类型

创业者的创业动机虽然是多种多样的，但是其中也存在某种共性。马克思主义哲学原理已经明确指出了社会存在决定社会意识的真理。创业者的动机在不同时期，基于自身生存状况、国家相关政策以及市场变化状态的不同而必然有所不同。无论如何，创业者的创业动机总是与其自身当时的需求分不开的。

6.3.1 创业动机与创业浪潮

一般而言，动机属于心理学范畴，指的是基于外部因素刺激而产生的一种内在驱动力。正如马克思主义哲学原理所揭示，外因是事物变化的条件，内因是事物变化的根据。人的动机不是由外部因素直接推动的，而是存在一个转化过程之后形成的内在驱动力。同理，创业动机是指，由外部需求刺激而在创业者头脑中产生的一种创业意识和心理冲动，即强烈的内驱力。这里的外部需求可以参照马斯洛需要层次理论来理解。

我国自改革开放以来经历了四次创业浪潮，每一次创业浪潮几乎都与当时的历史条件相关，又有着几乎相似的创业动机。

　　第一次创业浪潮，是以城市边缘人群和农民创办乡镇企业为特征的"草根创业"浪潮。那是在 40 年前，由于"文革"10 年中积累的大批到农村去务农的城镇知识青年开始返城，面对当时的就业压力，政府放宽政策允许非公经济发展，许多得不到就业岗位的知青不得不通过自谋职业解决城市生存问题，因而掀起了第一次创业浪潮。

　　第二次创业浪潮，是体制内的精英人群（科研部门的科研人员和政府部门的行政精英），在第一次创业浪潮中产生的"万元户"的刺激之下，纷纷"下海"创业，所形成的创业浪潮。据报道，仅在 1992 年邓小平南方讲话后，就有数十万人"下海"经商。

　　第三次创业浪潮，是在我国加入 WTO 以后伴随着新经济的发展，同时期恰逢大批出国留学人员学成归国，面对国内外巨大就业收入差距，大量留学人员回国后选择了自主创业，由此掀起了以知识阶层创业为特征的"海归"创业浪潮。

　　当前如火如荼的是第四次创业浪潮。这次创业浪潮的形成，一方面来自全球金融危机产生的就业压力，另一方面是由于以互联网为特征的新经济时代的召唤，特别是在国家政策引导下的"双创"活动，所形成的农民工和大学生创业浪潮。例如，从 2008 年 9 月至今，淘宝上新开店铺每个月近 20 万家，每天有 5 000 人在淘宝网上开店。

6.3.2　创业动机的形成与分类

　　根据马斯洛在其《动机与人格》一书中给出的需要层次理论，创业动机的形成至少是由五种需求层次之一的作用引起。这五个层次依次是生理需要、安全需要、情感及归属需要、尊重需要和自我实现需要。

　　1. 为满足生活需要被动创业

　　人的生理需要是最基本的需要。人的生理需要主要包括人的衣食住行、健康医疗和生儿育女需要，即生活需要。生活需要是人的第一需要，也是激发创业的动机的第一要素。如华为公司创始人任正非坦言，"我是在生活所迫、人生路窄的时候，创立华为的"。蒙牛集团创始人牛根生、国美集团创始人黄光裕等，那些 20 世纪 80 年代创立并成长为企业集团的公司的多数创始人都是为了生活不得不走上创业之路的。那些 20 世纪 50 年代出生，70 年代下乡、当兵、回乡，80 年代回城的一代人，失去了读书的机会，又难寻就业机会，可是为了生活，他们只有像"智取华山"一样，只有一条路可走，那就是创业。

　　2. 为提高生活水平而创业

　　安全需要包括人身安全、食品安全、财产安全、信息安全、国防安全、国家安全、家庭安全等。在和平环境之下，人身安全、食品安全、财产安全往往是创业者最为关心的需要问题。在这些需要基本得到满足的条件下，不安于现状和提高生活水平的需要就成了创业者动机形成的一个重要因素。正是这一因素导致了我国20世纪90年代出现了体制内精英人群离职创业的第二次浪潮。那是随着我国改革开放的进程，催发了不同性质的企业如雨后春笋般出现在全国各地。除了国有企业之外，其他不同性质的企业都有薪酬改革的自主权。这就出现了体制内外及不同性质企业之间在薪酬方面的差距。

那时候，北京一位教授的月收入不足300元，而在特区深圳大学月收入超过3 000元。若是从商，月收入30 000元只是一般水平。这就是常说的，研究导弹的不如卖茶蛋的，造汽车的不如倒卖汽车的。薪酬水平直接影响到每个人的生活质量和生活水平。于是，体制内的那些不满意"平均主义大锅饭"的人，那些不满意"干好干坏一个样"的人，那些无法实现自己的理想而感到受压抑的人，那些自信自己能力超然的人，那些喜欢挑战自我的人，那些不满足生活现状的人，那些期望提高生活水平的人，他们纷纷选择下海创业。

如今这些早期的创业者，多数都实现了自己的理想，有很多都成为今天的著名企业家。其代表人物，包括王选、柳传志、马云、潘石屹、史玉柱等。这批创业者得到了很大的价值回报，因为他们与第一批创业者不同，他们拥有较高的学历和知识层次，很容易学习和借鉴西方先进的企业管理理念和管理模式。他们创业的动机类型可以归类于马斯洛需要层次理论中的第二层次，即个人和家庭经济安全需要。

3. 为爱或友情而创业

情感及归属需要是马斯洛需要五层次的第三层。人们一般将情感理解为友情和爱情，其实并不尽然。人们常说的"触景生情"倒是可以用来理解情感一词的本意。情感之中既包含着感觉又包含着思维，既包含着意识又包含着行动，既有心理反应又有生理反应，是人的感觉器官受到外界事物的刺激而产生的心理反应，并由此表现出喜、怒、哀、乐等生理表现的过程。因此，情感不仅包括友情和爱情还包括羡慕、嫉妒和憎恨等情绪。情感可以在一定程度上阻止、压抑、诱发、转移、强化或诱导人对某种价值的需要，可以相对自主地选择生存环境和发展方向。人在情感的驱动下，可以对事物施加反作用力，并使之发生价值增值。这是人类与其他动物的根本区别。

情感需要作为创新创业动机的形成因素，既可以是爱情的需要、友情的需要，也可以是由羡慕、嫉妒、恨等情绪转化而来的正能量。羡慕谁你就设法赶上谁，嫉妒、恨谁你就超越谁。创新创业是实现赶超的最好途径。如在中央台的一档电视节目中，柳传志、俞敏洪创业交流《因为爱情》，讲的是二人创业成功的一个共同点，就是因为爱情而下海创业，最终成就了联想和新东方两个企业集团。很多像他们二位一样都是为了爱人、家人甚至朋友而走上创业之路，并在这种爱的力量支持下一路走向成功的。

人常说爱的力量不可估量。的确如此，有人为爱铤而走险，甚至犯罪，有人为爱走向创业之路而成就一番事业。对于感情驱使创业的情况，有人是为满足或提高所爱之人的生活水平而创业；有人是为在爱人面前显示自己能力，证明自身价值而创业；也有人是为实现爱人之梦想而创业，甚至同爱人、朋友一起创业。爱，是一种激情；爱，是一种力量；爱，是一种责任；爱，是一种坚守；爱，也是一种智慧；爱，犹如创业；创业，犹如追求真爱！

4. 为了名誉和地位而创业

受到尊重与肯定，是马斯洛需要金字塔的第四层。一个人怎样才能得到他人或社会的尊重与肯定，或许是因为名誉和地位，而这一切都取决于能力和成就，源于创新、创业成果。这一点不论是在体制内还是体制外都成立。我国改革开放之后的第二次创业大潮中，在体制内赶到怀才不遇的社会精英，不屑于"一张报纸一杯茶"的工作状态，不屑于钩心斗角的人际关系，不屑于不凭能力、凭关系的仕途升迁之道。他们信奉是金子总会发光，东方不亮西方亮的处世哲学。他们要挣脱固有体制机制的束缚，探寻释放自己能力的途径和机会。他们敢于向"铁饭碗"说不，敢于向旧体制内既得利益者们宣战，毅然决然地走向商海，开始他们的自由搏击。也可以说，他们是在为自己的名誉和地位而创业。其中最为典型的是在体制内创业获得巨大成功，85 岁又开始自主创业的褚时健。他从创造烟草帝国到牢狱之灾，再到过亿身价的橙王，堪称为荣誉而为的创业者楷模。

5. 为实现自身价值而创业

实现自身价值，是马斯洛需要金字塔的第五层，即最高级。就像"批评与自我批评"不会降低你的自身价值一样，热衷于"表扬和自我表扬"同样不会真正提升你的自身价值。体现一个人自身价值的最好方式是实践及其成果。创业实践更是最高级的实践形式之一。进入 21 世纪所形成的第三次创业大潮，是以"海归"为主体的创业潮。他们不屑于进入体制内部和其前辈那样过着平安很可能又是平庸的生活。带着从海外修成的创新意识，带着对国内创业环境的艳羡，带着对祖国的热爱，踏上海归之路的同时，就注定要通过创业展示自己存在的价值、自己留学的价值。

细数张朝阳、李彦宏、王志东、丁磊等这些当今年轻人心目中的偶像级人物，他们有的毕业于世界名校，有的毕业于国内名校，都有资格和机会进入体制内工作，过上非常安逸的生活，但是他们却选择了创业，最终成为世界著名企业家，而且在世界或中国富豪排行榜上不时都能看到他们的大名。

张朝阳毕业于 MIT 并获得博士学位。他于 1998 年回国创业成立搜狐公司，两年后即 2000 年 7 月 12 日，搜狐公司在美国纳斯达克成功挂牌上市。

李彦宏 1991 年毕业于北京大学信息管理专业，随后前往美国布法罗纽约州立大学完成计算机科学硕士学位。他曾先后在美国担任道·琼斯公司高级顾问、《华尔街日报》网络版实时金融信息系统设计者，以及国际知名互联网企业资深工程师。2000 年 1 月，李彦宏带着他的"超链分析"技术专利回国创业，创建了百度，并于 2005 年在美国纳斯达克成功上市，成为首家进入纳斯达克成分股的中国公司。目前，百度已经成为中国最具价值的品牌之一。

毕业于北京大学的王志东先是在王选教授领导下的北京大学计算机技术研究所从事基础软件开发工作，并取得了多项重大软件开发成果。1990 年 6 月，王志东转入"北大方正"公司负责产品二次开发与新产品研制工作。1991 年 6 月，独立研制并推出的国内第一套实用 Windows 3.0 汉化系统"北大中文窗口系统"，是北大方正 1991 年七大新产品之一。优越的工作环境和优厚的待遇掩不住他自主创业的雄心。1992 年 4 月，他离开方正创办"新天地电子信息技术研究所"，任副总经理兼总工程师。1993 年，王志东创办四通利方信息技术有限公司大获成功。1998 年 12 月，又完成了与美国华渊公司的合并，创建新浪网，担任新浪网首席执行官兼总裁，并率领新浪成为首家成功在美国纳斯达克上市的中国网络公司。

丁磊 1993 年毕业于成都电子科技大学，1997 年 5 月创立网易公司，与张朝阳、王志东并称为网络三剑客。2000 年 6 月，网易在纳斯达克正式挂牌上市。2009 年，丁磊宣布网易养猪计划；2015 年 2 月 11 日，入选"2014 中国互联网年度人物"。2018 年 2 月 28 日，胡润研究院发布《2018 胡润全球富豪榜》，丁磊以财富 1 350 亿元位列大中华区第 10 位、全球第 48 位。

虽然实现自身价值不一定只有创业，但是创业是体现自身价值的一条最直接、最一目了然的发展之路。当然，一个人的价值不是只有财富多少一个指标，在团队中参与创业、体制内敬业工作、社会公益事业等，都可以体现自身价值。这里只是表明创业是体现自身价值的一种途径和方式而已。

6.3.3　创业动机的培养与激发

创业动机源于创业者的需求，因此马斯洛的需要层次理论就成为创业动机分类的理论依据。然而人的需求又是时间的函数，不论需求内容还是需求强度都是随着时间的变化而变化的。如果我们认同人的需求是可以被创造的，那么人的创业动机也将是可以被培养和激发的。一个人创业动机的培养可以来自内外两个方面，而创业动机的激发则主要来自外部环境因素的作用。创业动机的自我培养与创业者的成长经历相关，与其社会责任认同相关，与其对未来生活的憧憬或梦想相关，当然与其受教育程度也相关。

1. 自信心是创业动机形成的第一要素

所谓自信心，也称为信心，指的是一种反映主体对自己能否完成某项任务或实现特定目标的信任程度的心理特性，是一种积极、有效地表达自我价值、自我尊重、自我理解的意识特征和心理状态。自信心的个体差异直接影响学习、就业、创新、创业等各方面的心理活动与行为决策，更是创新、创业动机形成的第一要素。一位没有创业自信的人不仅不会选择创业，即便选择了创业也会在挫折和风险面前望而却步，甚至半途而废。

主体的自信心是相对于特定任务或目标而言的，不仅相同的目标或任务对于不同的主体会表现出不同的自信程度；不同的目标或任务对于同一主体也同样会表现出不同的自信程度。自信心源于主体的相关知识结构和实践经验。同理，创业者的自信心源于其相关行业、专业知识和创新创业知识，以及自己和前人的创业经验。正如笛卡尔名言：知识就是力量。

任何人对于任何事务的自信心都不是天生就有的，而是后天培养形成的，创业自信心更是如此。建立创新创业的信心，首先要有宽、专兼备的知识结构。专业知识和技能是解决创业过程中的产品设计、生产和质量控制的信心来源；较宽的知识面，特别是金融、会计、市场营销及企业管理等方面的知识，是解决企业构建和运营，特别是盈利模式建设问题的信心来源。其次是要具备创新创业的知识和经验。创新创业知识可以通过相关课程或教程来学习，而创新创业经验则可以通过创业实践积累，或者研究他人创业成败的经验或教训获得间接经验知识。最后熟知国家或地区相关创业政策、法律法规，以及国际国内经济发展趋势和特点，这些社会环境因素不仅是创业信心的重要来源，而且往往是激发人们创业动机的重要因素。

当然，物极必反的哲理同样适用于自信心的建立。不论对于任何事物，也不论对于任何人而言，过分的自信必然转化为自负心理。而自负心理往往会因为夸大或高估自己的能力成为科学决策的最大障碍，成为决策风险的最大隐患。自信而不自负是成功创业者的一个共同特征。

2. 责任心是创业动机形成的关键因素

同样基于马斯洛的需要层次理论，人的生理和安全需要是最基本的需要，也是第一需求。一个人的责任心，首先表现在对自己的生理和安全需要负责，对家人的生理和安全需要负责，对友人的生理和安全需要负责，并兼顾天下人的生理和安全需要。生理需要包括人的衣食住行和健康养老等生活需要，安全需要则包括生命、财产、信息等权力不被侵犯。对自己，对家人，对友人，对天下人的生理和安全需要负责，面对他们某一方面的需要都会使人产生强烈的责任感和使命感，并转化为强烈而持续的创业动机。

一个没有责任心的人，是既不会有创新创业的动机，也不会承担创新创业风险，更不会取得创新创业成功的。然而，一个人的责任意识的培养并非一日之功，需要父母的言传身教，也需要教育系统给予理性固化，更需要长期的自我修炼。培养独立人格和自力更生精神，充分认识"人的本质是一切社会关系的总和"的道理，只有我为人人才能人人为我。建立为人民服务的主体意识，形成社会责任感，就达到了创业者应有的具有理性化创业动机的高度。

3. 进取心是创业动机形成的重要因素

进取心是指不满足于现状，不断追求新目标、高标准的心理状态。不满足于现状是思变的开始，改变现状是创新的过程，达到新的高度、实现新的目标是创新的成功。没有进取心就会安于现状，也就不可能产生创新创业的动机。进取心使人不断攀登高峰，创造奇迹。个人没有进取心就不会成长，企业没有进取心就不会壮大，军队没有进取心就不能打胜仗，国家没有进取心就不能强大，民族没有进取心就不会富强。

进取心是实现受人尊重和自我价值实现的具体表现。进取心是人类的一种共同特征，没有进取心就没有人类文明的过去、现在和未来。创新创业本身又是人类进取心的具体表现。进取心决定人们创新创业动机的强弱，是其赖以形成的重要因素。进取心不仅使人形成改进产品的动机、创造新技术的动机，还使人产生创立新企业的动机、改革管理方式的动机、拓展新业务领域的动机等。进取心是人类社会一切发展的必要条件。

毛泽东题词：好好学习，天天向上。对于青年学生而言，"天天向上"要求我们必须具有进取心，天天有进步，天天有发展，向前的脚步永远不停止。"好好学习"是"天天向上"的必要保证，是实践性条件。没有"好好学习"，就不能实现"天天向上"的进步和发展。作为创新创业动机形成的重要因素，进取心要求我们不仅要有与时俱进的人生目标，还要有与时俱进的学习目标、工作目标和生活目标；不仅要在工作上精益求精，还要在生活和学习中精益求精。只有这样，对待各个方面事务的进取心，就会转化为我们的创新创业动机，进而驱动我们的创新创业决策和行动。

4. 正确的"三观"是创业动机形成的基本条件

所谓"三观"，原指的是世界观、人生观和价值观。胡锦涛同志曾经提出事业观、工作观和政绩观，即"新三观"。所谓三观不正，指的就是有些干部的这新三观不正确。这里所说的"三观"指的是经过科学检验的马克思主义的世界观、人生观和价值观。

世界观是指人们对世界或宇宙的根本看法或总观点。马克思主义世界观认为世界的本原是物质而又统一于物质。运动、系统和时空是物质的存在形式或属性。世界万物存在普遍联系，这种普遍联系形成物质运动的原因。任何事物都处于普遍联系和运动变化之中。这就是辩证唯物论的最基本的观点，它不仅适用于自然界，同样也适用于人类社会和人的思维。

人生观是由世界观所决定的关于人生的总看法和总观点。通常所谓生存观、生活观、恋爱观、苦乐观、荣辱观、生死观，甚至胡锦涛所谓"新三观"都属于人生观范畴。根据"人的社会存在决定人的社会意识"原理，不同的社会环境和生存条件决定了不同的人生观。共产主义人生观，是大公无私、全心全意为人民服务，追求无产阶级和全人类的自由解放，将建设社会主义和共产主义作为崇高理想。在新时期，以马克思主义理论为指导，坚持社会主义荣辱观，为建设和发展中国特色社会主义，实现中华民族伟大中国梦而努力，是中国新时代正确的人生观。

价值观由世界观和人生观所支配，由人们的社会存在条件所决定，是指人们对自己的行为或事物进行评价的基本尺度或准则。其中"价值"的含义不同于商品二重性中的价值，却类似于其使用价值，即商品的有用性或功能性。相同的社会环境和生活条件下的人们往往会有基本相同的价值观。相反，不同社会环境和生活条件下的人们往往会有决然不同的价值观。党的十八大以来我国践行社会主义核心价值观的基本内容包括三个层次，共计 24 个字，即富强、民主、文明、和谐，自由、平等、公正、法治，爱国、敬业、诚信、友善。其中，富强、民主、文明、和谐是国家层面的价值目标，自由、平等、公正、法治是社会层面的价值取向，爱国、敬业、诚信、友善是公民个人层面的价值准则。

如果我们将自信心、责任心和进取心简称"三心"，那么，这"三心"是由"三观"所决定和支配的，"三心"是坚持正确"三观"下的"三心"。坚持正确的"三观"是我们适应中国发展需要和适应创新创业环境的需要，同时也是创新动机形成的社会源泉。坚定的"三心"更是创新创业动机的直接来源。有了"三观"和"三心"，就有了创新创业动机。有了创新创业动机，开启创新创业计划和行动就为时不远了。

6.4 创业的风险类型

创业过程是一个曲折前进的过程，俗话说"创业有风险，投资需谨慎"，当然回报和风险往往成正比。创业者在创业准备期要有预见性地判断在创业过程中可能遇到的风险，科学评价自己可以承担的风险强度，对于有效规避和降低创业过程中的风险十分重要。2006 年颁发的《中央企业全面风险管理指引》总则第三条：本指引所称企业风险，指未来的不确定性对企业实现其经营目标的影响。同理，创业风险是指未来的不确定性对创业者实现其创业目标的影响。

6.4.1 创业风险分类

创业有风险，就怕不知道风险在哪里。讨论创业风险的分类，目的就是要理性地去识别和防范风险。然而不同的分类准则就会有不同的分类形式。采取混合分类准则，虽然会有重复，不能完全达到互斥目标，但有个好处，即一般不会遗漏。按照混合分类准则，创业风险一般可分为主观性创业风险和客观性创业风险、系统内部风险与系统外部风险、战略性风险和战术性风险、技术风险与管理风险、融资风险与财务风险、市场风险与运营风险、政策与法律风险等。

1. 主观性创业风险和客观性创业风险

按风险来源的主客观性划分，可分为主观性创业风险和客观性创业风险。主观性创业风险，是指在创业阶段，由于创业者的心理素质与思维片面性等主观方面的因素，而导致创业失败的可能性。如因创业者一时冲动，没有做好应有的心理准备，遇到困难束手无措，无法达成创业目标。又如因创业者选择行业或项目的盲目性，导致无法获得市场预期而血本无归，如此等等。客观性创业风险，是指在创业阶段，由于客观因素导致创业失败的可能性。如市场的变动、政策的变化、竞争对手的出现、资金链断裂、团队分裂等因素导致无法达成创业目标。

2. 系统内部风险与系统外部风险

系统内部风险，主要是指创业过程或企业系统内部因素导致的不确定性。如创业过程的某一环节的一招不慎；新创企业内部的决策、运营、产品开发、融资、服务等因素带来的不确定性。系统外部风险，主要是指创业过程或新创企业系统之外部因素的不确定性所带来的创业目标实现的不确定性。如创业者受到来自家庭、朋友及社会情势与市场变化的影响产生的不确定性；又如创业过程中受到外部干预，企业构建和运营中受到国家相关政策和法律约束，甚至遇到其他不可抗力的自然因素影响等。

3. 战略性风险和战术性风险

战略性风险，是指创业者选择行业、项目、组织形式，特别是目标定位等方面不够恰当而产生的不确定性。如选择钢铁行业遇到压产能，选择化工行业遇到大气环境污染法和税收加重的影响等。战术性风险是指操作层面的风险，即在创业过程中的具体环节或实现阶段性目标时，由于种种原因导致的不确定性。战术风险中包括决策风险、技术风险、资金风险、管理风险、市场风险等。

4. 技术风险与管理风险

技术风险，是指由于技术方面的因素及其变化的不确定性而导致创业失败的可能性。技术风险的具体表现：

①产品开发不能实现预期目标所带来的风险；

②产品或服务开发与市场需求的适恰度不足所带来的销售风险；

③产品生产技术（包括生产设备、工艺、流程等）因素带来的产量和质量不能实现预期目标带来的风险。

管理风险，是指由于创业者及其团队因缺乏相应管理知识和经验，在研发管理、生产管理、质量管理、客户管理、财务管理、信息资源管理、人力资源管理，特别是市场营销管理等方面的失误或错误导致的创业风险。

5. 融资风险与财务风险

融资风险，是指筹资活动中由于筹资规划而引起的收益变动的风险。融资风险往往会受到经营风险和财务风险的双重影响。融资风险常遇情况包括信用风险、建设风险、生产风险、市场风险、金融风险、政治风险、环境保护风险等。财务风险，是指在各项财务活动过程中，由于各种难以预料或难以控制的因素影响，使得财务状况具有不确定性，从而使企业有蒙受损失的可能性。企业财务风险主要包括流动性风险、信用风险、筹资风险、投资风险。其中又有可控风险和不可控风险之分。

6. 市场风险与运营风险

市场风险，是指由于市场情况的不确定性导致创业者或其新创企业损失的可能性。如供求关系变化、竞争对手及国际贸易的影响等。运营风险，是指新创企业在建立研发模式、生产模式、商业模式及其运行机制之后，在日常运营之中出现的不可预知因素的影响导致企业亏损甚至破产的风险。运营风险主要包括产品研发风险、原材料采购风险、生产过程风险、财务风险、人力资源风险、环评风险和政治风险等。

7. 政策与法规风险

政策与法规是在国家层面引导或禁止社会资源配置方向和规模的重要因素，同时对于企业具有引导或约束投资方向或规模的作用。政策与法规风险，是指由于国家或区域政府部门根据其整体发展需要，对于原有相关政策法规的修改或修订，最终对企业经营绩效产生不利影响的风险。政策与法规风险常见情况：节能减排、绿色环保、卫生检疫等方面的政策法规，对企业产品、生产技术及生产过程的影响。

因果规律告诉我们，任何事情有果必有因。一种结果可以由多种原因引起，相反，一种原因也可以引起多种结果。尽管创业风险是多方面的，但是引起创业风险的原因或许并不那么复杂。因此，分析创业风险的成因将是规避风险的条件。

6.4.2　创业风险的成因

不论是主观性创业风险与客观性创业风险、系统内部风险与系统外部风险、战略性风险与战术性风险、技术风险与管理风险、融资风险与财务风险、市场风险与运营风险，还是政策与法规风险，不外乎主观性风险和客观性风险两大类型。因此，创业风险的成因，可以归结为主观性与客观性两大类原因。同样的客观风险，对于有的创业者而言可能就是机遇，就是获得成功的条件；对于有的创业者而言可能就会成为灾难，成为直接导致失败的关键。外因总是事物变化的条件，只有内因才是事物变化的根据。因此，归根结底，几乎一切创业风险的成因都是主观性的。从主观性角度分析，创业风险的成因可以概括为以下几个方面。

1. 信息不对称性

信息不对称性对于任何博弈性活动都是关乎其成败的关键因素。所谓信息不对称，是指博弈双方对于同一事物所占有的信息不对等，即一方占有信息较为充分，而另一方则不充分甚至缺少相关信息。通常情况下，缺少相关信息的一方必然会在双方博弈过程中处于劣势地位，甚至最终成为失败者。创新创业活动犹如博弈，不论行业类型、主体类型、动机类型、风险类型的选择，还是项目选择、产品开发、运营管理，还是选人、用人等方面，如果不能够充分占有相关信息，那就意味着"一着不慎、满盘皆输"。因此，尽可能充分获取相关信息，才能保证决策的科学性，以致降低甚至避免创新创业风险。

2. 决策的主观盲目性

创新创业活动是一种理性活动，任何一个环节不仅需要创意，更需要缜密思考与科学的论证。相反，任何不理性的、主观性、盲目性的决策都将付出代价。可是在通常的创新创业实践中，经常出现一时冲动或心血来潮、仅凭主观性而盲目决策的情况。盲目地认为"我觉得行""我想可以""我认为能成功"，其结果都将事与愿违。决策的科学性和民主化，是避免主观盲目性决策的一大法宝。不论任何环节，也不论何人提出的创意，都不仅要遵循科学的方法进行论证，还要根据变化的条件进行及时调整和改变，才能够立于不败之地。

3. 行动迟缓，优柔寡断或主观冒进

一般而言，商机无处不在。但是就具体项目而言，商机优惠转瞬即逝，谁能够及时抓住机会，就能够获得滚滚财源。反之，优柔寡断、行动迟缓就会坐失良机。人们常说的，"当断不断，反受其乱"，就是这个道理。这也是某些领域常说的"右倾"思想作怪。主观冒进即所谓"左倾"主义。创新创业过程中，那些漠视市场变化，不顾经济规律，盲目乐观、激进的思想和行为，同样由于超前于市场认同而归于失败。因此，不论"左倾"还是"右倾"思想，都将是创新创业风险产生的原因。唯物辩证法是创新思维的最基本方法。关注市场变化，关注社会条件变化的影响，科学决策，行动果断，是避免创新创业风险的重要方面。

4. 朝三暮四、模棱两可、摇摆不定

创业的本质在于创新。创新意味着要走前人没有走过的路，做前人没有做过的事，实现前人没有达到的目标。因此，创业过程中存在某些不确定性是必然的。当创业目标一旦确定，创业计划一旦成行，就应逢山开路、遇水架桥、勇往直前，坚持下去就是成功。那些朝三暮四、模棱两可或摇摆不定的心态，都是创业风险的倍增器。朝三暮四，是指这山

望着那山高，总觉得自己的方向、行业、项目、模式、目标不及他人的好，改来变去，浪费了资源和精力却达不到创业的初衷。另一种情况是在创业的各个环节，处理问题时总是模棱两可、摇摆不定，不能够精准自信地解决问题，任由"细节中充满魔鬼"的肆虐，最终导致创业目标难以实现。坚信"细节决定成败"的道理，自信而精准地做好每一个环节，是避免创业风险的又一个方面。

5. 固执己见，一错再错

自信是创新创业者所应具备的第一心理品质。然而，过分的自信便是自负。自负心理主要表现是过高地估计个人的能力，失去自知之明，总认为自己比别人强很多，盲目自大且固执己见，唯我独尊，总是将自己的观点强加于人，在明知别人正确时，也不愿意改变自己的态度或接受别人的观点。创新创业时的理性活动，是以科学为坐标系的社会活动，是一种集成智慧的活动。常言道，"众人拾柴火焰高"，"人民的智慧能胜天"，又有"一个人浑身是铁也打不了几个钉子"。创业者的自负必然是其背离科学，轻视他人智慧或合作伙伴的意见，遇事一意孤行，一旦失误必将一错再错，最终导致创新创业项目流产。自负的反义词是自卑。自卑是创新创业者的大忌，自负更是创新创业失败的主要成因。

创业有风险并且来自多个方面。创业风险虽有主观与客观之分、系统内部与外部之分、总体与部分之分，但是主要的创业风险和创业风险的主要方面在于主观风险、系统内部风险和细节方面的风险。只要我们能够防范主观风险，就能够防范系统内部风险及细节方面的风险。只要系统内部各方面协同一致，创业过程的每一个细节都做到位了，任何客观性风险或外部风险都能够得到相应的防范，创业的成功就成为必然了。

6.4.3　创业风险的规避

讨论创业风险的类型及其成因的目的不外乎是为了进一步探讨如何规避风险。既然创业风险成因的主要方面是创业者的主观性因素，规避风险的主要举措就应该从主观性措施入手。下面 5 个举措是规避主观性风险的科学方法。

1. 风险意识

意识是人脑的机能，是对客观物质存在的某种反映。风险意识不仅是指创业者能够对当前出现的客观风险所做出的反应，而且是指能够对即将出现的风险做出及时的反映。风险意识的另一层含义，是对创业风险的普遍存在以及可能出现的风险具有心理准备，能够及时识别风险并采取防范举措。我们知道，几乎所有创业风险都与信息不对称有关。也就是说，尽可能及时准确地获得相关信息是形成风险意识并及时预警和防范风险的必要条件。因此，培养和增强风险意识，一是充分认识创业风险存在的普遍性，二是及时获取相关信息，防止因信息不对称所带来的各种风险。创业者的风险意识，是防范和规避风险的第一要素。

2. 风险评估

风险不可怕，怕的是对风险的来临一无所知。风险评估既是防范或规避风险的必要前提，也是必要手段。一般风险评估包括风险识别、风险分析和风险评价。创新创业风险评估同样如此。风险识别，是对创新创业活动中的影响目标实现的内外部风险或主客观风险进行及时发现和辨识。如对于系统外部风险，创业者通过及时把握相关政策变化、市场变化和竞争对手的变化信息，针对自己的创新创业目标与当前的进展状况分析，即可辨识这些变化对于实现既定创新创业目标的影响性质，是风险还是机会。若是增加了实现既定目标的不确定性，就是遇到了风险；若是有利于既定目标的达成，那将是走向成功的机会。对于系统内部风险的识别，则需要及时掌握当前进展情况及其各个环节所遇到的问题同预期目标之间是否存在偏差情况。例如，团队矛盾、融资缺口、产品研发瓶颈、生产体系建设与管理、营销渠道建设与维护没有达到预期目标等。这种偏差的性质决定风险的存在及其程度。风险分析的目的和任务，主要是明确风险的性质，找到风险的成因，为研究防范风险的对策提供依据。风险评价的目的和任务，主要是对风险的性质、程度、原因及防范或利用风险机会的可能性做出判断。

3. 原因分析

有果必有因，有因必有果。原因是引起某种现象发生的现象；结果则是被某种现象所引起的现象。原因和结果虽然是前后相继发生，却是相辅相成的一对范畴。创新创业风险的存在必有其成因，知道风险的成因才能够采取相应规避措施，有效地规避措施才能够使得创业者的创业活动化险为夷。原因分析的前提是风险识别，其目的是研究对策措施规避或防范风险。原因分析的任务，不仅是要确定可能存在的具体原因，是系统外部原因还是内部原因，是主观性原因还是客观性原因，还要明确其具体内容，如政策变化、市场变化和竞争对手的变化等外部原因，以及团队矛盾、融资缺口、产品研发瓶颈、生产体系建设与管理、营销渠道建设与维护等内部原因。此外，在多种原因中还要明确主要原因和次要原因。主要原因找到了，防范风险的对策措施就会顺理成章地产生了。

4. 对策预案

对策，是指针对创新创业风险产生的原因而提出的预防、防范或规避风险的策略、方法或措施。风险评估阶段已经对可能产生的风险及其性质给出了明确的判断，原因分析阶段对风险产生的原因做出了明确定位。由于内部因素是可以控制的，而外部因素是不可控制的，因此对于外部因素（如宏观政策、市场变化和竞争对手等因素），只能通过内部因素的调整予以适应，保证预期创新创业目标的如期实现。对于系统内部原因可能导致创新创业目标难以如期实现的风险，则可以通过加减系统要素或改变系统构成（即内部创新）保证创新创业目标的如期达成。如果可能的风险原因主要是资金缺口，可以通过设法拓宽融资渠道、引入合作伙伴或兼并重组等措施防范风险；如果是技术瓶颈原因引起的创新创业风险，可以通过定向投入资源进行重点攻关、引入相应技术或者外包设计来解决；如果是营销渠道原因引起的创业风险，或可通过渠道创新、建立网络、发展电商等措施解决，如此等等。将详尽措施系统化为系统解决方案，就是预防、规避风险的对策预案。

5. 适时行动

预案不论多么完美都是主观设计，都是纸上谈兵。适时行动才是防范各种风险的充分条件。所谓"适时"行动，就是当风险因素达到了评估阶段给出的、发挥负面作用的阈值之时，就要按照预案之中给出的具体措施果断行动。可能是根据国家或地区相关政策的变化调整创新创业目标，可能是针对竞争对手的优势相应改进自己的产品或提升生产效率，或者是引入新的管理模式，也可能是改变当前的管理体制，也可能是实施业务模式的创新。总之，为了达到预期的创新创业目标，排除各种风险隐患的具体措施依具体成因而定，但其共同本质是创新。哪个环节存在风险，那里就是创新对象，排除风险隐患就是创新目标和内容。创新是解决一切问题和风险隐患的万能钥匙。

小结

创业，首先要知道存在哪些行业，知道每个行业存在哪些产业，这就要掌握国家行业分类及国际通行的产业分类。选择创业入门行业，既要关注当前各行各业发展的大趋势，知道哪些属于朝阳产业，哪些属于夕阳产业；还要有自知之明，知道自己的价值取向，清楚可支配的相关资源；更要知道当前具有成长性、存在大量商机的产业有哪些。只有这样才能有一个好的开端。

创业主体包括个体创业、合伙创业、团队创业和公司创业等不同类型。人人皆可创业，你可以选择个体自主创业，选择合伙创业，可以组成创业团队创业，可以选择作为公司创业的一员分享创业的快乐。选择哪一种创业主体类型，是由个人的意愿和条件所决定的。其原则是，既坚持"力所能及、量力而行"，又要追求"利益最大化"。每一个企业集团，甚至企业"帝国"，都是从零起步，在不断创业中形成的。当我们羡慕、欣赏那些著名企业家和企业的时候，别忘记：创富之路就在自己的脚下。

创新创业动机的直接来源是马斯洛的需要"五层次"，其形成过程又离不开主体的"三心"作用，而"三心"的培养又受到"三观"的支配。因此，树立正确的"三观"，培养较强的"三心"，关注"五层次"需要，就成为形成创新创业动机的基本逻辑。

创业有行业类型、主体类型、动机类型还有风险类型。前三种类型是可供创业者选择的，而风险类型是不可以选择的，只能规避。选择行业类型、主体类型、动机类型皆须遵守一个原则，即适恰性。常言道，鞋子合不合脚只有脚知道。适合创业者自己的选择才是最好的选择。风险类型不能够选择，只能够根据评估结果和原因分析，采取"逢山开路、遇水搭桥、兵来将挡、水来土掩"的策略。行业类型、主体类型、动机类型的恰当选择对于创业成功至关重要。适时识别和防范风险同样是创业成功的必要条件。通过创新来解决创新创业中遇到的各种问题，是防范风险通向成功的必由之路。

❓ 思 考 题

1. 创业的行业类型有哪些？
2. 如何选择适合自己的行业类型？
3. 创新创业的主体类型有哪些？
4. 如何选择适合自己的主体类型？
5. 创业动机类型有哪些？
6. 不同类型创业动机的成因各是什么？
7. 你有没有创新创业动机？
8. 创业的风险类型有哪些？其成因各是什么？
9. 如何识别和规避风险？
10. 创新在防范创业风险中的作用是什么？

第7章 创业流程与创业计划

知道创业的创新本质，了解创业的分型、创业过程的构成要素、创业的风险与乐趣，还需要进一步了解和把握创业的一般流程及每一个环节的主要任务，这将为我们进入理性创业实践奠定基础。

7.1 创业的一般程序

创业是一种理性的行动，不是一时冲动或心血来潮。创意的产生是创业的前提；从创意到计划，是创业的开始；计划的实施，是创业的过程；计划的实现，是创业的成功，是财富的占有。尽管不同的创业者向我们展示的是不同的经验和教训，但是成功的创业者往往都具有创业理性，他们会借鉴前人的经验，根据相关理论知识选择自己的创业道路，制定适合自己的创业路线图。创业的一般程序，是指不同的创业者所遵循的实现预期创业目标的一般过程，以及解决问题的逻辑时序或步骤。图7-1所示为实用型创业流程图。这一流程图是参考有关学者的研究并结合中国创业环境的实际状况给出的。其中每一项工作都是必不可少的，但是各个环节之间的时序却是可以根据不同创业者的前期工作状况而变化的。其作用只是为创业者制定创业计划，规划创业路线提供参考而已。

7.1.1 创业类型选择

创业，首先要知道创什么业，为什么创业，怎么创业，为谁创业，在哪里创业等问题。这就是创业理性使然。要想知道"怎么创业"，第一个要解决的问题就是"创什么业"，这就是"创业类型的选择"。根据第6章内容，即关于创业的行业类型、创业的主体类型、创业的动机类型、创业的风险类型等理论，为我们解决上述问题奠定了基础。创业

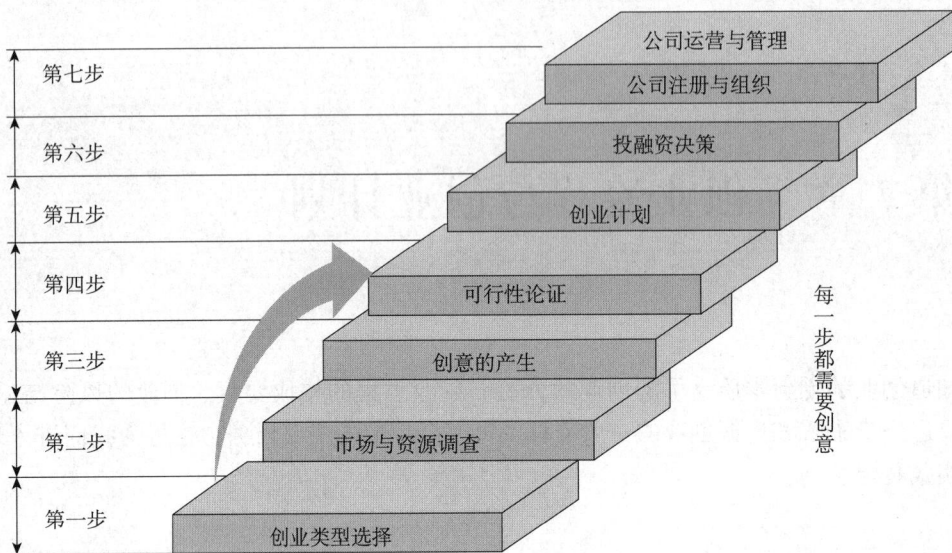

图7-1 实用型创业流程图

实践中具体创业类型的选择，就是立足于自身条件，以第一人称回答上述问题，即我要创什么业。假如你对智慧产业感兴趣，你可以选择智能家装、智能服务、智能控制器件、智能机器人等；假如你对教育有志趣，可以选择教育技术、教育培训、教具、图书出版、智力玩具、电子书、教育机器人等；假如你对食品安全有兴趣，可以选择安全农作物种植、食用动物养殖及加工销售或者相应的技术服务等；假如你对农民创富有兴趣，可以选择农业技术服务或者农产品深加工等等。行业类型的选择是创业的第一步。因此，有了行业选择意向之后，还要通过风险评估，并根据自己的创业动机，选择主体类型，最终确定创业类型和创业目标。如来自大山深处的谢友旺在深圳打拼几年之后决定自主创业，是深深的家乡情结，使他选择了林业产品开发行业，并决定用自己几年的积蓄回乡独资创业。

7.1.2 市场与资源调查

市场与资源调查是围绕创业类型选择的初步结果有的放矢地进行的。其目的是通过信息检索和实地考察，对于所选行业的具体资源存量、市场占有量、获得资源的渠道、市场营销渠道、市场需求及技术可行性给出肯定或否定的结论。市场与资源调查，不仅会给创业者以继续前进的信心，还会给创业者进一步明确具体开发项目和选择商业模式提供依据。这一阶段的工作越扎实，创业过程中的风险就会越小，成功的可能性就会越大。谢友旺回乡创业的第一件事，就是进行资源调查。他经调查研究，发现亟待开发的杜仲林资源及其存量和开发的可能性，最终选择杜仲（中药材）养生保健产品开发项目而大获成功。

7.1.3　创意的产生

市场与资源调查，一是论证所选行业是否存在创业商机；二是明确存在什么样的商机；三是酝酿如何利用这个商机，这就是形成创意。所谓创意，是指关于公司的主营业务及其产品，特别是商业模式的初步构想。如前述谢友旺针对调查发现的杜仲林资源，根据其药用价值，通过"辐射思维"，将杜仲资源与人们生活的不同方面相联系，形成了多种思路，进而形成了杜仲茶、杜仲香皂、杜仲润肤霜、杜仲食品、杜仲香包等新产品开发创意。进一步，他将这些创意与张家界旅游资源相联系，形成了以杜仲资源开发为主业，与相关科研单位合作，开发杜仲养生保健产品，并建立旅游营销商业模式的创业方案。

7.1.4　可行性论证

可行性论证，是对创意实现的可能性、商业模式的可行性、盈利预期和风险规避等给出确定的回答，是投资前的必要环节。可行性论证的主要内容及流程如图 7 - 2 所示。

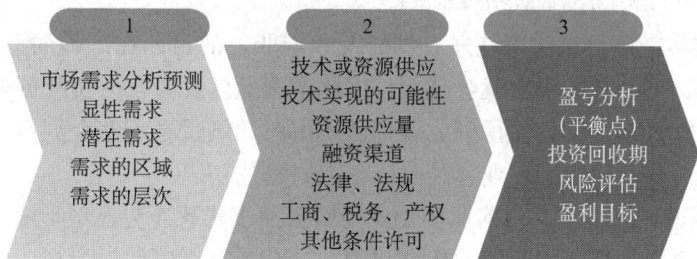

1	2	3
市场需求分析预测 显性需求 潜在需求 需求的区域 需求的层次	技术或资源供应 技术实现的可能性 资源供应量 融资渠道 法律、法规 工商、税务、产权 其他条件许可	盈亏分析 （平衡点） 投资回收期 风险评估 盈利目标

图 7 - 2　可行性论证的主要内容及流程

7.1.5　创业计划

创业计划是创业者在确定创业类型，并经过市场调查确定了创业目标和主营业务之后，对创业目标、创业方式、创业条件、实现创业目标的基本路线或途径，以及各个环节要完成的主要工作给出简要说明的书面文件。

创业计划既是创业者走向成功的路线图，又是创业者叩响投资者大门的"敲门砖"。一份优秀的创业计划往往会使创业者达到事半功倍的效果。创业计划要回答的主要问题包括公司的性质、行业类型、主营业务、产品及其开发、生产与组织、融资与财务、生产与营销、运营与发展等。

创业计划书的撰写已经形成了一定的格式，只需将要回答的主要问题及其解决方式填入相应位置（栏目）就可以了。当然，除了格式化表达内容之外，在具体内容的表达上还应该遵循创新之道，给自己以预期，给投资者以信心。

7.1.6　投融资决策

增殖是资本的天性。投资的目的当然是赚钱。然而，创业有风险，投资需谨慎。为此，投资创业需要坚持下面四项基本原则。

（1）投资不能影响家庭生活。如今创业者的创业动机很少是因为生活所迫，而多数是属于锦上添花，要么是为了展现自身价值，要么是追求社会尊重，要么是为了超越自己。因此，创业投资应在自己和家庭生活费用预算之外筹集，不能因为自己创业而降低生活质量，甚至出现更糟糕的状况。

（2）充分利用市场化融资平台。创业是在市场经济环境下进行的，必须坚守市场规则，遵循市场经济规律，因而尽量利用市场融资条件实现融资目的。市场经济同时又是法治经济。因此，融资不是圈钱更不是骗钱，而是通过融资创业使得资本增值，既要实现自己的创业目的，又能够为投资人分享利润。

（3）并非越多越好而是适度就好。投资人和创业者的目的在赚钱的意义上是一致的。得到的投资越多，创业者的压力就会越大，因此融资额度要与自己实现创业目标实际需要相一致。如果融资过多，就会使得创业者自己所占股比例过小，整个创业活动就成了为投资人创利的过程，这就背离了创业者为自己创造财富的初衷。

（4）融资渠道灵活恰当。目前我国创业融资渠道多样化态势已经形成。各级政府几乎都设立了创业基金，银行有创业贷款优惠政策，社会上有诸多创投公司，各个单位都有创新创业奖励基金，还有互联网众筹平台等，可以说是不怕没地方融资，就怕没有值得投资的项目不去融资。既然融资的渠道和方式多种多样，创业者没有必要坚守"自力更生"的信念，一定要自筹、合伙集资或者财产抵押贷款等，应当坚持以实现融资目标的同时最有利于创业目标实现为原则，灵活选择最恰当的融资方式和融资额度。如政府财政支持、天使基金、众筹方式或参与电视节目都是很好的融资渠道和方式。

7.1.7　公司注册与组织

公司的注册是按照有关规定遵循一定流程进行的，任何个人都是无权改变的，只能严格遵循。公司注册完成，意味着一家合法公司的成立，一个新的市场主体的诞生。当然，公司的注册完成，同时宣告了创业者从此开始的市场运作都将是合法的了。

公司注册之前需要对公司的组织有一个初步规划，并准备好注册公司所需的各种材料，如公司名称、所属行业、主营业务、经营场所、公司性质、法定代表人、公司章程等。注册公司的一般流程包括：核定公司名称、提交材料、领取执照及刻制公章四个步骤。至于公司的组织结构，除非是现有公司创业注册新公司，或许可以一步到位形成完整的组织结构，对于初创公司而言一般都是根据注册公司所需材料要求，先确定公司名称、所属行业、主营业务、经营场所、公司性质、法定代表人、公司章程等。等到公司注册完成之后，再根据业务发展需要招聘企业员工，逐步形成适合企业经营目标要求的组织结构，并建立企业制度：组织制度、人事制度、生产制度、财务制度、运营制度、开发制度、分配制度、薪酬制度、激励制度等，以及以此为基础的运行机制和经营模式。

7.1.8　公司运营与管理

企业经营管理，是对企业整个生产经营活动进行决策、计划、组织、控制、协调，并对企业成员进行激励，以实现其任务和目标等一系列工作的总称。经营管理的基本任务是，合理地组织生产力，使供、产、销各个环节相互衔接、密切配合，人、财、物各种要素合理结合，充分利用，以尽量少的劳动消耗和物质消耗，生产出更多的符合社会及市场需要的产品。

成功企业家们的经验告诉我们，"经营是选择对的事情做，管理是把事情做对"。所以经营是指涉及市场、顾客、行业、环境、投资的问题，而管理是指涉及制度、人才、激励的问题。简单地说，经营关乎企业生存和盈亏，管理关乎效率和成本。企业的经营管理同样存在创新问题。创新可以使得一家企业扭亏为盈，甚至起死回生；反之，由于经营管理不善导致企业亏损直至破产的案例数不胜数。这就是人们常说的一个道理，即"打天下容易坐天下难"。

总而言之，创业的一般程序就像一个指南针，它指引我们从创业决策开始，一步步做好每一件事情，直至成功运营。同时，创业的一般程序告诉我们，创业需要做哪些事情，哪些事情先做，哪些事情后做，以及前后事情之间的逻辑关系。至于这些事情该怎么去做，做到什么程度，后果将怎样，以及如何通过不断创新保持和提升市场竞争力等，将是以后几节重点讨论的内容。

7.2　创业类型选择创新

创业本就属于创新范畴。创业的每一个环节都需要创新。行业类型的选择既是注册公司之前必须解决的问题，也是创业者迈出的创业第一步。在第 6 章中已经讨论过创业类型及其选择，这里主要是就注册公司所需要回答的问题，进一步讨论行业类型的选择创新问题。

7.2.1　创业类型选择原则

首先是行业类型选择。根据《国民经济行业分类》（GB/T 4754—2017），目前我国企业可分为 20 个行业门类，97 个大类，970 个中类，9 700 个小类。在注册公司之初我们必须对其做出明确选择，由此形成 4 位数的行业代码，并最终出现在我们所注册公司的营业执照上面。那么，如何才能从这 20 个行业中选出适合自己的创业行业，又如何从这 9 700 个小类中找到最适合自己的业务类型呢？动机类型、主体类型和风险类型又该如何选择呢？其实没有任何人能够替代创业者做出选择。下面 5 个基本原则或许能够对创业者恰当选择创业类型有所帮助。

（1）创业类型选择的总原则是适恰性，即最适合自己，而且成功的概率最大化，风险最小化。

（2）创业的行业类型选择的基本原则是：需求最大、朝阳产业、专业对口、理想对路、渠道畅通、资源丰富。

（3）创业的主体类型选择的基本原则是：量力而行、合作共赢、分享快乐、专业互补、风险分化。

（4）创业的动机类型选择的基本原则是：实事求是，大处着眼、小处做起，先生存、后发展。

（5）创业的风险类型选择的基本原则是：风险最小、规避有方、收益最大。

在这 5 项原则之中，第一项权重最大，是具有根本性的原则，也就是总原则。在具体创业实践中，只要坚持这项总原则，其他 4 项原则之中即便出现相互矛盾的情况也不可怕，只需要找到其最大公约数就能够保证最终选项的最优化和可靠性。

7.2.2　创业类型选择方法

任何决策都可以归结为一种选择过程。科学的决策一般要考虑三个要素，即目标、条件和理论根据。创业类型的选择、决策，则是根据动机和条件选择创业目标和类型。其决策方法可参照图 7－3 所示的创业类型决策流程。

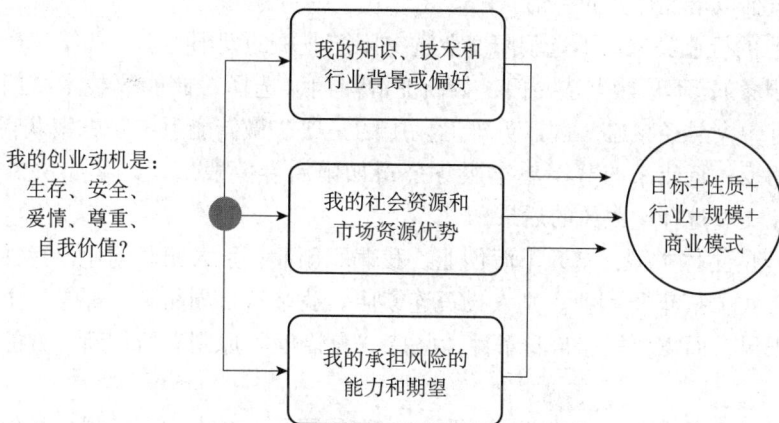

图 7－3　创业类型选择流程

没有创业动机就不会有创业的冲动，更不会有创业的成功。创业动机的形成是创业者走上创业之路的先决条件。创业类型的选择是创业过程的第一步，也是决定创业成功与否的关键环节。因此，创业者的动机类型往往决定其创业类型及其创业目标。马斯洛的需要层次理论及其层级顺序，甚至支配着企业创立与发展目标的选择与演变。生存需要往往是驱使创业者走上创业之路的第一动机。基于自己明确的创业动机，创业者根据自己知识、技术及行业背景，综合分析自己的既有条件和所能够获得的资源优势，以及承担风险的能力和期望，最终决定自己的创业目标、行业类型、公司性质、主营业务和投资规模等。

华为技术有限公司，是其创始人任正非于 1987 年在中国深圳正式注册成立的。当年 43 岁的任正非的创业动机，既有生存的需要，也有自尊的需要。自尊的需要，是指他不乐意在其前妻的公司谋职，生存需要是指他离异之后离开前妻所在公司需要挣钱养活自己。基于后者，他筹资 21 000 元注册了自己的公司，主营业务是代理香港某公司生产的程控电话交换机在国内的推广和销售。随着开展业务的深入，使他看到了中国电信行业对程控交换机的渴望，然而，当时国内使用的几乎所有通信设备都依赖进口，形成了"七国八制"（即美国 AT&T、加拿大北电、瑞典爱立信、德国西门子、比利时贝尔、法国阿尔卡特，以及日本 NEC 和富士通）的局面。这种民族自尊心使他决定将此前赚取的利润投入民族品牌程控电话交换机的研发中去。自主研发使得华为有了自己的品牌，有了自己的核心技术，以至成为今天的通信技术行业的世界翘楚。

7.2.3　创业类型选择的创新

创业类型选择本身也需要创新。根据创新的基本概念，即"变好"，在创业类型选择中的创新，包括以下几个方面。

（1）创业的行业类型：不选朝阳产业选夕阳产业中的朝阳类别，如第三产业即服务类别（如信息服务）；不选热点选冷门，如新能源热门，选择"储能"技术冷门。2016年6月19日22时中央财经频道《创业英雄汇》中的一项"微储能系统"方案获得1 000万元投资合约。相反，近年来的共享单车服务公司如雨后春笋般出现，又如秋风扫落叶般倒闭，说明行业类型选择中跟风的后果。

（2）创业的主体类型：众人下海创业，我兼职创业；别人团队创业，我独立创业；别人合伙创业，我"搭车"创业；别人投资连锁店，我坚持自创品牌，等等。主体类型选择同样不能够跟风，而需要根据自身条件，坚持"自恰性"原则有所创新，方能够提高创业成功率。

（3）创业的动机类型：众人为了小康，我为了富裕；众人为了实现自身价值，我则为了超越我自己，等等。创业动机类型选择创新，主要是将眼光放长一些，尽量选择比自己当前需要更高一级的需要作为自己的创业动机。这是因为更高一级的需要的满足之中，必然包含着对低一级需要的满足。着眼于更高一级需要确定创业目标，更有利于企业的成长和事业的发展。

（4）创业的风险类型：众人追求风险最小化，我可以追求风险最大化。因为风险最大意味着成功之后必然实现利益最大化。如贝尔公司的贝尔实验室专门招聘研究项目非常"无厘头"的学者；华为公司专门招聘那些具有引领未来科技发展潜力的研究型学者进行超前研究等。

7.2.4　创业类型选择的意义

创业是一种理性的活动，不可心血来潮地一时冲动，也不可跟风式地盲目行动，需要三思而后行。因此，创业类型的选择是整个创业流程的第一步。人常说，万事开头难。一旦选择了创业类型，之后就是按照创业流程顺理成章地往前走了。

行业类型选择是创业类型选择的首要任务。选择创业的行业，不仅将决定事业的成败，还直接影响企业未来的发展空间。也就是说，理性选择行业类型，对于创业成败有时甚至具有决定性意义。例如，格力电器属于我国市场上的名牌产品，然而格力集团选择手机研发业务进行再创业却是选错了行业，以至于为企业带来很大负担。

主体类型的选择是创业类型选择的又一重要因素。主体类型不仅将决定创业者所能达到的能力水平，而且决定创业者的抗风险能力。以往的创业者多为个体创业或者家族创业类型，而今随着市场需求的变化，高知识含量的产品或服务需求对创业者提出了更高的要求，团队创业渐成潮流。拥有不同知识、技术背景，不同社会资源的创业者团队将拥有更高的创新创业能力与抗风险能力。因此，选择整体创新、创业能力强，实现更高、更长远创业目标可能性最大的主体类型，就成为当前创业者的首选。

创业动机类型的选择，将决定创业者创业的目标、勇气、毅力和前景。创业动机类型的理性选择，应立足于当前、着眼于长远，既考虑满足自身当前需要，也要考虑满足自身更高层次需要的可能性。几乎每一个集团式企业都经历了一个由小到大，由单一业务向多领域发展的创业过程。然而，我们随处可见的个体餐馆、商铺，却由于创业者仅仅是为了满足生活需要的目标，没有考虑到更高级的需求层面，一直停留在个体商铺、餐馆的水平。

风险类型的选择往往是被创业者淡化的一项工作。殊不知创业风险类型的选择，不仅体现创业者的魄力，还直接影响其创业难度和规模。这就要求每一位创业者，在创业之初不仅要对创业过程各个环节可能存在的风险因素了如指掌，还要根据风险最小原则选择最佳技术路线。有效规避风险就意味着创业成功。

总之，创业类型选择及其创新，包括创业的行业类型、创业的主体类型、创业的动机类型、创业的风险类型等方面的选择及其创新。关注创业类型选择及其创新，首先要关注选择相应类型的基本原则与方法；其次是关注创新的前提，即众人或常人的选择标准或原则，最后就是熟练运用创新思维规律和方法，通过"改变"实现最好决策。

7.3 产品开发及市场定位创新

马克思将商品看作资本主义经济体系赖以形成的细胞，一切经济关系都是围绕着商品的生产、分配、交换和消费形成的。社会主义市场经济同样离不开商品。没有产品的企业就不能称其为企业。商品则是用来交换的劳动产品。产品是企业参与市场交换并由此获得经营利润的价值载体。产品的使用价值体现为满足用户需要的使用功能，交换价格则是由价值规律和供求关系所决定的。因此，新创企业能否在竞争激烈的市场上获得生存与发展机会，产品开发及其市场定位具有关键的作用。在整个创业流程中，当行业类型确定之后，进行市场和资源调查的目的是形成创意，即整体创业方案。其中包括产品及其开发定位，以及围绕产品的生产、营销所需要的企业组织模式、业务模式、盈利模式和发展模式等内容的基本构想。因此，产品开发及其市场定位创新在整个创业过程中具有举足轻重的作用。

7.3.1　产品开发及其商品化

产品是组织或个人为满足社会或个人的某种需要而有计划、有目的地设计并生产出来的，具有特定使用价值的功能系统。《中华人民共和国产品质量法》所称产品，是指经过加工、制作，用于销售的产品。

产品的类型包括有形产品和无形产品；软件产品和硬件产品；功能性产品和服务性产品；用于科研的产品、用于生产的产品、用于教育的产品、用于生活的产品、用于娱乐的产品、用于环保的产品、用于国防的产品、用于安全的产品等。还可分为农产品、工业产品、文化产品、信息产品、金融产品、服务产品、教育产品、保健产品等。不同的分类标准就有不同的分类形式。

商品是用来交换的产品。这意味着产品必须通过市场交换实现实用价值的转移才能具有商品属性。正是在这个意义上，为了交换而进行的生产叫作商品生产。同样一件产品，在进入交换过程之前叫作产品，进入交换过程之后就叫作商品了。企业的生产目的是交换，因此也叫作商品生产体系。创业者的创业活动本质上是一种商业活动，是围绕商品生产与交换所进行的活动。因此，产品及其商业化开发就成为创业活动的核心内容。

对于企业而言，产品开发的实质就是商品开发。产品开发与创新的目的都是更好地进行市场交换，为达此目的，必然要满足用户需要或提高用户的满意度。此时的产品开发就转变成了商品开发。例如，发芽的大蒜中所含的植物化学物质不仅可以抑制致癌物质的活动，还可促进酶的活性，进而消除血管中的斑块。据此理论，人人都可以创造条件使得大蒜发芽，然后将其捣碎制作成防止心血管疾病的保健产品。但是这种用于自用甚至送礼的产品，不属于商品范畴。如果我们为了交换而生产，按照国家相关标准进行生产，注册商标、设计包装，建立营销渠道，不管产量多高，销量多大，都属于商品生产。

从内涵上讲，产品开发，一是指针对市场某种具体使用功能的需求，设计具有相应使用价值的新产品；二是指根据用户需求的多样性，为提升原有产品的附加价值（各种性能）而进行的系统结构的改变。前者称为原创型技术创新，后者属于改进型技术创新。不论哪一种情况，只要实现了预期的功能或性能目标就意味着产品开发的成功。而商品开发则需要在产品开发的基础上，将用户对产品使用价值的知情权和其购买时的审美取向相关内容给予表达。这就是通常所谓的外观和包装、装潢设计。使得相关用户用得上且乐意买，即意味着商品开发的成功。

创业的本质，就是建立一种关于商品的开发、生产和营销为主要业务的组织体系，并形成一种有效运行的生产和利润函数。为此，创业者可以先设计产品并以此为"资本"启动创业过程，也可以将新产品开发设计作为创业内容之一，包含在创业过程之中。产品开发与创新始终伴随企业初创、生存与发展的全部历史。

7.3.2　市场及其定位创新

关于市场原始定义，是指人们在固定时段或地点进行交易的场所，即买卖双方进行商品交换的场所。现代经济理论将市场解释为一种用于供求双方进行商品交换的时空条件，即社会资源配置的一种有效机制。对于企业而言，市场是一群具有相同需求的现在或潜在顾客。本书认为下面公式能够帮助读者更好地理解市场的内涵。

市场 = 时空 + 人口 + 购买力 + 购买欲

市场定位包括企业整体的市场定位和企业产品的市场定位。当然，前者包含着后者。企业的市场定位是指企业根据竞争者及其现有产品在市场上所处的位置，针对消费者或用户对该产品某种特征或属性的重视程度，以及对该企业的信任程度，塑造本企业及其产品与众不同的、给人印象鲜明的个性或形象，并把这种形象有效地传递给顾客，从而使得该企业及其产品在市场上获得适当的位置。譬如，竞争对手长于产品的新颖性和先进性，我们就在实用性和价格亲民性上做文章，或者在售后服务上下功夫，并由此形成鲜明独特的企业形象。

产品开发的市场定位，则是指根据市场竞争对手的产品对于不同客户群体的满足度调查，选择某类客户群体作为目标客户，进而将其购买决策标准作为本企业开发产品的目标，从而开发出满足该用户群体需要且受其青睐的新产品。譬如，根据老年和幼儿市场需要，开发廉价且实用的电脑、电视机、手机、游戏机、学习机等产品；又如，针对糖尿病人群开发降糖食品或饮品，为电脑操作人群开发防辐射用品，等等。

根据创新即"变好"的基本理念，市场定位创新是基于自身条件和能力，针对竞争对手的市场定位进行变异思考，选择不同的客户群体，并根据其共同需要，开发相应新产品，树立自身品牌形象的过程。市场定位决定企业产品开发的标准和内容，甚至决定创业的成败。

7.3.3　产品开发与市场定位之间的关系

产品定位是企业市场定位的主要组成部分。企业市场定位决定其产品开发定位。企业市场定位规定产品开发的目标、方向和标准。企业市场定位的关键是确定目标客户，目标客户及其需求标准规定产品开发的标准。产品开发能力和水平是企业品牌形象的重要组成部分。因此，企业产品开发和市场定位是有机统一，不可分割的。在具体的创业实践中，虽然不乏"摸着石头过河"的情况，但是创业理性要求我们首先要基于市场需求及资源调查确定目标市场或目标客户群，进而针对目标客户群的共同要求确定产品开发的指标体系，即包括功能、性能、外观、成本等在内的综合目标。产品定位的准确性，保证了企业市场定位的准确性，这就为创业成功提供了基本保证。

总而言之，新创企业能否在竞争激烈的市场上获得生存与发展机会，产品开发及其市场定位具有关键的作用。树立商品意识，根据市场定位进行新产品开发；反过来，进行产品开发必须针对市场定位确定目标和标准。市场定位创新是相对于竞争对手而言的，产品开发是针对竞争对手的产品和目标客户的特殊需求而言的。只有将企业市场定位与产品开发创新统一起来，树立起鲜明的品牌形象，才可以看到创业成功的曙光。

7.4　创业计划书的撰写

创业计划既是创业者走向成功的路线图，又是创业者叩响投资者大门的"敲门砖"。创业计划书所表述的是一份全方位的商业计划，其主要用途是说服投资商认同其可行性与可靠性从而产生投资意向，进而使创业者的创业项目获得融资。另外，创业计划书还有说服其他创业伙伴加入其创业团队的用途。换言之，创业计划书体现的是创业者对于创业项目的信心及理性思考、资源整合与目标实现的能力。

7.4.1　创业计划6C原则

如何撰写创业计划书，更有助于创业者实现自主创业的目的，目前已经形成了得到广泛认同的6C原则。

（1）产品及商业模式（concept）。产品及商业模式就是让别人知道主营业务是什么，如要卖的是什么、怎么卖。这就是通常所谓的创意表述。

（2）目标客户（customers）。目标客户包括现实的和潜在的客户。这就是企业市场定位表达。

（3）竞争对手（competitors）。竞争对手情况如何？你的竞争优势在哪里？你的核心竞争力是什么？

（4）能力（capabilities）。能力是指科技背景与资源获取能力，能否开发预期产品，能否建立起包括产品开发模式、资源整合模式、商品生产模式、产品营销模式在内的预期商业模式。

（5）资本（capital）。资本可以是现金，也可以是有形或无形资产。要很清楚资本在哪里、有多少，自有的部分有多少，可以借贷的部分有多少，以及可以通过什么方式获得风投。

（6）持续经营（continuation）。当创业成功之后，明确进一步的发展计划是什么、企业的成长性如何。

这 6 项原则指出了一份完备的创业计划所必须表达的内容，而不是全部内容。换言之，不包括这 6 个方面内容的创业计划书，一定不是一份优秀的创业计划书。

7.4.2 创业计划 6 M 原则

根据相关投融资平台反映的信息，一份创业计划面对苛刻的投资者时经常被所谓的"6 模式"所困扰。这就是：产品开发模式、商业模式、业务模式、盈利模式、经营模式、营销模式。其中，产品开发模式、商业模式、盈利模式、营销模式更是被质询最多的问题。因此，在创业计划的撰写中要重点考虑并回答这 6 个模式。正因如此，我们将其称为6 M 原则。

1. 产品开发模式

模式，即模板、逻辑、套路、格式等，是已经相对固化的形式、方式或格式。产品开发模式，是指相对格式化的产品开发路径、方式或类型。主要产品开发模式有：

① 针对市场需求定位进行正向开发；

② 针对竞争产品进行逆向开发（反求工程）；

③ 针对竞争产品进行求异开发；

④ 针对不同客户进行系列化开发；

⑤ 不同优势企业进行合作开发；

⑥ 利用互联网进行开源产品开发，等等。

2. 商业模式

商业模式是风险投资者对于创业者提问或质疑最多的一个词语。似乎每一个人都确信，有了一个好的商业模式，成功就有了一半的保证。那么，到底什么是商业模式？它包含什么要素，又有哪些常见类型呢？

商业模式的定义：为实现客户价值最大化，把能使企业运行的内外各要素整合起来，形成一个完整、高效、具有独特核心竞争力的运行系统，并通过最优实现形式满足客户需求、实现客户价值,同时使系统达成持续赢利目标的整体解决方案。

简言之,商业模式就是公司通过什么途径或方式来赚钱?例如,饮料公司通过卖饮料来赚钱;快递公司通过送快递来赚钱;网络公司通过点击率来赚钱;通信公司通过收话费来赚钱;超市通过平台和仓储来赚钱,等等。只要有赚钱的地方,就有商业模式存在。

以制造业为例,常见的商业模式至少有6种形式:直供商业模式、总代理制商业模式、联销体商业模式、仓储式商业模式、专卖式商业模式、复合式商业模式。

3. 业务模式

业务模式是一个或一组开展业务的方案,是企业所采取的独特的、行之有效的产品或者服务提供方式,这种方式有效满足了特定顾客的需求,构成企业竞争优势的核心。基本业务模式包括资源垄断模式、规模效应模式、市场份额模式、客户培养模式、高低端结合模式、速度领先模式、重复获利模式、渠道整合模式、行业标准模式、品牌制胜模式、瓶颈控制模式、周期利润模式、价值延伸模式、文化传播模式、低成本模式、电子商务模式。

4. 盈利模式

盈利模式,是对企业经营要素进行价值识别和管理,在经营要素中找到盈利机会,即探求企业利润来源、生成过程及产出方式的系统方法。它是企业通过自身及相关利益者资源的整合所形成的一种实现价值创造、价值获取、利益分配的组织机制及商业架构。简言之,盈利模式就是获利赚钱的方式。

5. 经营模式

经营模式是指企业的经营目的就是吸引客户、雇员和投资者,在保证盈利的前提下向市场提供产品和服务的方式。因此,一个企业的经营模式就是这个企业持续不断地获取利润的方法的集合。图7-4所示为O2O经营模式。

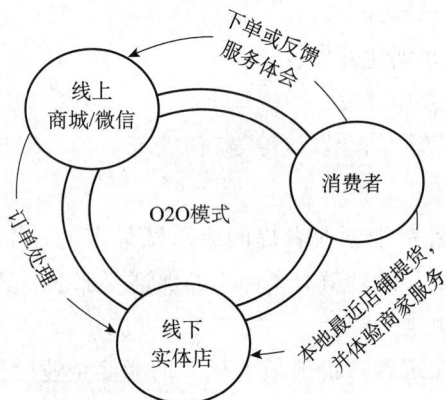

图7-4 O2O经营模式

6. 营销模式

营销模式，一般是指营销过程中采取的不同方式。营销模式根据平台和推广方式的不同有多种分类，如体验式营销、一对一营销、全球地方化营销、关系营销、连锁营销、网络营销、文化营销、数据库营销、兴奋点营销、品牌营销、深度营销、体育营销、电话营销、微信营销等。当下流行的营销模式主要是电子商务模式，如 B2B、B2C、C2C 模式等。

坚持 6 M 原则，就是在撰写创业计划书时，尽可能地将这 6 种模式表达清楚，至少要将其内容反映出来。这样不仅可以消解投资者的存疑，也使得自己以及合作伙伴更加理性地从事创业活动。

7.4.3　创业计划书撰写格式

目前，创业计划书撰写已经形成了相对固定的格式。当我们将上述 6 C 原则和 6 M 原则所要求的内容都考虑成熟之后，只需按照创业计划书的撰写格式进行对号入座，将相应内容进行简练表达，一份合格的创业计划书就会顺理成章地完成了。创业计划书撰写格式如下。

第一章：事业描述。必须描述所要进入的是什么行业，卖什么产品（或服务），谁是主要的客户，所属产业的生命周期是处于萌芽、成长、成熟还是衰退，企业要用独资还是合资的形态，打算何时开业，营业时间有多长等。

第二章：产品/服务（功能、性能、质量）。

第三章：市场定位（目标客户与潜在客户）。

第四章：地点（地理位置及其优势）。

第五章：竞争（同质产品、竞争对手、核心竞争力与竞争优势）。

第六章：管理（管理理念和 6 种模式）。

第七章：人事（人员构成及其规模和优势）。

第八章：财务需求与运用（资本需求、来源、数量与使用）。

第九章：风险（可能的风险与规避策略）。

第十章：成长与发展（阶段目标与拓展预期）。

总之，掌握创业流程，知道创业需要做什么、该怎么做。制定创业计划需要参照 6 C 原则进行思考，并用于判断创业计划的可行性。为了获得投资上或者合作伙伴的认同，还需要参照 6 M 原则，在创业计划书中给予回答。掌握创业计划书的撰写格式和技巧，对于获得投资及合作伙伴的认同具有至关重要的意义。

7.5　公司注册与组织

市场经济是创新、创业的基本环境。市场经济又是法治经济，存在其中的创新创业活动都必须依法进行。法律为企业保驾护航，企业则要依法注册、依法经营。因此，创业计划书的完成只是创业过程的一个环节，按照创业计划，依法注册并组建公司，才是创业实践的真正开始。

7.5.1　公司注册需要准备的材料

注册公司并不需要创业计划书，而是按照市场经济规则和相关法律规定，获得新创企业合法身份与地位的一种必要程序。如同新生婴儿注册户籍一样，新生企业也要进行工商登记。就像新生婴儿注册户籍需要出生证明和父母的户籍证明一样，注册新企业需要准备以下材料：

① 公司法定代表人签署的《公司设立登记申请书》；

② 全体股东签署的公司章程；

③ 法人股东资格证明或者自然人股东身份证及其复印件；

④ 董事、监事和经理的任职文件及身份证复印件；

⑤ 指定代表或委托代理人证明；

⑥ 代理人身份证及其复印件；

⑦ 住所使用证明。

其中住所使用证明材料的准备，分为以下三种情况。

（1）若是自己的房产，需要房产证复印件、自己的身份证复印件。

（2）若是租房，需要房东签字的房产证复印件、房东的身份证复印件、双方签字盖章的租赁合同和租金发票。

（3）若是租的某个公司名下的写字楼，需要该公司加盖公章的房产证复印件、该公司营业执照复印件、双方签字盖章的租赁合同和租金发票。

7.5.2　公司注册流程

随着政府服务职能改革，公司注册成为一种非常简便的事情，其流程如图7-5所示。

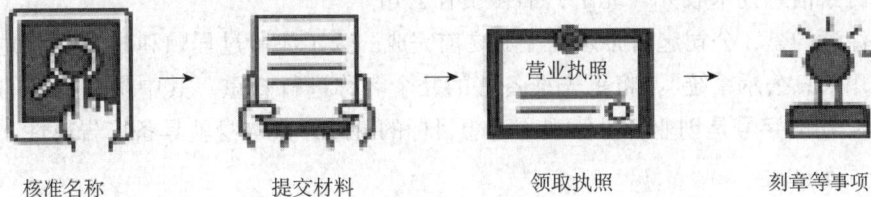

核准名称 → 提交材料 → 领取执照 → 刻章等事项

图 7-6 公司注册流程

公司注册流程第一步是核准名称。一般需要 1~3 个工作日即可完成。核准名称的目的一是避免重复，二是便于有关部门掌握新注册公司的基本情况或信息。为此要求创业者必须确定公司类型、名字、注册资本、股东及出资比例等信息，然后去工商局一站式服务窗口或线上提交核名申请。核名通过则进入提交材料阶段，如果失败则需重新核名。

提交材料是注册流程的第二步，一般需要 5~15 个工作日。在核名通过的前提下，按照预约时间去工商局递交申请材料，到时将收到工商局核发的准予设立登记通知书。

公司注册的第三步是领取执照。这就是在预约当天携带准予设立登记通知书、办理人身份证原件，到工商局领取营业执照正、副本。

有了营业执照还需要刻制公章，这就是第四步刻章。具体操作是凭营业执照，到公安局指定刻章点办理。其项目包括刻制公司公章、财务章、合同章、法人代表章、发票章，一般只需 1~2 个工作日即可完成。至此，一个新的公司注册完成。

7.5.3 公司的组织

创建并注册新的企业，一项必不可少的工作就是确定公司名称。这不仅是注册公司时必须提供的，而且是公司运行与发展等一切活动的法律基础。

1. 公司名称

公司名称不仅仅是公司的称呼，更重要的是要尽可能地向社会传递自己的基本信息。这些信息主要包括地区、字号、行业类型和组织形式。具体 4 个要素的排列方式虽然没有强制性规定，但存在基本范式，这就是常见的 3 种形式。

1）地区 + 字号 + 行业 + 组织形式

例：北京行家信息技术服务有限责任公司

2）字号 + （地区）+ 行业 + 组织形式

例：行家（北京）信息技术服务有限责任公司

3）字号 + 行业 + （地区）+ 组织形式

例：行家信息技术服务（北京）有限责任公司

值得注意的是，公司起名必须在注册之前完成。为了注册过程顺利，最好借助于"国家企业信用信息公示系统"，将事先准备好的几个名称进行查重。其中最为关键的要素是"字号"。公司的字号是创业者价值观和理想目标的凝结，其本身就具备广告属性。

2. 公司的组建

公司的组建，是在确定公司类型的基础上，根据其性质、目标和业务模式要求定岗、定职，并按照岗位需要招聘员工，形成系统结构。有限责任公司是最受欢迎也是选择最多的公司形式。按照工商登记注册的要求，注册有限责任公司需提交高管人员信息资料。这就需要在提交注册资料之前必须确定高管人员名单，其中包括股东、董事、监事、经理及法定代表人。有限责任公司是董事会领导下的经理负责制。因此，公司成立并注册成功之后，经理根据经营目标和业务模式选择组织体制并编制岗位及用人计划，招聘人员，进而择时开业。一家新的企业不仅从此将出现在工商局的企业目录中，而且将出现在现实的市场之中。

3. 公司的组织结构

公司的组织结构因其行业类型、主体类型和业务性质的不同而不同，这就是同中有异。与此相反，各式各样、大大小小的企业之中同样存在异中之同。这就是成长性和系统性。就成长性而言，不论多么庞大的企业或企业集团，都有一个成长过程，都是从小到大成长起来的，没有一家企业集团生来如此，永远如此。就其系统性而言，每一家企业都是一个结构系统，一个输入资本（G）、输出利润（m）的系统。企业的成长壮大，意味着其系统结构层级的增多和规模的扩张。这一切都是在资本的循环与周转中实现的。这个实现过程是由马克思所揭示的资本运动形式支配的，即资本运动总公式 $G - W - G'$（$G' = G + m$）。企业家的创业、经营和发展过程，同样可以用这个资本运动总公式来解释。在创业阶段，创业者在确定目标之后的第一项任务是融资，并将其投入到构建企业和企业运行中去，这就是由 G 到 W 阶段。其中 W 是包括购买生产资料和招聘员工在内的购买商品并构建生产体系阶段。由 W 到 G' 阶段，则是生产新的商品并通过营销获得经营利润的阶段。企业的成长过程是不断地增加 G 的数量的过程和获得更大的 m 的过程。可见，公司的组织结构与 G 的投入量直接相关。

既然不论企业规模大小都遵循共同的资本运动总公式，因此其组织结构一定具有统一性。在实践中，最简单的组织结构商业批发或零售公司，其职能是通过某种商品的买和卖与相关生产企业分享其利润 m。职能的简化决定了其组织结构的简化。这样的企业组织，只需要总经理和采购、销售和财务两个管理层次和三个职能部门就够了。具有长期成长性的企业一般都需要具备产品研发、生产、市场、财务和行政 5 个职能部门。随着业务量的增加和范围的扩张，各个职能部门又会分化出不同的事业部，直至形成企业集团。对比分析图 7-6 和图 7-7 可以看出公司组织结构的同中之异和异中之同。

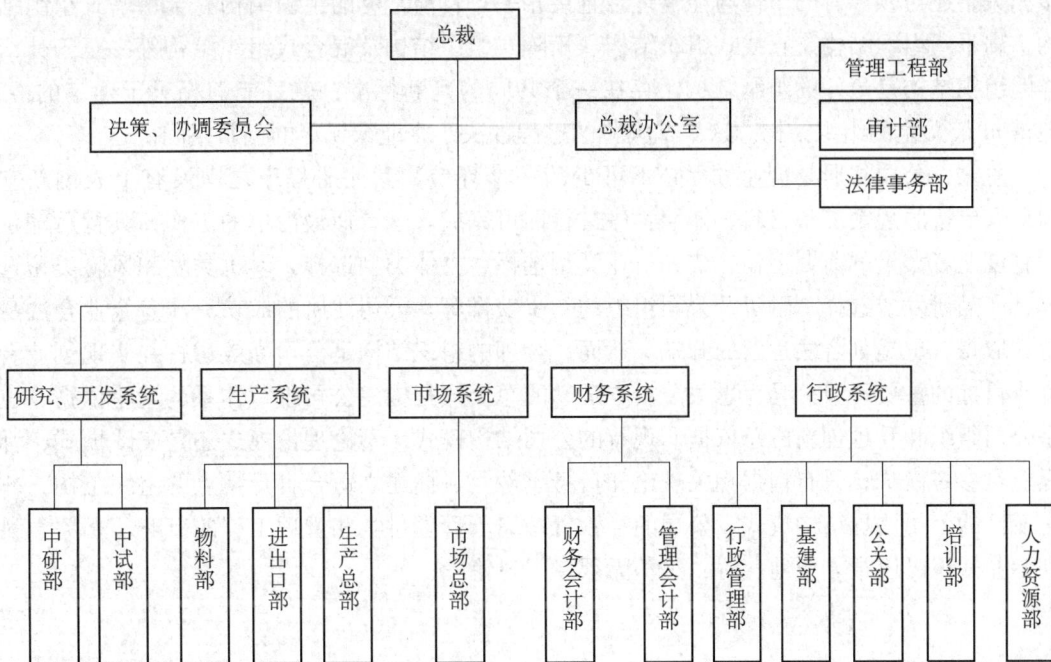

图 7-6　华为公司组织结构图

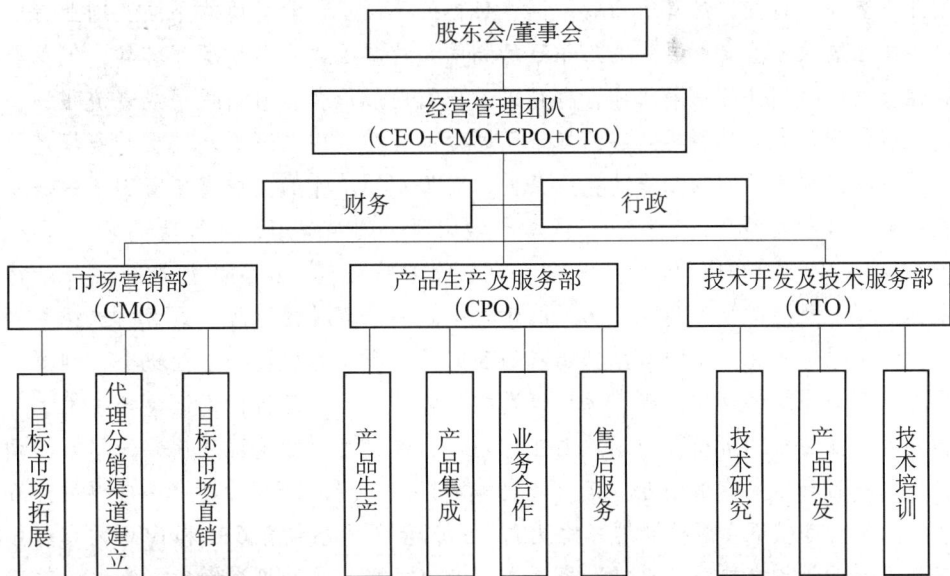

图 7-7　深圳华实公司组织结构图

此外，公司组织结构的同中之异，不仅与其行业类型、业务模式、规模大小等因素直接相关，还与领导者的个性与经营理念直接相关。目前常见的组织结构有金字塔式组织结构、扁平式组织结构、直线式组织结构、矩阵式组织结构及混合式组织结构等。至于什么样的组织结构是最好的组织结构，存在一个共同的判断标准，就是能够相对于确定的 G，使得 m 最大化的组织结构。这个最大化的过程取决于企业家无尽的创新空间。

总之，公司注册是创业过程必不可少的一个环节，其注册程序之中没有个人创新空间，只要按照规定准备材料，依照程序进行即可完成。这看似最简单的工作，其背后却包含着创业者大量的前期工作，诸如行业类型选择、主体类型选择、动机类型和风险类型选择、产品研发或选择、融资及公司组织的初步安排等。公司注册的成功意味着企业合法身份的取得，也是其合法运营的开端。然而，合理的组织结构是公司高效运行并实现创业者创业目标的重要环节。马克思关于资本运动的总公式是构建公司组织体系的理论依据，也是公司组织和管理创新的总依据。现有的公司结构模式，不论理论模式还是实践模式，都只能是参考模式；只有根据相关理论和自身条件及目标建立适合自身特点的组织结构，才是最好的公司治理结构模式。公司的经营管理属于管理科学和管理工程的范畴，相关学科和专业知识可以很方便地获得，这里无须专门讨论。

小结

创业需要一个过程，尽管行业的不同、目标的不同、创业环境的不同及创业者的相关经验的不同，要求创业者所要做的工作不尽相同，这些工作的前后顺序各异，但总会存在某种共性，这就是创业的一般程序，也可以看作是一般流程。所谓程序或者流程，不外乎是指创业者实现创业目标所要解决的各个问题之间存在的内在逻辑及其由此所规定的时间顺序。前一项工作是后一项工作的完成条件，而每一项工作的完成意味着创业的成功。创业流程一般包含创业类型的选择、资源与市场调研、创意产生、可行性论证、创业计划、投融资决策、公司注册与组织及公司的运营与管理等环节。创业类型选择又包括行业类型、主体类型、风险类型的选择。选择的过程也是一个算计的过程，最好的选择原则是成本最小化和效果最大化。资源与市场调研的目的是发现市场机会和创业机会，创意的产生可以是在资源与市场调研中产生，也可以是在其之前产生。可行性论证包括技术的可行性论证和实现创业目标的可行性论证。创业计划是在通过可行性论证之后，根据市场调研确定的具体创业目标所制定的创业方案及其实施路线图。撰写创业计划书一定要关注 6 C 和 6 M 原则，我们可以不去照抄计划书的既成格式，但不能不包含 6 C 和 6 M 内容。投融资决策是根据创业计划书要求，选择融资渠道、确定投资方式和投资额度。公司的注册与组织，同样是根据创业计划，制定规章制度，招聘员工形成组织结构，并按照有关规定办理注册手续，领取表明合法经营许可的各种证照。公司的运营与管理方面的知识需要到企业管理学科或专业去求教。

? 思 考 题

1. 简述创业的一般流程或程序。
2. 创业类型的含义是什么？
3. 如何选择行业类型？
4. 如何确保资源与市场调研的可靠性？
5. 创意产生的条件是什么？
6. 搜索一下看看有哪些融资渠道？
7. 为什么说有限责任公司是最好的创业选择？
8. 创业计划书撰写要求的 6C 指的是什么？
9. 创业计划书撰写要求的 6M 指的是什么？
10. 什么样的组织结构适合大学生创业？

第 8 章　众创空间

21 世纪是创新、创业的世纪。经历了三次科技革命，在第四次科技革命召唤下，21 世纪的创新、创业正在迎接新的挑战，这就是知识量和知识面方面的更高要求，以及更为重要的高效率。以往单打独斗的时代正在悄悄过去，一个以民主化为特征的创新创业时代已经来临。知识互补、智慧互补、多要素结合，实现多方面协同创新正在成为新时代的主流。满足这种时代要求的一种社会或市场存在形式，即众创空间，应运而生。

8.1　众创空间及其社会职能

众创空间就是适合"众创"的空间。这里的"众创"是"大众创业"和"万众创新"（即"双创"）的另一种表述方式，"空间"则是适合进行创新、创业的各种场所的总称。"众创空间"概念的产生属于中国的一大创新。

8.1.1　众创空间产生的时代背景

在人类社会即将进入 21 世纪的第三个 10 年之际，随着科学技术的发展，特别是人流、物流、信息流运动方式的革命，不仅改变了社会生产生活方式，还改变了科学技术创新的方式与方法，乃至对国家经济增长方式提出了新的要求。就我国的经济发展而言，依靠资源和劳动力优势通过规模和数量即外延式增长模式已经走到尽头，依赖国外科学技术发展本国经济的方式很难应对经济全球化的挑战，实现强国梦的国家战略对自主创新提出了迫切要求。全球化、多层次的市场竞争，使得创新、创业渐成时代主旋律。如何为"大众创业、万众创新"提供更加适宜的条件，将国家经济发展引导到"创新驱动"的轨道上来，从而保证中国梦伟大目标的实现，就成了政府和社会思考的问题。

几乎与此同时，随着互联网技术的升级和用途的拓展及用户的普及，在创新民主化思想的影响下，适应互联网"易于用户分享、信息聚合、社群组织和开放平台"等特点，使得创新、创业模式进入了一个新的时代，即开放式创新时代。这个时代，一方面人类创新创业的本性被重新唤醒，"人人都是创新之人"开始得到更加广泛的认知。创新、创业不再只是科学家、工程师、企业家的专利。创新、创业也不再仅仅局限于实验室、科研院所、工厂和车间，而是体现出了一种分散化、大众化和开放式。另一方面，创新更强调了个性、自我、兴趣，而不是纯粹的市场导向下的纯经济行为。于是一种"创客"文化开始席卷欧美社会。

创客（maker），最初是指专注于利用数学技术设计产品原型的、具有创新天赋和爱好的群体。他们通过互联网平台走到一起，结成团队，成立公司，进行创新、创业活动。根据所属专业和创新、创业目标的不同，就产生了诸如教育创客、文艺创客、美食创客、硬件创客、军事创客、科幻创客、农业创客，还有入门创客、协作创客、职业创客、研发型创客、工程型创客、创业型创客、金融型创客等。由此形成的文化现象被称为创客文化。

例如，英国 2009 年出现的一家非营利性社区型的创客空间（makerspace），主要致力于协调整个英国境内的创客活动。美国的知名创客空间 Techshop，是一个拥有 7 家分店，为创客们提供从场地、工具到培训等多方面服务的创新 DIY 空间，如图 8-1 所示。Fab Lab 则类似于一个拥有几乎可以制造任何产品和工具的小型工厂。德国 1995 年成立的 C-base，也是一家非营利性的创客空间，它不隶属于任何一所学校或公司，被认为是世界上第一个独立的创客空间。奥地利的 Metalab 也十分有名。

图 8-1　美国创客空间 Techshop

随着创客文化的传入，2011 年 3 月 25 日，中国第一家创客空间"上海新车间"（如图 8-2 所示）成立。这是一个非营利性组织，它向硬件高手、电子爱好者、艺术家、设计师、DIY 爱好者提供一个开放式社区、实验空间和基础设备。随着北京创客空间、深圳柴火创客空间的出现，各种各样的创客空间在我国如雨后春笋般产生了。

图 8 - 2　创客空间 "上海新车间"

众创空间概念的提出，就是基于以互联网为特征的新技术革命成果，适应中国发展新形式的要求，汲取国内外创客文化的流行经验，而实现的一大理论创新成果。

2014 年 12 月，科技部总结各地经验，提炼出 "众创空间" 概念。

2015 年 1 月 28 日，国务院常务会议指出，顺应网络时代推动大众创业、万众创新的形势，构建面向人人的 "众创空间" 等创业服务平台。

2015 年 3 月，国务院出台《关于发展众创空间推进大众创新创业的指导意见》（简称《意见》），众创空间被广泛关注并得到快速发展。

2015 年 9 月，科技部发布《发展众创空间工作指引》，进一步明确众创空间功能定位、建设原则、基本要求和发展方向，指导和推动地方科学地构建众创空间，更好地推动大众创业、万众创新，深入落实创新驱动发展战略，优化创新创业生态环境，激发全社会创新创业活动，加速科技成果转移转化，培育经济发展新动能，以创业带动就业。

至此，众创空间已经不仅是一个概念创新问题，而是上升到国家发展战略层面的一大举措。有了国家各级政府的支持和指导，众创空间的建设和作用日益显现。通过众创空间的作用，越来越多的创新成果和新创企业层出不穷。

目前，我国各类众创空间已经超过 3 000 家。这得益于地方政策的推动，例如河北省在 2015 年下半年，相继建立了一些众创空间。沧州市 2015 年 11 月份，认定了首批 13 家众创空间，总运营面积达 9 万余平方米，创客 300 多人，创业导师近百人。北京交通大学海滨学院也在沧州市科技局的支持下创建了 "行远求索众创空间"。

8.1.2　众创空间的基本内涵

"众创空间" 是科技部在调研北京、深圳等地的创客空间、孵化器基地等创业服务机构的基础上，总结各地为创业者服务的经验之后提炼出来的一个新概念。根据《意见》中的定义，众创空间是顺应网络时代创新创业特点和需求，构建通过市场化机制、专业化服务和资本化途径的低成本、便利化、全要素、开放式的新型创业服务平台的统称。这类平台，为创业者提供了工作空间、网络空间、社交空间和资源共享空间。

众创空间不但是创业者理想的工作空间、网络空间、社交空间和资源共享空间，还是一个能够为他们提供创业培训、投融资对接、商业模式构建、团队融合、政策申请、工商注册、法律财务、媒体资讯等全方位创业服务的生态体系。

由《意见》对众创空间的定义可知，众创空间应当至少具备以下几个特点。

（1）开放与低成本：面向所有公众群体开放，采取部分服务免费、部分收费，或者会员服务的制度，为创业者提供相对较低成本的成长环境。

（2）协同与互助：通过沙龙、训练营、培训、大赛等活动促进创业者之间的交流和圈子的建立，共同的办公环境能够促进创业者之间的互帮互助、相互启发、资源共享，达到协同进步的目的，通过"聚合"产生"聚变"的效应。

（3）结合：团队与人才结合，创新与创业结合，线上与线下结合，孵化与投资结合。

（4）便利化：通过提供场地、举办活动，能够方便创业者进行产品展示、观点分享和项目路演等。此外，还能向初创企业提供其在萌芽期和成长期的便利，比如金融服务、工商注册、法律法务、补贴政策申请等，帮助其健康而快速地成长。

（5）"四化"建设：通过市场化机制、专业化服务和资本化途径构建平民化的创新、创业平台及其相关生态体系。

众创空间的核心价值不在于办公场地的提供，而在于其提供的辅助创业创新的服务。这些基础服务不但包括培训辅导、融资对接、活动沙龙、财务法务顾问等，还包括设立天使或早期基金，以便鼓励初创企业申请补贴和帮助，也可以通过与第三方合作的方式提供工位注册的工商服务等。

8.1.3　众创空间的社会职能

众创空间，从概念上看属于中国原创，具有鲜明的中国特色；从结构与功能上看，属于综合创新成果。换言之，众创空间是国外的创客空间、中国的孵化器、创业园等功能综合、结构优化的结果。作为适应大众创业、万众创新而生的综合服务平台，众创空间所具有的 5 大特征决定了其对于推进大众创业、万众创新，以创新求发展，实现中国梦的社会职能。

（1）开发国家经济发展新动能。适应国家经济发展新形式，落实创新驱动发展战略，在原有对外出口、基建投资和国内需求三驾马车拉动经济发展力量减弱的情况下，激发人民大众的创新创业精神和热情就成了突破发展瓶颈，实现超越发达国家、实现强国梦的唯一举措。众创空间的建设，不仅具有推进大众创业、万众创新活动的社会宣传职能，还具有切实服务于大众创业、万众创新活动的社会实践职能，更是驱动国家经济发展的新动能。

（2）降低创新创业成本规避创业风险。就像任何物质运动都需要时间与空间一样，创新创业活动离不开时间与空间。众创空间作为社会创新创业活动的综合服务平台，对创业者提供免费或廉价工位、办公设备、后勤服务、创业知识培训和实践指导，甚至提供免费或廉价融资、税收、财务等方面的服务。这就使得创业者的创业成本极大降低，创业风险减小，而成功的概率大大提高。

（3）整合社会资源易于协同创新。众创空间不仅为创业者提供综合服务，还为不同的创业者提供交流与合作的机会；不仅为创业者提供后勤服务，还为创业者提供融资服务，以及与企业、院校等资源对接服务。这就使得整合社会资源、不同创新主体进行协同创新成为可能。

（4）降低创业门槛激励大众创新，开拓大众创富空间。众创空间不仅为各路创客提供免费或廉价创新创业空间，还提供初创企业的孵化、保育和运营辅导。这就为即便是以创富为目的的创客提供了一条致富坦途。对于我国实现小康目标、奔向富强提供了新的选择。

（5）培养创新人才造就国家持续创新和发展能力。自然资源对于一个国家的发展虽然重要，但是拥有尽可能多的创新型人才对于国家和民族的繁荣富强更加重要。在这一点上，日本自其明治维新至今的发展及国际地位就是有力说明。众创空间是为广大创客提供的创新创业实践场所，也是学习场所。入驻众创空间的创客们，不仅可以得到创新创业过程各个环节所需要的服务，还可以得到相应的培训和辅导。这就使得他们在众创空间可以得到理论和实践两个方面的训练，因而使他们的创新创业能力得到培养和提高。大量创新人才的培养，为国家持续创新和发展提供源源不断的创新型人力资源。

总之，众创空间是一种适用于促进大众创新、万众创业活动的场所。在那里，创客们不仅拥有从事创新创业活动所需要的物质条件，还可以得到专业的创新创业培训和实践指导，找到恰当的合作伙伴，甚至得到所需的社会资源和自然资源。这就使得以往认为可望而不可即的创新创业活动变得轻而易举，使得以往奢望的创业目标甚至变得唾手可得了。众创空间，不仅是创业者的乐园，也是促进国家科技、经济可持续发展的一种重要因素，是实现党中央提出的实现两个百年目标的重要环节。

8.2 众创空间的类型

众创空间本身的概念及其存在方式都是创新成果。既然如此,其存在与运营就不会存在固有模式。根据不同的创建目的和条件往往形成不同的具体形式。要对其分类,首先就要明确分类原则或标准。按创建主体的属性来分,众创空间有政府主导型、市场主导型和院校主导型;按照创建主体的社会地位来分,有政府主导型、企业主导型、院校主导型和社会主导型;按照创建目的来分,可分为公益型和盈利型两种类型。不同类型的众创空间又有共性,如市场主导、企业主导与盈利型相对应;其他类型都与公益型相关联。因此,这里仅从公益和非公益(盈利)两个方面来讨论众创空间的构成特点和社会作用。

8.2.1 公益型众创空间

众创空间的早期形式都属于公益性质。尽管组织形式多样,但几乎都是虚拟和现实相结合,整合现实中的物理空间及其与创新相关的资源,利用互联网的信息传播功能招募那些具有共同的创新志趣而又缺少物质条件的人,在相互激励、交流、支持、合作中实现各自或共同的创新目标,如北京的联想之星、北大的创业训练营、深圳的柴火创客空间、上海的新车间等。

2015 年 1 月 4 日,李克强总理在深圳考察柴火创客空间,体验各位年客的创意产品,称赞他们充分对接市场需求,创客创意无限。总理说,你们的奇思妙想和丰富成果,充分展示了大众创业、万众创新的活力。这种活力和创造,将会成为中国经济未来增长的不熄引擎。李克强特意强调,"全民创新,万众创业,深圳能不能起一个表率作用!"并建议科研机构不要闭门造车,学习民间创新,聆听市场需求。2015 年《国务院办公厅关于发展众创空间推进大众创新创业的指导意见》(国办发〔2015〕9 号)和《国务院关于大力推进大众创业万众创新若干政策措施的意见》(国发〔2015〕32 号)相继颁发。

为落实国务院两个文件精神,科技部于 2015 年 9 月 8 日发布《关于印发〈发展众创空间工作指引〉的通知》(简称《通知》),要求加大政府引导扶持力度。各地科技管理部门、国家自主创新示范区、国家高新技术产业开发区要积极引导和支持众创空间发展,出台务实管用的政策措施,构建和完善创新创业生态系统。有条件的地方要对众创空间的房租、宽带接入、公共软硬件、教育培训、导师服务、创业活动等费用给予适当财政补贴。积极支持众创空间参与中国创新创业大赛、中国创新挑战赛等创新创业赛事。《通知》还指出，坚持"政府支持，市场主导"原则，有效发挥政府引导和服务创新创业的职能作用，不断优化创新创业生态环境，集成相关政策支持众创空间发展。充分发挥市场配置资源的决定性作用，以社会力量为主，采用市场化机制发展众创空间。

教育部则直接将大力发展众创空间、支撑大学生创新创业写入了《高等学校"十三五"科学和技术发展规划》（简称《规划》）。《规划》提出，运用移动互联网、大数据、云计算等现代信息技术，发展新型创业服务模式。依托高校建立一批低成本、便利化、开放式众创空间和虚拟创新社区。要依托大学科技园区建立大学生创业实践基地，为学生创业提供工作空间、网络空间、社交空间和共享空间，降低创新创业成本和门槛。

全国各省市自治区以及其各级政府局办，同样是争先恐后地颁布相关文件，出台各种政策，以鼓励和支持众创空间建设，积极推动大众创新、万众创业活动。从 2015 年至今，由政府支持和引导建立的众创空间，已经形成了几乎遍及全国各个行政层级的结构体系。高等院校更是将其作为教育创新，即培养创新型人才，特别是为社会服务的重要举措。这个组织的建立，不仅为广大公众提供了创新创业平台，极大促进了"双创"活动，更为中小微企业竞争力的提升，乃至成长壮大发挥了重大作用。

这种公益型众创空间，一般是在相关政府部门引导和支持下，因地制宜地利用闲置空间建设，或者在已有创业园、创业基地、孵化园等基础上升级改造而来的。这种性质的众创空间，由于具有政府或机构的背景，得到其财物的支持，因此必然具有属地特征的服务范围和服务对象。如省级、市级、区级、县级众创空间是在相应政府的支持下构建的，一般要首先服务于相应属地范围内的创客。同样，各个高等学校的众创空间，首先要服务本校大学生，以及学校周边的创客。正像北京交通大学海滨学院的众创空间的服务对象，首先是本校的在校或毕业不久的学生，其次是来自沧州地区的各路创客。

8.2.2　非公益型众创空间

非公益型即盈利型众创空间，一般是在政府政策引导下，由市场主导，企业或创业者为了追求市场利润而创建的。这种盈利型众创空间，同样是服务于大众创业、万众创新的社会组织，只不过没有政府资金或物资的支持，属于自负盈亏性质的。它们的盈利模式或者是通过房租或场租实现的，或者是通过搭建交流、交易、合作对接等平台，收取相应的服务费实现的。虽然它们以盈利为直接目的，但是由于其具备专业化的操作水平、信息渠道和资源整合的能力，更能够高效解决创业者面临的需求问题，切实提高创业者的创业成功率，反而能够具有可持续性。

如著名企业家李开复博士于 2009 年 9 月创办"创新工场"，就是他自己的一个创业项目。他以"创新工场"项目获得大众化风险投资，开创了盈利型众创空间的先河。创新工场致力于早期阶段投资并提供全方位创业培育，旨在培育创新人才和新一代高科技企业。创新工场主要专注于移动互联网、电子商务、云计算等领域，对那些拥有商业前景但缺少创业经验和创业资金的人施予援手，或者为其提供风险投资，或者直接对接合作，帮助其实现成功的创业。创新工场则与创业者分享成功的收获。创新工场具有强大的资本后盾，如柳传志、俞敏洪等都是其风投的金主。

"优客工场"是万科集团高管毛大庆创建的，2015 年 4 月 3 日注册于北京，属于具有鲜明地产特色的众创空间。作为企业家的再创业项目，优客工场的主营业务和商业模式是通过整合社会地产资源，为创业者提供办公空间，并通过提供导师服务、投资服务、财务服务、法律服务和银行服务等五大模块，帮助创业者实现创业梦想的同时，按照相应收费规则获得自身利益。

这种盈利型众创空间，主要是满足那些创业目标远大、创业计划庞大、创业方案成熟，有较好市场前景，但缺少相应的市场资源和创业空间的创业者。既然是盈利型的众创空间，就一定是以市场为导向的，其业务模式必然是以满足创业者的特殊需求，同时又存在利润空间的。因此，这类众创空间往往具有公益型众创空间所不具有的，而且是创业者所需要的服务职能。创业者的选择，是以最有利于自身创业目标实现为原则的，换言之，即以利益最大化为选择标准的。由于公益型众创空间在创新创业资源的提供上所存在的局限性，使得那些拥有社会资源、有能力帮助创业者达成创业目标的创业者，将盈利型众创空间作为创业项目就成为可能。

8.2.3　半公益型众创空间

半公益型众创空间，主要是指那些具有政府或机构背景，并在其一次性资助下创建，以自负盈亏模式运行的众创空间。这种类型的众创空间一是由高校作为创新教育和开拓就业途径的一种方式创建的，其所需场地、资金、设备和人员配备等主要由高校承担。其服务对象主要是在校大学生、休学创业的大学生及以创业方式就业的应届毕业生。对于以大学生创客为主要服务对象的高校众创空间，一般在创客们创业成功之前不会收取任何费用，几乎完全属于公益性质。但是对于创业成功的大学生创客，一般规定是在其产品上市实现运营正常之后收取 2% ~ 9% 的股权回报，作为众创空间可持续运行的一部分经费来源。

另一种情况是高校、企业或政府下属事业部门创建的众创空间，由政府以财政拨款或项目招标方式给予建设资金支持，并要求其服务对象拓展到政府辖区内的大众创客。这种共建性质的众创空间，由于具有政府促进辖区双创活动和经济发展的意图，一般采取的都是高校众创空间的运行模式，属于半公益性质。如北京交通大学海滨学院行远求索众创空间，以及同样受到沧州市科技局资助的其他沧州地区的十多家众创空间，都属于这种情况。

目前各种类型的创客空间已经遍及全国各个省市自治区、各个高校、各类创业园区。仅 2015 年一年，北京市科委对首批"北京市众创空间"中的 25 家进行了授牌，同时授予中关村创业大街"北京市众创空间集聚区"的称号。

2015 年 5 月 7 日，北京众创空间联盟成立，标志着在北京市科委的指导下，北京地区搭建起了众创空间资源共享平台和行业自律组织。首届成员大会同期召开，与会成员来自近 60 家创业服务机构。据国家科技部公开的数据显示，2014 年，全国科技企业孵化器数量超过 1 600 家，在孵企业 8 万余家，仅就北京市而言，各类孵化机构超过 150 家，国家级孵化机构 50 家，入驻企业超过 9 000 家。中关村创业大街共孵化 400 多个创业团队，获得融资的团队超过 150 个。这些数据中并没有将各个高校及其校属学院所创建的众创空间统计其中。

遍及全国、为数众多、各式各样的众创空间，从构建目的、服务对象和运行机制上，不外乎公益型、非公益型和半公益型三种。每一种类型都有各自的优势和特点。作为创客应根据自身条件和创业项目需要进行选择。大学生创业最好选择高校众创空间；社会创客中的初创者选择高校众创空间可能更有利于自身修炼和创业成功；目标远大，技术复杂且需要更多社会资源的创客，选择非公益型众创空间或许更容易达成创业目标。当然，只有最有利于自身创业成功的选择才是最佳选择。

8.3 众创空间业务模式与盈利模式

就一般企业而言，其业务模式与盈利模式是一种相互适应、有机统一的关系。但就众创空间而言，由于存在公益型、非公益型和半公益型三种类型，所以其业务模式与盈利模式不是完全统一的，只有在盈利型众创空间才存在两者之间的统一问题。然而在市场化的众创空间渐成主流的情况下，讨论其业务模式与盈利模式，不仅有助于我们深入认识众创空间，更有助于我们作为创客能够恰当选择众创空间，以最佳路径实现自己的创业目标。

8.3.1 众创空间的业务模式

众创空间的业务模式与其创建者的目的和其所拥有的创业资源直接相关。不同的创建目的和条件必然形成不同的业务模式。从众创空间在国内外的发展，特别是在中国的建设情势来看，其业务模式大致存在以下几种。

1. 地产概念模式

所谓地产概念模式，是指以房地产商或者拥有房地产资源的人或组织为主体，针对创业者对创业活动空间的需要，而通过出租场地或工位，以及有偿提供基本办公设备及服务，在有助于创客创新创业的同时获得利润回报的众创空间业务模式。产生于美国的 We-Work，中国早期的 SOHO 3Q 以及当下中国规模最大的优客工场（UrWork），以及北京中关村创业一条街上的许多商业性众创空间，都属于这种地产概念模式。

2. 创新教育模式

这种模式是由高校或教育机构主办，旨在培养创新创业人才，拓宽广大学生的就业渠道，利用其教育资源和社会市场资源，通过计划课程和课外培训使学生掌握扎实的创新创业知识的基础上，对那些有志于创新创业的学生提供创新创业实践平台，以及创业实践过程的指导和帮助，不以营利为目的的众创空间业务模式。例如：清华 x-lab、北大创业孵化营、北京交通大学的创新中心和北京交通大学海滨学院的行远求索众创空间及其大学生创业园等，几乎所有高校创建的众创空间都属于这种模式。

3. 交流合作模式

这种业务模式不以盈利为直接目的，而是通过定期举办各种相关交流活动，如创意交流、项目展示、项目招标、创业路演及合作洽谈等，为创客提供与市场接轨的平台，使得创业者不仅能够得到志同道合者的鼓励和支持，受到投资者或相关企业的关注，还能够获得相关社会资源，从而提升创业者的创业成功率。如北京创客空间、上海新车间、深圳柴火空间、杭州洋葱胶囊等采用的就是这种业务模式。

4. 媒体驱动型业务模式

这是由面向创业者或新创企业的媒体创办，利用其信息资源和传播优势，以线上线下相结合的方式，通过搭建相关服务平台，为创业者提供信息发布、广告宣传、融资洽谈和政策咨询等，为创客提供综合性创新创业服务的模式。例如，36 氪、创业家、思八达、创业邦等众创空间所实施的就是这种业务模式。

5. 投资驱动型业务模式

创业成功最关键的两个要素是创意和资金。对于那些怀揣创意的创客而言，获得创业资本就成为他们成功创业的关键。因此，针对创客或初创企业最急需解决的资金问题，通过搭建投融资平台，将天使投资人、投资机构与创客及其创业项目联系起来，为创客或创业企业提供融资服务，从而提升其创业成功率。例如，车库咖啡、创新工场、天使汇等所采取的就是这种业务模式。

6. 综合创业生态体系业务模式

这种业务模式是指为创客提供全方位综合性创业服务，包括培训辅导、投融资、信息发布、成果展示、合作洽谈、人员招聘、运营管理、政策咨询、法律顾问、联合办公，乃至员工食宿等一系列服务。如创业公社、创新工场，特别是在原有创业园、孵化器基础上升级而来的，具有政府背景、大企业背景，具有突出公益性的众创空间才有能力采取这种综合创业生态体系业务模式。

8.3.2　众创空间的盈利模式

盈利模式是指企业获利的方式。不同企业获利的方式往往各不相同，但是总可以从中找到其相同之处，对不同获利方式进行比较求同，所得出的一般性结论叫作盈利模式。众创空间的盈利模式可以概括为以下三种。

1. 空间出租模式

所谓空间出租模式，是指通过出租创客创业不同阶段所需要的空间（具备基本办公条件的物理空间），以收取租金获利的众创空间盈利模式。这种模式也称为地产思维模式。众创空间在美国出现的早期形式 WeWork 就是由地产商创建，通过将现有房产资源进行适应创客早期办公需要为目的的改造，然后出租给所需创客从事创新创业活动，从中收取租金而实现盈利的。毛大庆创立的优客工场所实行的所谓联合办公也是这种盈利模式。这种模式主要适用于将众创空间作为创业项目的情况。

2. 有偿服务模式

依据国务院相关文件精神，我国众创空间建设的目的是促进大众创新、万众创业活动的开展，其基本原则是政府引导、市场主导。既然是以市场为主导，就意味着存在市场交换，即存在商品的提供者与需求者进行的市场交换。只不过这里的交换主要是创业服务产品的交换。有偿服务模式，就是通过为创客提供办公服务、工商服务、财务服务、融资服务、市场调查、专家咨询、招投标、招募员工、法律支援服务，从中收取适当费用以获得利润的一般模式。在这种盈利模式下，众创空间往往免费提供办公空间和设备，只收服务费。这种费用有的是以会员会费的方式收取的。如上海新车间属于会员制，北京的车库咖啡则是通过增值服务盈利的。

3. 股权收益模式

创客总是希望自己的项目能够成功上市继而做大做强，众创空间同样对自己帮助创客创业成功的能力信心满满。而且众创空间的创建主体或者具有深厚的资本和风投经验，或者具有政府或事业单位如高等院校做后盾，坚持社会效益优先原则，前者看中的是中长期效益，而后者追求的是创新教育和前期的社会效益。这种情况下以股权收益作为盈利模式的众创空间就出现了。所谓股权收益模式，是指通过前期无偿服务获得成功上市的新创企业一定比例的股权，并扶持该企业良性运营而得到利润分配的众创空间盈利模式。像李开复的创新工场、联想之星，以及占比最大的高等院校和社区创建的众创空间等一般都是采取这种盈利模式。

众创空间建设是在政府引导、市场主导下进行的，其早期或许能够得到政府不同名目的财政支持，但是只有形成一定的盈利模式才能够形成可持续发展能力。尽管众创空间的未来发展必然会走向市场化道路，不过我们应该坚信一条，这就是适者生存。众创空间为大众创业、万众创新而生，必然要适应创客的需要不断进行自我创新，真正推动"双创"活动及国家经济社会的发展，方能够持续地发展下去。

小结

众创空间既是信息化条件的产物，又是创新时代的产物。早期形式的众创空间自发产生于欧美国家，2010 年左右扩散到中国。适应我国自主创新发展战略，在政府引导和市场作用之下，众创空间概念在我国形成并在实践中获得长足发展。众创空间包括三个要素，即空间、众创和服务。只有空间，其中没有众创活动，不是众创空间。仅仅是提供空间，并以出租方式招揽创客进驻进行创新创业活动，这是众创空间的一种模式，叫作地产模式，如创客工场、创新车间等。标准的众创空间是集空间、创客及服务体系于一体，包括为创客提供办公条件、创客培训、创业指导、企业孵化、后勤服务、融资、财务及工商税务代理等功能于一身的社会组织。众创空间既是市场化产物，其本身当然也应市场化运作，也是一种企业。市场化的众创空间一般都是营利性的，政府、科研院校主办的众创空间一般都是公益型或半公益型的。大学的众创空间多数为公益型，属于以培养创新创业人才为目的的创新教育形式。因此，大学生创新创业的最佳选择，是申请入住本校或其他相关院校的众创空间。众创空间在我国正在发挥其对于"双创"活动的促进作用。

？思考题

1. 理解众创空间的内涵、社会作用。
2. 众创空间的类型及其运行模式是什么？
3. 理解众创空间的创新教育功能。
4. 申请入住众创空间的条件是什么？

5. 大学的众创空间有什么特点和优势？

6. 大学生创业对众创空间的服务功能有何要求？

7. 众创空间对于我国"双创"活动有何意义？

8. 众创空间对于没有创业项目的人有何意义？

第9章 双创与就业

　　"双创"是对全国人民而言的，就业特指大学生毕业后求职、就职和履职等情况。当前世界，国与国、民族和民族之间的竞争已不仅是实力的竞争，而是实力背后的国家或民族创新能力的竞争。企业之间的市场竞争同样也不再是资本的竞争，而是创新创业能力的竞争。这种情势反映到职场的竞争中来，就由原来的学历、资历和社会背景的竞争，正在逐步让位于个人的创新能力和执行力之间的竞争。这就要求，大学生树立新型就业观，正确对待和处理创新创业与就业之间的关系，为实现理想的求职、就业、履职，乃至实现自己的人生目标奠定基础。因此，如何将创新创业知识与求职、就业的相关知识相结合，对大学生求职、就业有更多帮助，就成为本章讨论的主题。

9.1　双创与就业的关系

　　就业意味着大学生结束学习历程，找到了自己的社会位置，进入到工作状态，开启人生新的历程。换言之，就业包括求职、入职和履职三个环节。"双创"即"大众创业、万众创新"，是国家经济发展战略，也是构建民族创新文化，提升国家和民族国际竞争力的重要举措。对大学生创新创业能力培养与"双创"实践，不仅是适应国家发展战略的需要和世界进入创新世纪的要求，更是在求职、入职、履职等各个就业环节赢得先机，争取主动，实现自身价值的必要条件。当然，不仅传统的就业需要创新，需要创业精神，狭义的创业及创立新企业本身也意味着就业，包括自己就业和为他人就业提供机会。

9.1.1　创业带动就业

　　就业是指，在法定年龄内有劳动能力和劳动愿望且具有劳动能力的公民，依法从事某种有报酬或劳动收入的社会活动。就业人口，在我国是指在 16 周岁以上，特殊职业需要 18 周岁以上，从事一定社会劳动并获取劳动报酬或经营收入的人员。其中，城镇就业人口是指在城镇地区从事非农业活动的就业人口，包括在国有单位、城镇集体单位、股份合作单位、联营单位、有限责任公司、股份有限公司、私营企业、港澳台投资单位、外商投资单位和个体工商户从业的人员。

广义创业，是指个人或组织成就事业或职业目标的创新活动。狭义的创业，是指个人或组织以创造财富或社会公益为直接目的的创新活动。广义的创业主要是指人们在就业履职过程中的创新活动。狭义的创业则属于极具创新特征的就业，属于高收益和高风险共存的就业，是体现和考验就业者创新能力的就业，是更高境界的就业。

创业带动就业，是从社会角度，即宏观而言，一人创业可能为几个人、几十个人，甚至几千、几万、几十万人提供就业岗位。且不说在 5G 通信领域领先世界的华为目前拥有员工 18 万人，海底捞火锅的创始人张勇夫妇两个人创业至今为 5 万人提供就业机会，哪怕一家刚刚起步的公司至少也要 5 个人以上。河北省石家庄市，2018 年实施春风行动，组织 34 场招聘会，3 千余家企业总共提供就业岗位 14 万个。其中有新创企业，也有现有企业再创业扩大产能或者拓展新的业务。不论大众创业还是企业创新创业，都将为社会创造新的工作岗位，带动社会就业率的提升。因此，"双创"不仅是国家经济发展战略的一部分，同样也是破解当前就业难题的一剂良方。

在当前国家实施的振兴东北老工业基地的发展计划中，仅仅 2014 年上半年辽宁省新登记的 4.6 万户私营企业，就提供就业岗位接近 34 万个。2018 年开年之际，吉林省省长韩长赋就提出："今年，我省要在完善现有 50 个创业孵化基地功能的基础上再建设 15 个，孵化小企业 3 000 户。同时，建立大学生创业园，推动大学毕业生自主创业"。其目标是新创办万户小企业，开发 10 万个就业岗位。其他省市也不例外，一方面出台各种政策鼓励创新创业发展本地经济，另一方面则是通过激发"双创"活力由此带动就业，促进社会和谐。2019 年 3 月 5 日，李克强总理在政府工作报告中指出，2018 年城镇新增就业 1361 万人，2019 年计划城镇新增就业 1 100 万人以上。可以肯定地讲，过去一年新增就业应归功于"双创"，新的一年完成新增就业任务同样要依靠"双创"。

大学生创业，不仅可以解决自己的就业问题，同时还可以为其他同学提供就业机会。合伙创业，不仅可以解决志同道合者的就业问题，还可以为更多同学或者社会待业者解决就业问题。因此，大学生创业不仅可以将自己成长与发展的命运掌握在自己手中，还可以为国家经济发展以及解决社会就业问题做出贡献。

9.1.2　创新创业提升就业能力

就业能力是指获得某项岗位的全部能力的总称。其中最为关键的是求职、入职和履职能力。求职、入职或许具有一定的偶然性，甚至求职者仅凭外在表现就可以求职成功并且顺利入职。然而，所谓路遥知马力、日久见人心，稳定履职并在职业生涯中得到自身发展，实现自己的人生目标，不仅需要基本的专业知识和社会知识，更需要创新创业知识和能力。

一般而论，求职、入职也是需要具备相应能力的，而能力又是以相关知识结构为基础的。譬如获取信息的能力、判断能力、沟通能力、表达能力、决策能力等，都是求职、入职者所必须具备的。但是每一种能力的形成都需要以一定的知识结构为基础。就像我们很难想象一件产品功能齐全却没有结构一样，没有相应知识结构为基础的任何能力只能是某种虚幻。获取信息能力的背后，是掌握关于相关目标的知识及文献检索和网络搜索技术（知识）；判断、决策能力的背后，是具备价值观、相关知识及思维推理方法等；沟通与表达能力，则是以礼仪、语言、逻辑及相关专业知识为基础，还有自信心和谦虚态度等。尽管这些能力及其赖以形成的知识，对于受过同等学历教育的人来说都能够掌握，但由于对各方面知识掌握的程度不同，由此所形成的结构所表现出来的能力就有所不同。这就是说，不一定知识越多能力越强，关键在于知识结构的合力与最优化。

那么，创新创业对于求职、入职能力的提升有何意义呢？有了创新创业知识和实践能力，我们的知识结构就会发生改变，从而形成一种不同于常人又超越常人的能力。首先，根据创新的本质（即"变好"），针对常人的一般方式和方法进行适度改变。一不从众，二不扎堆，三不好高骛远。别人光鲜亮丽，你则朴素大方；别人高谈阔论，你则谦逊低调；别人低调做事、高调做人，你则高调做事、低调做人；就连求职申请的制作别人华而不实，你则中规中矩、实事求是，如此等等。这里只是从创新概念来讲，创新规律、创新方法、创新技巧的掌握，同样可以改变我们的知识结构，从而在求职、入职过程中表现出与众不同的创新能力。能力高人一筹，必然会得到高人一筹的结果。

当今时代是创新创业之时代，当前中国是创新之中国。不论在世界的任何一个国家，也不论在中国的任何一个地区，任何一个组织乃至任何一个岗位，都富有创新创业之使命。换言之，不论任何岗位上的工作人员，具备创新创业知识和能力，不仅是时代的要求、国家发展的要求，也是岗位履职的基本要求。岗位履职创新意味着获得超凡业绩，以创业的态度去履职同样会业绩超群。大学生具备创新创业经验，更能够得到用人单位的普遍青睐。总之，拥有创新创业理论知识及其实践经验知识，不论对于大学生求职、入职还是履职都是十分重要的。也可以说，创新创业能力是大学生乃至任何一位劳动者就业能力的倍增器。

9.1.3 就业促进创新创业能力提升

不论岗位履职还是自主创业都将意味着就业。一般而言，就业是大学生从理论到实践、从学习到工作、从投资到回报、从付学费到取薪酬的转折点。当然，就业更是对大学生将所学知识用于履职实践能力的一种考验。经过求职、入职到履职实现就业过程的人都会体会到，在激烈的人才市场竞争中若没有 $N+1$ 的优势将很难赢得竞争实现就业目标。这里的 N 指的是竞争者之间的同质性，$N+1$ 则是指自己的竞争优势。形成竞争优势关键的"1"或许在某种条件下可以是人际关系、相貌、性别等外在因素，但是在一般情况下则是超越他人的能力表现，如谦卑的态度、敏锐的思维、流畅的表达、准确的理解以及更为重要的创新意识。有意识地改变自己，使得自己具备这 $N+1$ 竞争优势的求职、入职经验，将使得求职者自觉或不自觉地产生通过求变达到既定目标的创新意识。这种意识带到履职过程中去，在岗位工作中不断积累创新经验形成创新能力。

在创新大潮之中，在市场竞争之中，在求生存、求发展、求超越的时代，创新成为对于每一个工作岗位职责的基本要求。当教育尚不能给予求职者创新创业能力培养的时候，各个领域、各个方面和层面涌现出的创新型人才都是在岗位履职过程中，通过经验积累或通过自我修炼成长起来的。历史上的名人大家，乃至当今的偶像如任正非、马云、马化腾、雷军、张勇等都是在履职或创业中做出了举世瞩目的业绩，成为杰出的创新人才。

总之，创新创业能力与求职就业能力是相互促进的关系。创新创业能力有助于求职者更好地实现求职、入职和稳定就业的目的。稳定就业，在岗位履职中对就业者创新创业能力的要求，同样会激发、促进其不断提升自己的创新创业能力。当然，时代要我们每一位大学毕业生、每一位求职者，要想适应创新时代的岗位要求，就应该将创新创业能力培养纳入自己的人生规划及职业规划之中。没有创新创业能力就难以在激烈的职场竞争中实现自己的人生目标。

9.2 职业定位与职业规划

人常说，职业与志趣之和等于快乐人生。志趣往往是人的价值观的反映。职业规划往往受到求职者志趣的支配。价值是什么？哲学上讲，价值是指外在事物对于主体内在需求的满足度；经济学上讲，价值则是商品的使用价值，即商品的有用性。价值观是人们关于什么是价值、怎样评判价值、如何创造价值等问题的根本观点。价值观的内容，一方面表现为价值取向、价值追求，凝结为一定的价值目标；另一方面表现为价值尺度和准则，成为人们判断事物有无价值及价值大小、是光荣还是可耻的评价标准。思考价值问题并形成一定的价值观，是人们使自己的认识和实践活动达到自觉的重要标志。一个人的价值观直接决定了他的职业价值观，因而支配着他的职业目标的树立和职业规划的形成。同样，一个人价值观的创新必将引起其职业规划的创新。

9.2.1　职业价值观

职业价值观一般是指人们对职业的认识和态度，是人们认识职业和判断职业价值，以及选择职业目标的总观点、总看法。人的价值观具有个体性、相对稳定性和易变性，人的职业价值观也不例外。然而，一般寓于个别之中，人与人的职业价值观各不相同，但是其中必然存在某种共性。也就是说，人的职业价值观是存在不同类型的。

1. 专业适配（对口）型

这是一种常见的，也是传统的职业价值观。这种类型的职业价值观认为，我学的什么专业就应该从事相应的职业，不管自己是否喜欢这项职业。

2. 跟风型

这种职业价值观认为什么职业时尚、火热，什么职业就是最好的职业，不管自己所学的专业是否对路，也不考虑自己的知识结构和能力是否能够适应。

3. 进取型

这种职业价值观注重个人发展的条件与可能，基于职业自信，希望自己未来发展空间足够大，有较高的理想与追求。

4. 稳健型（保守）

注重求职容易，竞争程度较低，履职安全，福利有保障。

5. 挑战型

喜欢挑战自我，挑战未知，挑战新事物，勇于冒险，追求刺激的职业价值观。

6. 创新创业型

不跟风，不赶潮，不落俗套，自信自己可以为自己创造职业，希望用自己的知识、能力和资源创立自己的企业，同时为他人创造就业岗位。

7. 虚荣型

注重虚荣心的满足，认为能够吸引眼球的职业就是好的职业，能够支配他人的职业就是好的职业。每年几十万毕业生报考公务员和演员（艺术生），其中一部分人就是出于虚荣心而为的。

8. 眼前利益型

只注重眼前薪酬高低，不管未来发展或其他，认为只要薪酬足够高就是好职业。这种一切向钱看的职业价值观，尽管给人一种铜臭味道的感觉，却也是合法合理的。

9. 自由独立型

希望随心所欲安排自己的工作方式、工作习惯和生活方式。追求能施展个人能力的工作环境，最大限度地摆脱组织的限制和制约。有时他们宁愿放弃提升或加薪的机会，也不愿意放弃自由与独立。喜欢做教师、律师和自由撰稿人的人就是这种职业价值观。

10. 生活型

生活型的人喜欢允许他们平衡个人的需要、家庭的需要和职业需要的工作环境。他们希望将生活的各个主要方面整合为一个整体。正因为如此，他们需要一个能够提供足够的弹性让他们实现这一目标的职业环境，甚至他们为了家庭和个人的一些因素，而情愿牺牲自己职业发展的机会。这种职业价值观往往使他们在家庭中能够扮演贤妻良母或者家庭煮夫的角色。

不同的职业价值观决定人们对职业目标的选择，进而支配人们的职业生涯规划。10种类型的职业价值观虽然不是供人们选择的，但是不论你选择什么样的职业价值观几乎都可以归属于其中之一类。不能说哪一类职业价值观最好，只能说适合你的就是最好的。但是，社会总是有一个评价标准的，那就是"行行出状元"。不论从事什么职业，社会要求的成功标准一般是超常的社会贡献及社会影响力。对于个人而言的成功标准，则是职业规划目标的实现。

9.2.2　职业目标定位

职业目标的设立是受职业价值观所支配的，而职业规划是针对既定职业目标的规划。职业目标可分为长期目标和短期目标。其中长期目标又可分为不同的阶段目标。同样，短期目标也可分为学业目标、求职目标和就业目标。职业目标的设立不能仅凭主观想象，也不能好高骛远，而必须建立在自我认知的基础之上。职业规划同样不能东施效颦，更不能拷贝他人，而必须实事求是地基于自我认知、环境分析及专业和行业预测进行审慎设计。

儿时的"志向"每个人几乎都有，如长大了要当英雄、要当科学家、要当发明家、要当明星，等等。为什么多数人儿时的志向叫作梦想，也只是梦想？是因为人们不知道实现梦想的条件和过程，更不知如何为梦想而行动，因而只能是梦想。

职业定位，就是明确一个人在职业上的发展方向，它是人在整个发展历程中的战略性问题也是根本性问题。具体而言，从长远上看是找准一个人的职业类别，就阶段性而言是明确所处阶段对应的行业和职能，就是说在职场中自己应该处于什么样的位置。它是职业规划及职业发展的第一步，也是最重要的一步。定位错误或是偏差较大，那必然意味着接下来职业生涯的挫折和失败。

准确职业定位需要三个步骤：

• 一是自我认知，做到有自知之明，知道自己的优势和劣势，知道自己能够做什么工作和不能做什么工作（负面清单）；

• 二是明确自己期望做什么工作和擅长做什么工作，以及人才市场有哪些岗位需求适合自己；

• 三是根据自己的职业价值观、爱好、特长、能力及社会资源对自己未来的工作岗位和发展目标给出准确定位。

自知之明，主要是对自己的职业价值观、职业兴趣、职业性格、个性气质、天赋才干、智商情商、职业能力倾向（如言语表达、逻辑推理、数字运算等）、专业知识、技能和工作经验有个清醒的认识。只有通过正确的自我认知，才能知道自己能够做什么，并列出自己不能够做什么的负面清单。自己的优势和劣势是相对于某些职业岗位要求而言的。如你知识面宽广，擅于宏观思维，能够把握大局，具有分析、判断和决策能力，以及人际关系协调能力和情绪控制能力等，这就是从事管理岗位的优势；如你不乐意将时间耗费在人际关系上，而更乐意关注事物细节，专注于将每一件事情做到尽善尽美，而且非常执着，具有不达目的不罢休的态度和精神，这意味着专业技术性岗位更适合你；如果你不喜欢安于现状，总希望通过对事物做点改变，使其打上自己的印记，甚至将自己的价值观强加于人，以实现自身价值优先，那么你的优势就是创新，最适合你的就是创新性的工作岗位。换言之，创新、创业是你的优势。此外，如果你拥有政治体制内的人际关系资源，将是你选择公务员岗位的优势；如果你拥有市场资源和信息资源，或许你适合创业；如果你拥有超常的专业知识和能力，你可能更适合做技术专家；如此等等。

人常说，鞋子合不合脚只有脚知道。其实穿鞋的人更知道，一个人只有鞋子合脚才能走得更快、跑得更远。职业定位同样如此，只有适合自己的职业定位才是最好的工作岗位。也就是说，专业和志趣的统一等于快乐人生。因此，职业定位需要坚持以下四项基本原则。

1. 己之所爱

自己所爱的事请人们才乐意为之付出。职业定位首先要想到自己喜欢哪种职业，或者对哪种职业比较感兴趣。只有从事自己喜爱的、感兴趣的工作，工作本身才能给你一种满足感，你的职业生涯才会变得妙趣横生，因此选择己之所爱是做好未来职业定位的首要原则。

2. 己之所长

存在人才市场，就存在求职、就业竞争。求职者必须善于分析人才市场上的竞争态势，在自我认知的基础上，根据自己的长处和短板，开列负面清单，坚持扬长避短，才能准确进行具体的职业定位。

3. 市场之需

市场之需，不仅是指当前职场竞争现状之需，更是指职场发展趋势之需。如今天的中国职场需要大量高铁建设人才，意味着未来更需要大量高铁管理人才；今天需要大量机器人设计人才，未来则更需要大量机器人应用开发人才，等等。满足当前职场之需容易获得求职成功，而满足未来职场发展之需则能够保证其履职的稳定性和长期性，更容易使其积累相关专业经验，成就其职业发展目标。这就要求我们，在进行职业定位时，不仅要了解当前的社会职业需求状况，还要善于预测职业随社会需要而变化的未来走向，以便能使自己的职业生涯更长久。

4. 前景之光

众所周知，人无远虑必有近忧。产业有朝阳和夕阳之说，与之相对应的则是朝阳职业和夕阳职业之分。定位于前者意味着前途光明、履职长久，否则将可能会面临二次、三次甚至 N 次择业问题。这就要求我们要有对市场和职场发展前景的科学预测，顺其发展趋势，尽可能选择前途光明的职业和岗位。

定位准确，你就会持久地发展自己。很多人事业上发展不顺利不是因为能力不够，而是因为选择了并不适合自己的工作。定位准确，你就会善用自己的资源，集中精力地发展，而不是"多元化发展"，这是职业发展的一个规律。很多人多年来涉足很多领域，学习很多知识，其实内部很虚弱，每一项都没有很强的竞争力。人们常说，"学 MBA 吧，大家都在学"，"出国吧，再不出国就来不及了"，"读研究生和博士吧，年龄大了就读不动了"。现实已经说明，MBA、出国、研究生、博士生不代表持续的发展，投资很多，收益很少，过于分散精力会让你失去原有的优势。定位准确，你就会抵抗外界的干扰，不会轻言放弃。过去，有的人选择工作，用现实的报酬作为准则，哪里钱多去哪里，什么时尚去哪里。起初可能在待遇上会有一些差距，但是后来薪酬优势也会渐渐消失。可谓风水轮流转，今天时尚的过几年不时尚了，从前挣钱容易的过几年挣钱不容易了。

给自己准确定位，你就会理性地面对外界的诱惑。定位准确，会使求职变得容易，也会得到更好的发展机会。准确的职业定位，不仅使求职者很容易得到就业机会，还能够在职场竞争中立于不败之地，从而通过长期努力达成自己的职业发展目标。当然，职业定位，并非一个静态结果，而是一个动态过程，往往需要结合职业生涯的每个阶段对自己的职业定位不断进行调整。

9.2.3 目标分解与组合

设立职业目标不是用来"画饼充饥",不是用来自我装饰,更不是用来欺骗他人的,而是切实用于自己为之努力、为之奋斗的。职业目标往往跟人生目标直接相关,因此职业目标的实现不可能一蹴而就,而是不仅需要长时间努力,还需要有计划、有步骤、分阶段地进行,在实践中逐步逼近目标。这就需要进行目标的分解,然后由近及远、由小到大、由低到高、由易到难地各个击破,最终目标才能够实现。

1. 目标的分解

目标的分解,就是立足于现实条件和能力水平,根据实现职业目标的内在逻辑及任务性质,将其分解为一个个子目标,再将其与时间序列相对应,转化为一个个随时间变化而变化的阶段发展目标。这种阶段性目标,可以是战略性的长、中、短期目标,也可以是更加精细的年、月、日、时、分、秒。正如列夫·托尔斯泰所说,要有生活目标:一辈子的、一段时期的、一个阶段的、一年的、一个月的、一个星期的、一天的、一个小时的、一分钟的;还得为大目标牺牲小目标。

自主性职业规划,按照目前相关规定及其变化趋势,可以认为是从 18 岁到 68 岁,或者从 20 岁到 70 岁共 50 年时间的职业发展规划。正如孔子曰,"吾十有五而志于学,三十而立,四十不惑,五十而知天命,六十而耳顺,七十而从心所欲,不逾矩"(《论语·为政第二》)。按照法定工作年龄,应是 18 岁开始。然而就大学生而言正是大学一年级,恰是自主人生规划的最好时机。但是相较于孔子的说法,按今天的学制大学毕业应为 23 到 25 岁,求学阶段增加了 8 到 10 年。因此,孔子所述人生阶段目标应改为:四十而立,五十不惑,六十而知天命,七十而耳顺,八十而从心所欲,不逾矩。

但是,从发展眼光看,65 岁为退休年龄,今天人们(大学生)的人生规划时间可以是从 18 岁到 80 岁,然而职业规划却只有 25 岁至 65 岁这 40 年的职业生涯。据此,我们可以按照求学(25 岁之前志学)、置业(25~35 岁求职就业)、立业(35~45 岁事业有成)、发展(45~55 岁积累)、守成(55~65 岁持家),五个阶段对自己的职业生涯进行科学合理的规划。由于立业意味着职业目标的达成,实际上我们的职业规划的主要时间区间是 45 岁之前。这就是求学、置业和立业三个阶段。这样一来,我们可以将立业视为长期目标,置业叫作中期目标,而求学则为短期目标。只要规划好这三个阶段,实现这三个目标,那么你的一生将是灿烂光明的一生。

按照目标及其任务性质划分,可分为学业目标、职位目标、专业目标、等级目标、学术目标、职务目标、经济目标、环境目标、地点目标、晋升目标、荣誉目标、政治地位目标等。有的学者将这些职业目标划分为内在职业目标和外在职业目标。所谓内在职业目标，是指那些一旦目标达成就会终生拥有，成为自己的私有财富，如知识结构、能力水平、学历学位、专业证书、学术地位、技术专长、私有财产等。所谓外在职业目标，则是指那些即便顺利实现，却既可以得到同样也可以失去的东西，譬如职务职称、荣誉称号、岗位级别等。当然，内在目标的实现是外在目标实现的条件，外在目标的实现会反过来促进内在目标的实现，二者是相辅相成、辩证统一的关系。

2. 目标的组合

时间对于任何人都是公平的。它既是变量又是常量。变量是指时间随着物质运动而变化的永恒性，常量是指作为时间区间的不变性。因此，我们可以按照时间的变量属性合理规划自己的成长与发展，按照时间区间的不变性来规划一定时期的目标和任务。在同一个时间区间或者时间段规划多种目标任务，这就是目标组合。

目标组合是处理不同目标之间相互关系的有效措施。如果只看到目标之间的排斥性，就只能在不同目标之间做出排他性选择，而如果能看到目标之间的因果关系与互补性，就能够积极地进行不同目标的组合。职业生涯目标在时间上的组合可以分为目标并进、功能组合、互补关系与全面协调等情况。

（1）目标并进，是指同时着手实现两个平行的目标，或者建立和实现与目前工作内容不相关的职业生涯目标。譬如，在学习阶段可以专业学习同专业证书考试、考级并进；在就业阶段可以履职与在职读研、读博和专业证书考试、考级并进，等等。这就是"鱼与熊掌兼得"。

目标连续，是以时间坐标为节点，将多个目标前后连接起来，实现一个目标再进行下一个。如短期、中期、长期目标之间的关系就是前后相继的连续关系。又如一个目标期限内也往往是由不同目标形成的因果链。只有一步步完成好每一个小的近期目标，最终的长远目标才可能实现。

（2）功能组合，很多职业生涯目标在功能上存在因果关系或互补关系。比如工作能力目标与职务目标及收入目标之间就是因果关系，即只有工作能力提高，才可能有职务的提升和收入的上涨。因此，在职业规划中，工作能力提高，职务提升，收入增加，应当作为一个组合目标一起考虑和安排。特别是内在职业目标和外在职业目标一般都是可以组合思考，统一安排的。

（3）互补关系，是指两种或多种职业目标及其所规定任务之间的关系具有互补性。比如在求学阶段就有理论与实践互补，知识和技能互补，课内与课外活动互补，继承与创新互补等。在履职阶段同样会有：教师的教学和科研互补，理论教学与实践教学互补，教书与育人互补，管理与教学、科研互补等；公务员岗位的履职与进修互补，挂职锻炼与职务晋升互补，职务晋升与在职读研互补等；公司职员岗位的专业考级与晋升互补，升职与进修互补，业绩与晋级、晋升互补等。

（4）全面协调，是指将职业生涯、家庭生活和个人发展及社会贡献相协调，创造完美人生的情况。这种组合将是人们所憧憬的，在事业上是成功人士，在家庭中又是合格的儿女、父母、妻子或丈夫，还会是贴心的朋友，又是热心公益事业的慈善家。全面组合超越狭隘的职业生涯范畴，将人的全部活动联系协调起来，即事业不是生活的全部，完美的职业生涯规划是要将生活中的所有部分合理而有机地组合。绝对全面协调是很难实现的，但是人人都可以为之努力。人生之快乐，往往不在于拥有什么，而在于为了既定目标而奋斗的快乐过程。

9.2.4 路线图与行动计划

理论只有用于实践才能够体现其自身价值。讨论职业规划的相关要素，是为了科学、合理地制定职业规划。制定职业规划的目的是为了行动，并通过付诸实施实现既定的职业发展目标。路线图是行动计划指定的根据，也是行动的指南。

1. 职业生涯路线图

职业生涯路线图是指将自己当前所处位置与职业发展总目标之间，按照时间顺序找到一条连接各个子目标（或阶段性目标），所形成的最短路线。这里的"最短"，不是单指线段最短，而是指包括时间在内的总成本最少。

典型的职业生涯路线图是一个"V"型图（见图 9-1）。假如一个人 24 岁大学毕业参加工作，即 V 型图的起点是 24 岁。以起点向上发展，V 型图的左侧是行政管理路线，右侧是专业技术路线。将路线分成若干等分，每等分表示一个年龄段，并将专业技术的等级、行政职务的等级分别标在路线图上，作为自己的职业生涯目标。

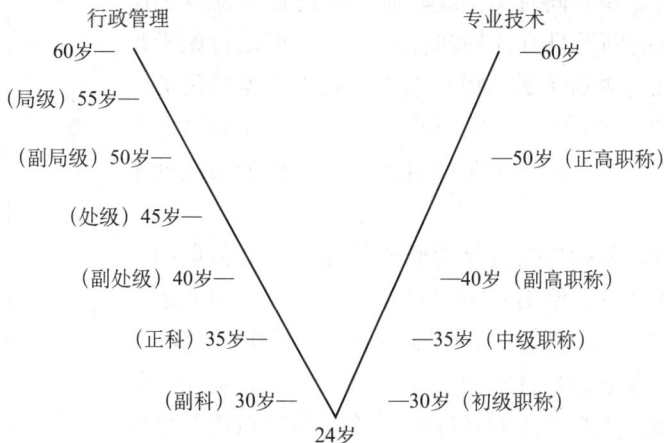

图 9-1 典型的职业生涯路线图

图 9-1 中只是标明了两种传统的或体制内的规划路线,并没有将其他职业目标所需要的路线一一标示。比如创业目标实现的路线、公司职员发展路线、艺术专业发展路线等。但是,我们可以参考这两条路线自己制作与其相关的路线图。以创业为例,30岁——小型企业百万资产,35 岁——中型企业千万资产,40 岁——大型企业亿计资产,45 岁——企业集团十亿计资产,50 岁——跨国公司百亿资产,等等。路线不一定总是直线,也可以是曲线或折线,只要实现总成本最小就是最好路线图。如一位自动化专业的大学生,他的发展路线图是:自动化专业学士毕业——考研并获信息技术与管理专业硕士学位——读博并获系统工程学科博士学位——清华大学战略管理博士后——大学副教授——大学教授。职称上实现了自己的职业目标,专业上实现了自己从微观性专业到宏观性专业的转变目标,在薪酬上也实现了由年薪 5 万元到 40 万元的目标。

有学者告诫我们,职业生涯路线的选择须考虑以下三个问题:

● 我想往哪一路线发展?

● 我能往哪一路线发展?

● 我可以往哪一路线发展?

其实,仅仅考虑这三个问题是不够的,起码还需要考虑以下三个问题:

⟁ 我能否走折线或曲线?

⟁ 我能否走斜线?

⟁ 哪条路线所用时间最短,哪条路线总成本最低?

路线制定需要设计也需要算计。当我们能够通过数据分析给出结论的时候,一切决策问题就会变得轻而易举了。

2. 行动计划

有了职业目标定位,同时又完成职业生涯规划(流程如图 9-2 所示),剩下的问题只有计划和行动了。千里之行始于足下。没有行动,任何规划计划都将是泡影。管理专家常说的一句话叫作"细节决定成败"。实现职业目标需要关注和做好每一个环节,认认真真实现每一个阶段目标,总目标的实现就不会存在任何问题了。

所谓行动计划,是指根据自己的职业目标定位和目前的条件,针对确定的路线图,给出每一项目标任务完成的时间表及将要采取的方式和方法,并按照时间顺序形成可操作的方案。

例如,你的职业规划是将来做实业,成为一名企业家。你现在是大学一年级,大学四年的目标就应该是为日后创业做好知识和能力素质方面的准备。这就需要针对企业家所需要的综

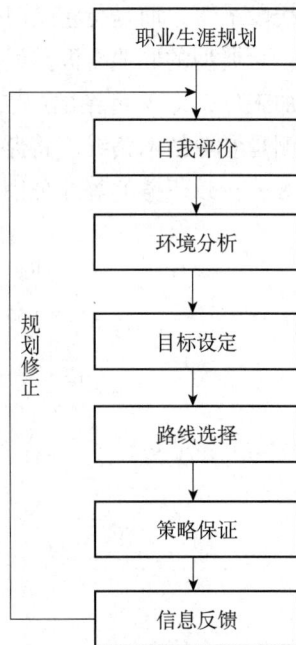

图 9-2 职业生涯规划流程

合素质和能力进行今后三年的学习规划。譬如除了计划内课程都要学好之外，利用学校条件二年级第一学期选修"创新创业与就业导论""经济学原理"，第二学期选修"企业管理和市场营销"；三年级第一学期选修"金融工程和电子商务"，第二学期选修"法律和会计"，并积极参加大学生课外创新创业实践活动；四年级借助实习机会尝试自主创业或者到企业实习，见习企业的运作与管理。这样，不论你当前属于哪个专业，都将为毕业之后的自主创业打下坚实的基础，为实现其成为实业家的职业目标迈出了坚实的一步。

9.2.5 附录：职业规划模板

封面

个人资料

联系方式

目录

总论（引言）

第 1 章 自我认知

  1. 个人基本情况

  2. 职业兴趣——喜欢干什么

    个人职业兴趣的前三项是……

  3. 职业能力及适应性

    ×××能力较强，×××能力较弱，具体情况是……

  4. 个人特质——适合干什么

    具体情况是……

  5. 职业价值观——最看重什么

    具体情况是……

  6. 胜任能力——优劣势是什么

  自我分析小结

第 2 章 职业生涯条件分析

  1. 家庭环境分析

    如经济状况、家人期望、家庭文化等及其对本人的影响。

  2. 学校环境分析

    如学校特色、专业学习、实践经验等。

  3. 社会环境分析

    如就业形势、就业政策、竞争对手等。

4. 职业环境分析

（1）行业分析

如××行业现状及发展趋势、人业匹配分析

（2）职业分析

如××职业的工作内容、工作要求、发展前景、人岗匹配分析

（3）企业分析

如××单位类型、企业文化、发展前景、发展阶段、产品服务、员工素质、工作氛围、人企匹配分析

（4）地域分析

如××工作城市的发展前景、文化特点、气候水土、人际关系等，人城匹配分析

职业生涯条件分析小结

第3章　职业目标定位及其分解组合

1. 职业目标的确定

综合第1章（自我认知）和第2章（职业生涯条件分析）的主要内容得出本人职业定位的 SWOT 分析。

①内部环境因素：优势因素（S）弱势因素（W）

②外部环境因素：机会因素（O）威胁因素（T）

分析结论：职业目标——将来从事（××行业的）××职业

职业发展策略——进入××类型的组织（到××地区发展）

职业发展路径——走专家路线（管理路线）

2. 职业目标的分解与组合

把职业目标分成三个规划期，即近期规划、中期规划和远期规划，并对各个规划期及其要实现的目标进行分解。

第4章　具体执行计划

1. 近期目标的具体实施计划

本人现正就读大学××年级，我的大学计划分为四个阶段……

2. 中期目标的具体实施计划

3. 长期目标的具体实施计划

4. 人生总目标的具体实施计划

第5章　评估调整

1. 评估的内容

（1）职业目标评估（是否需要重新选择职业?）。假如一直……那么我将……

（2）职业路径评估（是否需要调整发展方向？）。当出现……的时候，我就……

（3）实施策略评估（是否需要改变行动策略？）。如果……我就……

（4）其他因素评估（身体、家庭、经济状况以及机遇、意外情况的及时评估）。

2. 评估时间

在一般情况下，我定期（一年或半年）评估规划；当出现特殊情况时，我会随时评估并进行相应的调整。

3. 规划调整的原则

结束语

职业生涯规划总表

计划名称	时间跨度	总目标	分目标	计划内容	策略和措施	备注
近期计划（大学计划）	2006 年～20××年	如大学毕业时要达到……	如：大一时要达到……大二时要达到……或在××方面要达到……	如专业学习、职业技能培养、职业素质提升、职业实践计划	如大一以适应大学生活为主，大二以专业学习和掌握职业技能为主……或为了实现××目标而要……	大学生职业规划的重点
中期计划（毕业后五年计划）	20××年～20××年	如毕业后第五年时要达到……	如毕业后第一年要达到……第二年要达到……或在××方面要达到……	如职场适应、三脉积累（知脉、人脉、金脉）岗位转换及升迁等		大学生职业规划的重点
远期计划（毕业后十年以上计划）	20××年～20××年	如退休时要达到……	如毕业后十年要达到……第二十年要达到……	如事业发展，工作、生活关系，健康，子女教育等	方向性规划具体路径：××员——初级××——中级××——高级××	

理性是人与动物之间的本质区别。动物行为一般都属于条件反应。所谓"跟着感觉走"，其实不过是人的一种动物本能而已。一个人的职业发展需要理性规划，而不能紧紧跟着感觉走。理性规划会使我们少走弯路，减少发展成本，以最快速度实现自己的职业和人生目标。坚持目标定位原则，科学地进行目标分解与组合，准确自我认知，深入社会环境分析，合理制定职业生涯规划与行动计划，这就是理性发展。职业目标定位与发展规划是写给自己的，是自己的行动纲领和发展计划，但也是可以与人

分享的。与家人、朋友、老师、上级领导分享，不仅可以得到他们的理解和支持，还可以反过来监督自己走好每一步，分享自己每一阶段的发展成果。将自己的发展成果和快乐与人分享，即是快乐的乘方。

9.3　求职与就业

求职或应聘，是大学生由学业到就业之间的一个十分关键的环节。求职或应聘的成功，不仅意味着求职者就业的开始，更意味着其实现职业目标过程的开始。因此，大学生求职，不是简单的应聘、应招，而应当根据自己的职业生涯规划，选择最适合自己实现职业目标的岗位，这就是"有的放矢"。有了根据自身职业规划目标的学历准备，就已经具备了求职、应聘的竞争优势。此时的你，只要能够充分、合理、恰当地利用各种招聘机会，那么获得能够满足自己职业目标要求的就业机会并非难事。

9.3.1　求职与招聘

招聘者为求职者提供就业机会，求职者的就业需要构成人才招聘市场。满足大学生就业求职的需要，产生了多种招聘人才的方式和方法。求职者只要能够深入了解和适应它，并能够充分利用这些方式和方法，就能够获得满足自己职业规划目标要求的就业机会。当前适合大学生特点的招聘方式包括校园招聘会、网络招聘和内部推荐等。

1. 校园招聘会

校园招聘会又称为校园双选会，是由学校就业指导机构组织为其毕业生与相关行业企业搭建的一座双向选择的桥梁。众多用人单位聚集校园为其选择和招聘适合本单位需要的人才的同时，也为应届毕业生选择适合自己职业目标规划的就业岗位提供机会。

面对人才市场的竞争，不仅作为大学毕业生的求职者感到就业压力，用人单位同样也具有招聘优秀人才的压力。因此，不仅学校有关机构为抢占先机尽可能提早发起组织校园招聘会，用人单位同样也是急不可耐地尽可能提早进驻校园抢招人才。这就出现了招聘会开启时间越来越早的现象。原本应该在大学生毕业季节，即每年5~7月举行的校园招聘会，经过逐年提前，一直提前到了每年的大学开学季，也就是9月份，即大学4年级开学伊始。从此开始，各种形式的校园双选会纷纷登场，一直延续到次年的5月份。这种有些失序的校园招聘竞争，为毕业生实现自己的职业目标提供了选择就业岗位的良机，却也对校园原有教学秩序产生了一定的冲击。

为此，国家教育部曾于 1999 年下发有关通知，规定"用人单位到高等学校招聘毕业生的活动应安排在每年 11 月 20 日以后的休息日和节假日进行"。由于次年 1 月份之后，很多学生就要面临研究生入学考试，而 5、6 月份又是毕业生的论文杀青与答辩时间，因此，对于企业而言进入校园开展招聘活动一般都集中在 11 月底至 12 月以及春节过后的 3、4 月份这两个时间段进行。为了避免撞车，越来越多的企业选择了"曲线救国"的方式，利用"宣讲会""介绍会"等其他形式"潜入"学校，将其校园招聘活动尽早推广开来，抢得获取优秀人才的先机。

对于某些专业性比较强的岗位，校园招聘是个很好的招聘渠道，既方便学生又方便单位。例如铁路系统的招聘，全国的铁路院校就那么十几家，而铁路系统的招聘单位也是十几家，他们就可以到各个铁路相关院校去召开铁路系统专场招聘会，节约了双方的时间，提高了工作效率。即便如此，用人单位却在招聘事件中产生了很多苦恼，如以下几方面。

（1）应届毕业生缺乏工作经验，同一专业毕业生的知识结构几乎相同，使得企业很难仅凭其专业方向和专业成绩就确定其是否具备某项职位所要求的基本素质。

（2）他们缺乏明确的职业目标定位和规划。据调查，50% 的大学生没有职业目标，没有自我认知，没有职业规划，更没有为此而做好求职准备。这就导致很多应聘者自己也不清楚自己能否胜任或者适合从事哪些类型的工作。

（3）当代大学生基本都是独生子女，往往存在着责任心不强、承受能力弱、团队意识较差等诸多问题。

这些问题使得企业必须有针对性地制定专门的校园招聘策略和笔试面试方法，也对企业的晋升机制和培训体系提出了更高的要求。同样，这些问题不仅引起了大学教育的关注也引起了各级政府的警觉。这就是大力提倡全面素质教育，特别是创新创业与就业教育。对于大学生而言，则应做好职业生涯规划并为此而行动，以提升自己的求职就业竞争力。

2. 网络招聘

网络招聘，也称为电子招聘，是指通过技术手段的运用，帮助企业人事经理完成招聘的过程。即企业通过自己的网站、第三方招聘网站等机构，使用简历数据库或搜索引擎等工具来完成招聘过程。

网络招聘的方式在美国等国家已经深入人心，成为大学毕业生和职员求职的首选方式。上网找工作在美国以及西方发达国家已经成为家常便饭，很少有人还去通过翻报纸寻觅就业机会。微软更是信息化管理的领航者，他们在进行网络招聘时，网上招聘信息不仅对外发布同时也对内发布。微软在全球各个国家的公司有什么职位空缺都会发布在网上，其职员可以跨国申请。如果你对某个国家的空缺职位感兴趣，并愿意长期移居过去，便可以发申请信。那里的人力资源部就会对你的技能、业绩做一番调查，然后在网上进行测评，如果认为你可以胜任，那么你就很幸运地成为那个国家微软公司的员工。与此同时，你的一切关系（包括保险、薪酬、福利等）都将转过去。随着网络技术发展和普及程度的提高，国内的网络招聘也逐步发展起来。网络的高速度与巨大的信息量赋予了网络招聘得天独厚的优势。相对于招聘会，网络招聘具有以下优势。

（1）覆盖面广。互联网的覆盖是以往任何媒介都无法比拟的，它的触角可以轻易地延伸到世界的每一个角落。网络招聘依托于互联网的这个特点，达到了传统招聘方式无法获得的效果。早在2000年，IBM通过网络只在全国7个城市的14所学校张贴了海报，而且没有在校园里进行任何宣传活动，却收到了来自包括英、美、日、澳等地留学生在内的13 000多份简历，学校数目也远远超过了14所，招聘活动的覆盖面是公司自己都始料未及的。

（2）时效性强。网络招聘双方通过交互式的网上登录和查询完成信息的交流。这种方式与传统招聘方式不同，它不强求时间和空间上的绝对一致，方便了双方时间的选择。互联网本身不受时间、地域限制，也不受服务周期和发行渠道限制。它不仅可以迅速、快捷地传递信息，还可以瞬间更新信息。这种基于招聘双方主动性的网上交流，于无声无息之间，完成了及时、迅捷的互动。

（3）成本低。网络招聘在节约费用上有很大的优势。对于毕业生来说，通过轻点鼠标即可完成个人简历的传递，原本一个月才能完成的信息整理、发布工作，现在可能只要半天就能够完成。这既节约了复印、打印费用，还省却了一番鞍马劳顿。对用人单位来讲，网络招聘的成本更低。

（4）针对性强。网络招聘是一个跨时空的互动过程，对供求双方而言都是主动行为，无论是用人单位还是个人都能根据自己的条件在网上进行选择。这种积极的互动，减少了招聘和应聘过程中的盲目行为。目前，一些大型的人才招聘网站都提供了个性化服务，如快捷搜索方式、条件搜索引擎等，这进一步加强了网络招聘的针对性。

（5）筛选功能。网络招聘对于用人单位而言可以通过设置登录门槛，只允许那些符合基本条件的应聘者进来提出诉求并展示自己的竞争力。这样的初选只交给网络来完成，无形之中就减少了大量初选成本。对于应聘者而言，只选择那些自己具备基本条件的招聘单位去应聘，同样减少了一定盲目性，因而既节约时间成本又提高了成功率。不仅如此，通过网上交流与测试，更能够排除许多人为干扰，使得双方能够更加客观地判断和决策。

随着5G技术的成熟，网络技术将获得长足的发展。网络招聘也将逐步成为人才市场上的主流招聘方式。这就对大学毕业生提出了更高的要求，不仅有必要将熟练掌握网络技术纳入学习期间的规划内容，还应将"同中有异"体现于学业规划之中，以便能够在众多求职者中抓住招聘者的眼球，从而脱颖而出，赢得竞争。另外，网络本身具有虚拟世界的特点，鱼龙混杂的情况在所难免，这就要求我们提高警惕，以防止各种骗局的危害。

3. 内部推荐

内部推荐又称员工推荐，是企业通过发动企业内部员工调用自己的人脉资源来帮助公司推荐优秀候选人的招聘方法。这种招聘方式因其成本低，招聘周期短，招聘质量高等优点被很多大中型企业所采用。资料显示，腾讯、德勤、渣打银行等知名企业近 50% 的员工都是通过内部推荐招聘的。此外，这种招聘方式在日本的企业中常常采用。

企业内部员工推荐效率高，是因为目标明确、联系快捷、成本低，最多只需要支付内部员工推荐奖金即可；质量高则表现在被推荐录用的新员工离职率低。另外，鼓励员工向公司举荐人才，还可以提高当前员工对公司的认同度。这种认同度是在推荐人和被推荐人之间交流沟通过程中不自觉地实现的。况且，这种交流的内容必然是关于公司主营业务、专业及岗位的特点和要求，特别是公司产品及形象等，这本身又是一种广告形式。当然，内部推荐的招聘方式也存在现实的缺点，这就是容易造成企业内部"小团体"的形成，给公司带来负能量。但是对于求职者而言，获得内部推荐，不仅效率高，而且有利于自己职业目标的实现。

总之，求知与招聘这对矛盾不仅是用人单位不可回避的，同样是大学毕业生必须去求解的现实问题。招聘方式反映的是大学毕业生的求职方式。校园招聘、网络招聘和内部推荐招聘各有其特点，谁优、谁劣只有参与双方最有发言权。但是，既然求知与招聘是一对矛盾，就会存在矛盾的主要方面和次要方面。在求职应聘过程中，我们应学会根据矛盾论原理采取相应的对策，必然会获得利益最大化。这就要求应聘者尽可能掌握人才市场供求信息，岗位招聘供大于求时，主要矛盾方面在招聘方一端；反之，则主要矛盾方面在求职者一端。在招聘过程中，话语权往往属于主要矛盾方面的一方。因此，大学生在求职过程中尽量选择有话语权的岗位应聘，不仅会提升成功率，还可以在薪酬待遇等方面获得最大利益。机遇只垂青那些有准备的头脑，职业规划和行动是求职就业的准备。求职就业困难通常是对那些没有准备的人而言的。

9.3.2　求职信与个人简历

不论选择哪种方式求职，都需要事先做好两个方面的准备，这就是求职信与个人简历。二者的共同目的是获得就业机会，但其作用、内容与行文格式各不相同。求职信是针对特定的个人而写的，个人简历则是针对特定的工作职位而写的；个人简历主要叙述求职者的客观情况，而求职信主要表述求职者的主观愿望。相对于简历来说，求职信更要集中地突出个人的特征与求职意向，从而打动招聘人员的心，是对简历的简洁概述和补充。另外，个人简历并不等同于求职信。求职时简历不能单独寄出，必须附有信件，即求职信。

1．求职信的结构与行文

求职信是求职人向用人单位介绍自己情况以求录用的专用性文书。求职信既然属于信件就必然要遵循信件的基本格式，即称谓、正文、结尾。所不同的是求职信需要一个模式化标题——求职信。这就是说，求职信一般由标题、称谓、正文和结尾四个部分组成。

（1）标题：求职信的标题通常只有文种名称，即在第一行中间写上"求职信"三个字。

（2）称谓：求职信的称谓是对受信人的称呼，与一般新建格式相同，写在第一行，要顶格写受信者单位名称或个人姓名。单位名称后可加"负责同志"；个人姓名后可加"先生""女士""同志"等。在称谓后写冒号。求职信不同于一般私人书信，受信人未曾见过面，所以称谓要恰当，郑重其事。

（3）正文：求职信的正文是整个信件的主体，不宜过短，也不宜过长，一般为三段式结构，字数不超过 1 000 字。

第一段，写求职信的原因。首先简要介绍求职者的自然情况，如姓名、年龄、性别等。接着要直截了当地说明从何渠道得到有关信息及写此信的目的。如：

"我叫卫子玄，现年 23 岁，男，是一名自动化专业的大学本科毕业生。从贵方网站获悉贵公司招聘 5 名智能系统设计工程师，不胜喜悦，作为机器人设计爱好者，以本人的专业水平和能力，我不揣冒昧地毛遂自荐，相信贵公司定会慧眼识人，会使我有幸成为贵公司的一员。"

这段是正文的开端，也是求职的开始，介绍有关情况要简明扼要；对所求的职务，态度要明朗；而且要吸引受信者有兴趣将你的信读下去，因此开头要有吸引力。

第二段，写对所求职务的看法并且对自己的能力要做出客观公允的评价。这也是求职的关键。因此要着重介绍自己应聘的有利条件，特别需突出自己的优势和"闪光点"，以博得对方信任为原则。如：

"我将于 2019 年 7 月毕业，成绩优秀，在校级大创计划活动中曾获一等奖，在省级机器人设计大赛中获得二等奖（见附件）。我在有关官方网站上看到过关于贵公司的情况介绍，我喜欢贵公司的工作环境，认同贵公司的企业文化，钦佩贵公司的敬业精神，又很赞赏贵公司在经营、管理上的一整套切实可行的规章制度。这些均体现了在当前改革开放的经济大潮中，贵公司的超前意识。我十分愿意到这样的环境中去艰苦拼搏；更愿为贵公司贡献我的学识和力量。我相信，经过努力，我会做好我的工作的"。

写这段内容，语言要中肯，恰到好处；态度要谦虚诚恳，不卑不亢。达到见字如见其人的效果。要给受信者留下深刻印象，进而相信求职者有能力胜任此项工作。这段文字的写作原则是要有说服力。

第三段，提出希望和要求，向受信者提出希望和要求。如："希望您能为我安排一个与您见面的机会"或"盼望您的答复"或"敬候佳音"。这段属于信的内容收尾阶段，要适可而止，不要啰唆，不要苛求对方。

（4）结尾：敬语和署名。即另起一行，空两格，写表示敬祝的话。如：此致之类的词，然后换行顶格写"敬礼"或祝"工作顺利""事业发达"等相应词语。这两行均不带标点符号，不必过多寒暄，以免"画蛇添足"。最后两行是求职者署名和日期。

求职信的行文原则如下。

①语气自然：语言和句子要简单明了。写信就像说话一样，语气可以正式但不能僵硬。语言直截了当，不要依靠词典。

②通俗易懂：写作要考虑读者对象的知识背景，不要使用生僻词语、专业术语。

③言简意赅：在重点突出、内容完整的前提下，尽可能简明扼要，切忌面面俱到。

④具体明确：不要使用模糊、笼统的字眼；多使用实例、数字等具体的说明。

2. 个人简历的基本格式

简历是自我推销的工具，是一种个人广告，用来展示求职者的工作技能以及对于未来雇主的价值，向雇主说明你是他们最需要的。一份好的简历可以帮助求职者顺利进入面试环节，并且给面试官眼前一亮的感觉，感觉你就是他们在寻找的人。

一般的简历有固定的格式要求和内容，比如个人基本信息、求职意向、教育背景、奖励与荣誉、工作经历、性格爱好等。

（1）个人基本信息。姓名、地址、电话和 E-mail 是必不可少的内容，尤其是电话和 E-mail 一定要写在最醒目的地方，让看简历的人可以非常容易地找到你的联系方式。电话前加上区号，长的电话号码采用分节的方式，"三四四"的分法最为常见。E-mail 要选择比较稳定的邮件系统，不易丢信。

（2）求职意向。求职意向的书写要尽可能具体，针对你应聘的公司和职位。要充分表明自己在该方面的优势和专长，尽可能把选择放到一个具体的工作部门。

（3）教育背景。在教育背景中，如果你的 GPA 还算出色的话，不妨列出来。同时可以附一些说明性的文字，例如专业前 5%，记得相对的数字永远比绝对的数字更有说服力。高中阶段一般不写，当然如果你有特别值得一提的经历，例如全国物理竞赛一等奖，那么也不妨写上。

（4）工作经历或实习经历。这部分内容是雇主非常看重的部分，因为它能够用实例反映出求职者的工作能力。在写工作经历的时候要重点突出两个 R（responsibility 和 results）。告诉你的潜在雇主，你在过去的工作经历中承担了哪些职责，做了哪些项目，结果又是怎样，这些是你经验和能力的证明。

（5）资质证书和奖励。最好是与求职目标相关的资质证书，比如你的求职目标是程序员，那么你可以把你获得的计算机等级证书、计算机相关技能比赛的证书写在这里。

（6）兴趣与爱好。这部分内容可写可不写。如果你的业余爱好与应聘的职位有很强的相关性，那么将其写上，无疑会增加你的成功砝码。

简历反映的是个人过去的经历，因而必须客观真实，语言可以修饰，但是事实不可夸张。如果本人过去的经历和成果比较丰富，简历中可以针对所求岗位的要求有所侧重。简历不是用来自我欣赏而是给人看的，因此不仅在内容上要客观真实，有针对性，还要在形式上尽可能简练、美观，能够抓人眼球。所以常见的个人简历都是采取表格的形式。当然，最好的简历，是结合岗位要求，发挥想象力，创新表达方式，使其不但有新意而且完全符合目标岗位的要求，从而在众多求职者中脱颖而出。

9.3.3 笔试与面试

笔试和面试是一般求职过程的最后环节，也是关键环节。笔试和面试主要是有针对性地从个人品质、工作态度、综合能力、发展潜力及企业忠诚度等方面，对应聘者与所聘岗位的匹配度进行考察。一份较好的笔试和面试成绩能够使你脱颖而出，成功入职。

1. 笔试及其对策

笔试是以书面方式考核应聘者所应具备的知识结构、专业技术水平、能力倾向及文字运用能力的一种途径和方法。目前，笔试几乎已经成为公务员招聘、教师招聘、研究员招聘及企业员工招聘的常用形式。

笔试的内容和形式往往与招聘的数量和规模直接相关，如国家公务员招聘、教师招聘、司法人员招聘及企业集团大规模招聘等，都是采取统一考试的方式。考试内容由相关部门根据不同岗位的共同要求决定命题范围，有的部门还会发布考试大纲。如国家公务员考试内容包括"行政职业能力测试"和"申论"两部分，各级公务员考试也都是遵循这一模式。

"申论"部分一般都是给定材料回答问题，或者写一篇政论文，或者给出解决问题的策划方案。如2018年国家公务员考试《申论》部分，给定6份材料，据此回答5个问题。要求：①自选角度，见解深刻；②参考给定资料，但不拘泥于给定资料；③思路清晰，语言流畅；④总字数1 000字左右。

"行政职业能力测试"部分包括五个部分，135道题，总时限为120分钟。这五个部分包括：常识判断（共20题）、言语理解与表达（共40题）、数量关系（共15题）、判断推理（共40题）、资料分析（共20题）。其题型基本都是选择、判断和填空形式。值得指出的是，其中数量关系（共15题）和判断推理（共40题），这55道题需要应考者提前准备，因为那几乎都是学历教育中不被重视的能力测试。其中既有智力测验又有创新能力测试，的确需要创意思维。

教师招聘考试常常根据岗位类别而分类命题，如中学教师、小学教师和幼教考试都是分类命题的。尽管教师考试分类进行但是在考试内容上也有共性，即教育学和教育心理学都是必考内容。基础知识和专业水平部分内容则互不相同。如中学教师招聘考试内容与考研相似，小学教师招考则与高考内容相近。

公司招聘考试内容则是根据其所属行业及招聘岗位相关专业知识，一般由其人力资源部门命题。值得指出的是，一般企业招聘很少采取大规模考试方式考核应聘者，而是在面试阶段作为口试的一种补充进行小型测试。其测试内容主要包括知识结构、专业能力、情商、智商、心理、个性及人际关系等方面的表现。目前创新品质和能力测试已经逐渐纳入企业招聘面试的内容。

应对求职考试没有绝对捷径可走，及早制定职业发展规划，踏踏实实做好就业准备，优化知识结构，拓展能力范围，发展智力，训练逻辑推理和创新思维，关注国家和世界形势，特别是相关行业及专业发展变化，才是迎接各种招考的正路。临阵磨枪的办法固然存在，那就是考前参加相关应考培训班。如智力测验、脑筋急转弯之类的训练，也是在大学课堂上所学不到的。至于临场答题对策，那就是尽可能沉着冷静，既要保持一定的激情，又要保持清醒头脑。首先要理解题目，快速思考，准确作答；其次是无把握的题目先不答，等到所有题目都过一遍之后再回头补遗，这就是充分利用潜意识思维；最后是合理安排时间，快速解决分值低的题目，以便为后面分值较高的材料题留足时间。

2. 面试及其对策

面试以口试为主要内容但又不等于口试。它是一种经过组织者精心设计，在特定场景下，以考官对考生的面对面交谈与观察为主要手段，由表及里测评考生的全面素质、职业精神、价值观、文化修养、团队意识、组织管理能力、创新创业意识等在书面考试中难以体现的方面。应聘者往往将主要精力集中于回答面试官的提问上，殊不知形象气质、谈吐举止、应变能力、语言组织与表达等都是考试官的评分参数。

面试的主要内容常常包括两部分。一部分是由面试者在考官事先准备好的题目中随机抽取自己要回答的问题。这些问题一般是与应聘岗位所要求的知识和技术相关。另一部分则是在应试者回答完毕之后，几位面试官将轮流提出的其他问题。这些问题可能听起来非常简单，但却考验应试者的应变能力、理论思维、语言组织、职业精神、能力倾向、个性品质及职业发展前景。

虽然不同的面试官会有不同的特点，但是归纳起来面试的形式不外乎以下几种类型。

（1）问题式。由招聘者按照事先拟订的提纲对求职者进行发问，请予回答。其目的在于观察求职者在特殊环境中的表现，考核其知识与业务，判断其解决问题的能力，从而获得有关求职者的第一手资料。

（2）压力式。由招聘者有意识地对求职者施加压力，就某一问题或某一事件作一连串的发问，详细具体且追根问底，直至无以对答。此方式主要观察求职者在特殊压力下的反应、思维敏捷程度及应变能力。

（3）随意式。即招聘者与求职者海阔天空、漫无边际地进行交谈，气氛轻松活跃，无拘无束，招聘者与求职者自由发表言论，各抒己见。此方式的目的为：于闲聊中观察应试者谈吐、举止、知识、能力、气质和风度，对其做全方位的综合素质考察。

（4）情景式。由招聘者事先设定一个情景，提出一个问题或一项计划，请求职者进入角色模拟完成，其目的在于考核其分析问题、解决问题的能力。

（5）综合式。招聘者通过多种方式考察求职者的综合能力和素质，如用外语与其交谈，要求即时作文、即兴演讲、写一段文字或操作一下计算机等，以考察其外语水平、文字能力、书法及口才表达、计算机操作等各方面的能力。

面试中常见的问题如下：

谈谈你自己，能否先做自我介绍？

大学四年你最大的收获是什么？

为什么选择我们企业？

你认为自己最适合干什么工作？

你对薪酬的期望是怎样的？

描述一下你的个人职业生涯规划。

为什么你在大学时的学习成绩不够好？

你最大的长处和弱点分别是什么？这些长处和弱点对你的工作业绩会有什么样的影响？

你曾经参加过哪些竞争活动？这些活动值得吗？

你的好友怎样评价你？

在什么情况下你的工作最为成功？

你在找工作时最看重的是什么？为什么？

在高薪、表彰和晋升之间，你认为哪种形式最有价值？

在你所做过的事情中，最有创造性的是什么？

你曾经有过的最大的失望是什么？你当时的反应如何？

你是怎样准备这次面试的？

什么样的情形会让你感到沮丧？

当你确信自己是正确的，但是其他人却不赞同你时，你会怎样做？

你能够在压力状态下工作得很好吗？

这些问题看起来非常简单，似乎每一位面试者都能够脱口而出。正因如此，许多应试者难以理解自己为何名落孙山，甚至浮想联翩，将失败原因归结于面试之外的不明因素。这样不仅不能够在失败中总结经验，提升智慧，反而会挫伤自己的积极性，不得不屡试屡败。增长面试智慧，提升面试成功率的方法是不打无准备之仗。譬如事先掌握一些面试原则和技巧，知道如何回答面试官的问题，做到以不变应万变。诸如：

（1）把握重点，简捷明了，条理清楚，有理有据。回答问题一般要结论在先，议论在后，先将自己的中心意思表达清晰，然后再做叙述和论证。

（2）讲清原委，避免抽象。面试官提问总是想了解一些应试者的具体情况，切不可简单地仅以"是"和"否"作答。应针对所提问题的不同，有的需要解释原因，有的需要说明程度。

（3）确认提问内容，切忌答非所问。如果对面试官的问题，一时摸不到边际，以致不知从何答起或难以理解对方问题的含义时，可将问题复述一遍，并先谈自己对这一问题的理解，请教对方以确认内容。对不太明确的问题，一定要搞清楚，这样才会有的放矢，不致答非所问。

（4）有个人见解，有个人特色。面试与录取比例一般是 3：1 甚至更大比例。回答问题有新意、有特色的考生容易给人留下深刻印象，从而获得加分。

知之为知之，不知为不知，是知也。面试遇到自己不知、不懂、不会的问题时，不可不懂装懂，答非所问，也不可回避闪烁，默不作声。应当诚恳坦率地承认自己的不足之处，这样反倒会赢得主试者的信任和好感。

这些都属于面试的基本原则，而技巧则需要实战经验的积累与升华。例如，将自己理想职位的面试排在面试计划的第三位，以便从前两次面试中获取经验和教训。又如回答问题时要扬长避短、一箭双雕、缺点逆用、草船借箭、围魏救赵、顺水推舟等，都可用来转化为面试技巧。假如面试官问"你的职业目标是什么？"你可借此向其传达：你有职业规划、你的规划目标、你的准备和努力、你的条件和能力、你的理性与执着等信息。这既相当于"草船借箭"，又实现了"一箭多雕"。因此，关注他人的面试经，善于总结自己的经验和教训，以科学态度而不是投机心理对待面试，将所学创新思维的规律与方法用于面试策略的思考与实践，将理论技巧转化为实战能力，这才是备考正道。

小结

创新创业终究是为了更好的就业和职业发展。确定职业目标，科学设计发展规划，履行发展规划，是求职就业和履职发展的理性要求。职业目标的设定与分解是职业生涯规划过程中的两个重要环节。自我认知与环境资源分析是设定职业目标与形成职业生涯规划的条件。求职就业是实现自身职业目标的关键环节。求职信、个人简历和考试、面试是求职成功获得就业机会的关键。入职、履职才是职业生涯，也是实现职业目标过程的真正起点。职业生涯又是一个人的创新创业生涯。职业目标的实现更需要创新创业精神和实践。

❓ 思 考 题

1. 简述创新创业理论和实践经验对于求职、就业的意义和作用。
2. 职业生涯中的各个环节对创新创业能力的要求是什么?
3. 科学设定职业目标需要做好哪些准备?
4. 做好职业生涯规划对于大学生的人生发展有何意义?
5. 做好职业生涯规划对于求职、就业和履职有何意义?
6. 职业目标分解与职业生涯规划有何关系?
7. 职业目标分解与职业生涯规划的理论根据是什么?
8. 理解和掌握求职信的意义、内容与格式。
9. 个人简历格式化与创新的关系是什么?
10. 叙述求职面试的方法、技巧与"正道"。

后 记

　　为了响应教育部及河北省教育厅有关为大学生开展创新创业与就业教育，即开设必修课和创新创业培训的需要，北京交通大学海滨学院创新创业教育教研室进行课程建设的一项主要工作，就是教材建设。本着创新教育教材本身就要体现创新理念的原则，以集成创新的基本思路确定编写计划，期望能够通过一本教材、一门课程实现对大学生进行创新、创业与就业三方面的教育目的。为此，通过广泛调研、搜集相关资料，特别是对市面上现有的教材版本进行研究，基于作者40余年创新、创业理论研究和教学经验，历经2年时间写就了这本《创新创业与就业导论》。

　　按照最初的编写计划，由相关课程授课教师组成10人编写团队，每人负责一个专题研究并形成一章内容。但是由于团队成员工作变动、写作功底等原因，使得几易其稿都难以达到目标要求，最终不得不从头再来。不过坏事却也变成了好事，由国家级创新创业指导教师、海滨学院创新创业教育教研室主任魏发辰副教授亲自执笔。这样既保证了书稿内容的科学性、理论的先进性、逻辑的严谨性、语言表达的通俗和流畅性，又具有很好的针对性与实操性，以及使用的广泛性。这就使得该书既可作为大学生创新创业与就业教育的适用教材，也可作为不同层次创新创业兴趣者的一般读物。

　　该教材的出版是以河北省教育厅及北京交通大学海滨学院的三个相关科研课题的研究为基础的。三个研究团队的成员都或多或少地为本书的出版付出了劳动。团队成员包括苗鹏州、陈建伟、尹海勇、孙经纬、薛彬、杨中建、黄露露、翟砚辉、雷博等几位青年教师。他们对本书相应章节撰写过程中的资料准备和初稿形成做出了一定贡献。其中苗鹏州与陈建伟作为教学秘书，为本书成稿和出版过程中的事务性工作付出了劳动。在本书出版之际，除了对这几位青年教师的工作表示感谢外，还应感谢北京交通大学海滨学院领导层的大力支持。王化深院长坚定执行上级有关要求，对将创新创业与就业课程纳入本科生教学计划起了决定性作用；张乐乐和徐爱国两位副院长对于研究课题的立项起了关键作用；孙文博和魏炜两位副院长则是直接参与了个别项目的研究过程。希望本书的出版能够对大学生创新创业与就业教育有所益处，对从事相关教育和研究工作的人们有所启迪。

魏发辰

2019 年 7 月 25 日